Hanspeter Bornhauser

Wir sind alle Optimisten

Hanspeter Bornhauser

Wir sind alle Optimisten

Den Fundamentalkräften des Lebens
auf der Spur

Zum Autor

Hanspeter Bornhauser, Jahrgang 1941, ist in der Schweiz am Bodensee aufgewachsen. Er studierte in Bern und Paris (Wirtschafts- und Rechtswissenschaften) sowie in Harvard (Betriebswirtschaft und Marketing). Seine berufliche Tätigkeit begann er beim Schweizer Nahrungsmittelkonzern Nestlé in Vevey, wo er international im Marketing tätig war. Dann wechselte er in die Chemiebranche zu Ciba-Geigy in Basel (der Vorgängerfirma von Novartis); dort arbeitete er im Markenartikelbereich in Europa und den USA und übernahm bald Verantwortung auf Geschäftsleitungsebene. 1980 wechselte er zu Swissgas, Schweizerische Aktiengesellschaft für Erdgas, Zürich. Zuerst war er Direktor, später langjähriger CEO. In dieser Funktion und als Mitglied zahlreicher Verwaltungsräte sowie internationaler Gremien war er in der Schweiz und weltweit im Einsatz.

Hanspeter Bornhauser ist verheiratet und Vater eines Sohnes. Private Interessen sind das Klavier- und Saxophonspielen, die Malerei sowie Theater- und Opernbesuche.

Die Bibliografische Information der Deutschen Bibliothek

Die Deutsche Bibliothek verzeichnet diese Publikation in der Deutschen Nationalbibliografie; detaillierte bibliografische Daten sind im Internet über www.d-nb.de abrufbar.

Originalausgabe
Herstellung: ScandinavianBook, Bremen

ISBN 978-3-934969-84-1

Für meinen Sohn Hanspeter Ferdinand,
seine Gattin Hitomi
und meine Enkelkinder Rosa Mizuho,
Sigi Taito und Odin Juja

Über die echten Autoren

Der Philosoph Voltaire (1694 – 1778; *Voltaire* ist das Pseudonym von François-Marie Arouet) hat in seinem Philosophischen Wörterbuch über die Autoren Folgendes gesagt: »*Les auteurs véritables sont ceux qui ont réussi dans un art véritable, soit dans l'épopée, soit dans la tragédie, soit dans la comédie, soit dans l'histoire, ou dans la philosophie; qui ont enseigné ou enchanté les hommes.*« – Mögliche Übersetzung: »Die echten Autoren sind diejenigen, die in einer eigentlichen Kunst etwas erreicht haben, sei es als Verfasser eines Epos, einer Tragödie, einer Komödie, sei es auf dem Gebiet der Geschichte oder der Philosophie; sie haben die Menschen etwas gelehrt oder sie erfreut.«

Ein *Voltaire* war schon zur Zeit des Philosophen, der sich ›Voltaire‹ nannte, ein bequemer Lehnstuhl, vortrefflich geeignet für tiefer gehende Reflexionen. Nicht nur, aber auch und in besonderem Maße.

Möge auch die Lektüre dieses Buches Sie, liebe Leserin, lieber Leser, zu solchen Reflexionen anregen und Sie erfreuen.

Bottmingen/Baselland, Schweiz
Oberpurkla/Steiermark, Österreich
April 2014

Hanspeter Bornhauser

I. Kapitel

Grundlegendes zum Einstieg

1. Zum Anspruch dieses Buches

Dieses Buch erhebt den nicht unbescheidenen Anspruch, einem der größten Rätsel unserer Spezies auf die Spur gekommen zu sein. Auf möglichst anregende Weise will es das Verhalten der Menschen (und damit auch ihr Fehl-Verhalten) verständlich machen.

Wer den offenbar konkurrenzlosen Anspruch erhebt, nicht nur den Gang der Geschichte, sondern auch Künftiges in den wesentlichen Punkten erklären zu wollen, ist mangels Vorarbeiten anderer bei seinen Bemühungen ziemlich allein. Das ist eine sonderbare Exklusivität, ausgerechnet bei einem Thema, das alle betrifft und schon immer betroffen hat.

Wir sind alle Optimisten, der Titel des Buches, dürfte spontan irritieren. Immerhin gehören zu »allen« ja auch die Pessimisten. Und die sollen Optimisten sein?

Die Grundfragen, die hier zu klären sind, lauten: Welche Neigungen bestimmen seit Urzeiten das menschliche Verhalten? Was treibt uns an, lässt uns zögern, verschafft uns Genugtuung und Freude, bewirkt Katastrophen und Leid, führt zu Liebe und Trauer, Glücksgefühlen und was der Ereignisse und Stimmungen mehr sind?

Weshalb ist es auf der Welt so gekommen, wie es gekommen ist? Eine einfache Frage, die offenbar schwer zu beantworten ist. Jedenfalls findet man in den Bibliotheken auch bei intensiver Suche keine fundierte umfassende Erklärung. Was mag der Grund sein? Immerhin sind schon unzählige Philosophen und andere Deuter des menschlichen Wesens im Einsatz gewesen. War ihnen die Frage zu heiß, weil der Beliebtheit unter Umständen nicht förderlich? Haben sie sich gedanklich lieber mit bestimmten Zuständen befasst und versucht, die Ursachen im Einzelfall zu eruieren sowie unter bestimmten Voraussetzungen zu generalisieren?

Erstaunlich ist es in jedem Fall, dass die bedeutsame Frage nach den Fundamentalkräften des Lebens bisher ohne plausible Antwort geblieben ist. Das vorliegende Buch will den rätselhaften Erkenntnismangel beheben.

Wo es keine überzeugenden Quellen mit Einstiegshilfen gibt, muss man zwangsläufig auf Eigenleistung setzen. So ist ein tatsächlich originäres Buch entstanden – hoffentlich ein von vielen gern gelesenes.

2. Kausalität vorwärts und rückwärts

Die Kausalität, das heißt die Klärung der Frage nach Ursache (lateinisch: *causa*) und Wirkung, spielt im logischen Denken die zentrale Rolle. Sie ist das Grunderfordernis für die Plausibilität aller Erklärungen, die Erscheinungen im Kosmos betreffen.

Unsere Geschichte und alles Bestehende sind kausal, auch wenn wir uns der Kausalität im Einzelnen nicht immer bewusst sind. Manchmal können wir sie nur verzögert oder lediglich teilweise, bisweilen gar nicht erkennen. Kausalität bestimmt beispielsweise unsere Gesundheit und Krankheit, den Erfolg und das Scheitern, Freude und Trauer.

Die Ausführungen in diesem Buch basieren streng auf der Kausalität und beanspruchen folglich, plausibel zu sein. Da es sich um überraschende neue Erkenntnisse handelt, ist dieser Sachverhalt speziell hervorzuheben.

Sechs wichtigen Punkten ist besondere Beachtung zu schenken, wenn von Kausalität die Rede ist:

Erstens, ziemlich banal, muss eine Ursache immer vor der Wirkung bestanden haben, die sie ausgelöst hat.

Zweitens beinhalten Aussagen über Ursache und Wirkung stets einen Vergleich; entweder leitet man aus der Ursache die Wirkung ab (Vorwärts-Kausalität, zum Beispiel bei allen Planungen) oder man schließt anhand der Wirkung auf die Ursache (Rückwärts-Kausalität, etwa in der Diagnostik).

Drittens mutiert jede Wirkung bald zu einer neuen Ursache mit einer oder mehreren neuen Wirkungen. Das gilt im Grunde für alles Geschehen in unserem Kosmos seit seiner Entstehung durch den Urknall vor etwa 14 Milliarden Jahren. Bleiben zwei Fragen: Was war die Ursache des Urknalls, und was war die Ursache der betreffenden Ursache?

Natürlich kann man nicht generell auf den Urknall Bezug nehmen, wenn von der Ursache in einem konkreten Fall die Rede ist. Denn auf diese Weise würde praktisch jede Kausalitätsabklärung ad absurdum geführt. Aber ein Sachverhalt hat schon eine hinlängliche Ursprünglichkeit aufzuweisen, um als maßgeblicher Grund in der logischen Kette von Ursache und Wirkung gelten zu können. Ist diese Bedingung erfüllt, muss aber noch nicht alles klar sein. Denn gelegentlich kommt als komplizierender Faktor hinzu, dass man sich über die eigentliche Ursache eines Ereignisses nicht einig ist. Das ist der Fall, wo es durchaus mehrere Ursachen geben kann, die zu einer bestimmten Wirkung geführt haben. Fährt beispielsweise ein Herr Q eindeutig zu schnell mit dem Auto und wird er durch das Verhalten des Beifahrers R plötzlich stark ablenkt, steht in Bezug auf den anschließenden Unfall nicht eindeutig fest, welches dessen entscheidende Ursache war. Immerhin kann es auch unter Einhaltung der Höchstgeschwindigkeitsgrenze zu einem Unfall kommen, wenn die Ablenkung durch den Beifahrer überraschend und massiv ist. Geht man, wie in diesem Buch, den Ursachen menschlichen Verhaltens generell auf den Grund, sind diese zwar nicht unmittelbar nach dem Urknall zu suchen – der Mensch nahm erst vor etwa 200'000 Jahren sukzessive die heutige Gestalt an –, aber das Ziel, eine allgemeingültige Aussage auch für alle anderen Lebewesen zu machen, führt zwangsläufig weit zurück, bis zur Entstehung der einzelnen Spezies. Und eine solche Aussage muss selbstverständlich auch morgen zutreffen.

Viertens ist festzustellen, dass Ursache und Wirkung manchmal verwechselt werden oder dass man im wie auch immer begründeten Eigeninteresse ein abgekürztes Verfahren anwendet. Für Letzteres gibt es eindrückliche Beispiele in deutschen Berichten über den Zweiten Weltkrieg. In Deutschland erlitten damals viele schöne Städte schwere Zerstörungen mit unzähligen Opfern unter der Zivilbevölkerung. Die Bombardierungen galten oft nicht einem kriegswichtigen Industriekomplex, waren also militärisch unsinnig und konnten mit Recht als barbarische Akte eingestuft werden. Sie zielten auf einmalige Kulturgüter, um die Bevölkerung zu demoralisieren und auf diesem Weg die Kriegsbereitschaft möglichst auf null zu reduzieren. Offenbar waren die Alliierten der Ansicht, mit solchen Vergeltungsaktionen für deutsche Kriegsgräuel den Krieg abkürzen zu können. Das Rache-Argument dürfte wahrscheinlich wiederholt zur Motivation der alliierten Bomberbesatzungen verwendet worden sein. Für die Einsatzplaner stand vermutlich eher die Absicht im Vordergrund, den erwarteten Demoralisierungseffekt zu erzielen. Nach dem Krieg war verschiedentlich zu vernehmen, die Bombardierungen hätten eher das Gegenteil, nämlich eine verstärkte Opferbereitschaft, gefördert und auch viele Deutsche, die das Nazi-Regime ablehnten, gegen die Angreifer aufgebracht.

An dieser Stelle darf auch eine schwerwiegende Selbstverständlichkeit nicht unerwähnt bleiben: Es wäre gar nicht zu den späteren Zerstörungen von deutschen Innenstädten gekommen, wenn der von Deutschland provozierte Krieg nicht stattgefunden hätte. Trotzdem starteten viele deutsche Berichte über die obigen Bombardierungen auch nach dem Krieg (und zum Teil noch bis in die Gegenwart) nicht mit dem Kriegsbeginn vom 1. September 1939 oder mit dem anschließenden Wüten deutscher Truppen in anderen Ländern. Ohne nähere Begründung verschob man den Anfang des Unheils fast immer auf den jeweiligen Moment der Bombardierung einer bestimmten deutschen Stadt und erklärte schließlich die vielen Einzelaktionen von Bombergeschwadern zu Ursachen der unheimlichen Zerstörungen in Deutschland durch die Alliierten, insbesondere durch Briten. Dadurch machte man die Allierten zu alleinigen Verursachern der Untaten und rückte die Ereignisse in ein für Deutschland vermeintlich vorteilhaftes Licht. Eine Folge dieser Einstellung war beispielsweise, dass die öffentliche deutsche Ursachenforschung in Bezug auf den Untergang der wunderbaren Stadt Königsberg in Ostpreußen in der Regel mit den britischen Bombardierungen vom August 1944 einsetzte und mit dem Großangriff (Flieger und Bodentruppen) der Sowjets vom April 1945 endete. Die vorangegangene Belagerung von Leningrad durch deutsche Truppen, die 872 Tage dauerte (September 1941 bis Januar 1944) und etwa eine Million Tote unter der Zivilbevölkerung im Stadtgebiet forderte, war eigentlich nie ein Thema, wurde einfach ausgeblendet. Der grässliche Hitler-Befehl, die damalige 2,5-Millionen-Stadt Leningrad auszuhungern, ist in der Berichterstattung meistens ebenso verdrängt worden wie die entsetzliche Tatsache, dass der Befehl offenbar so lange wie möglich bedenkenlos ausgeführt wurde. In Bezug auf die Zerstörung der herrlichen Innenstadt Dresdens wurde meistens nur der unsinnige und klar zu verurteilende britische Luftangriff vom 13. und 14. Februar 1945 behandelt (Stichwort: ›Bomber-Harris‹).

Aber was vorher in Coventry, Rotterdam oder London und so weiter von Deutschen angerichtet worden war, blieb in diesem Kontext meist unerwähnt. Und zur Hauptursache für Kriegsgräuel, die sich bekanntlich nicht ausschließlich im Zweiten Weltkrieg ereigneten und von vielen Völkern begangen wurden, gibt es überhaupt nirgends einen deutlichen Hinweis; in keinem einzigen Fall wurde von Journalisten, Historikern oder Politikern in diesem Zusammenhang das offensichtlich höchst unangenehme Thema angesprochen. Die Antwort auf die Hauptursache ist klar und betrüblich zugleich: der Mensch! Das gibt zu denken. Und daran kann dieses Buch nicht vorbeigehen.

An dieser Stelle sei auf das Buch *Zeugnis vom Untergang Königsbergs* (erschienen 2005 im Verlag C.H. Beck, München) hingewiesen. Der Autor ist Michael Wieck, Jahrgang 1928. Er war in Königsberg aufgewachsen und gelangte erst 1948 ins damalige West-Berlin. Später hat er als Violinist im Stuttgarter Kammerorchester (1. Konzertmeister) und im Radio-Symphonieorchester Stuttgart gewirkt. In seinem erschütternden Bericht über den Untergang seiner Heimatstadt verwechselt er Ursache und Wirkung nicht. So stellt er unter anderem anhand von Belegen klar, dass der spätere Nobelpreisträger Konrad Lorenz, seinerzeit Ordinarius für Allgemeine Psychologie in Königsberg, zu den geistigen Wegbereitern der Exzesse der Nationalsozialisten zu zählen ist. Wieck zitiert dabei ausführlich aus einem Artikel von Lorenz aus dem Jahr 1940 in der *Zeitschrift für angewandte Psychologie und Charakterkunde.* Laut Wieck schrieb Lorenz damals unter anderem von »Parasiten des Volksganzen«, über »sozial minderwertiges Menschenmaterial« und davon, dass diese Fälle unbedingt ausgemerzt werden müssten.

Fünftens sind Ursache und Wirkung generell objektgebunden sowie zeit- und ortsbezogen; recht oft stehen sie auch mit Personen in Verbindung, außer etwa im Fall eines Felssturzes in einem entlegenen Tal, wo niemand als Verursacher oder wenigstens mittelbar Betroffener bezeichnet werden kann.

Sechstens sind zeitlich vier Fälle von Kausalität zu unterscheiden: Eine Ursache kann in der Vergangenheit liegen und ebenfalls in der Vergangenheit eine Wirkung gehabt haben; oder die Ursache ist in der Vergangenheit zu finden, und die Wirkung wird gerade jetzt, in der Gegenwart, festgestellt; oder die Ursache ist in der Gegenwart und die Wirkung wird irgendwann in der Zukunft zu beobachten sein; oder die Ursache wird erst in der Zukunft Gestalt annehmen, und die betreffende Wirkung wird folglich noch weiter in der Zukunft eintreten. In Bezug auf feststehende Ereignisse (Wirkungen in der Vergangenheit oder Gegenwart) stellen sich Fragen der Fähigkeit zur mehr oder weniger objektiven Beurteilung. Geht es um die Zukunft, basieren wir stets auf Mutmaßungen über die Wahrscheinlichkeit des Eintretens, was Unwägbarkeiten zusätzlichen Spielraum eröffnet. Ursache und Wirkung sind also immer relativ, wie alles im Kosmos (siehe Punkt 3 hiernach).

Den vorstehenden Darlegungen zum Thema Kausalität sei hier noch ein Beispiel aus der trivialen Welt der Auto fahrenden Menschheit hinzugefügt: Man denke an einen Autounfall, bei dem ein Blechschaden entstanden ist. Herr X steht neben seinem Auto und betrachtet die Radverkleidung hinten links. Sie ist vor wenigen Minuten demoliert worden, und zwar vom Personenwagen von Herrn Y. Dieser fuhr, ohne vorschriftsgemäß anzuhalten, aus einer Stopp-Straße direkt auf die Kreuzung. So kam es zum Zusammenstoß mit dem Wagen von Herrn X. Herr Y ist folglich schuld am Unfall. Man erkennt anhand des simplen Beispiels: Die Wirkung ist Blechschaden (natürlich an beiden Autos), und die Ursache war das Missachten des Stopp-Signals durch Herrn Y. Aus diesem Einzelfall ist aber nicht zu schließen, dass es immer kracht, wenn jemand, wie im Fall von Herrn Y, nicht anhält. Denn schon oft ist ein Stopp-Signal missachtet worden, und trotzdem gab es keinen Unfall. Der Grund: Es war niemand sonst in der Nähe, in den oder die man hätte hineinfahren können. Wenn es zudem keine Zeugen der Missachtung der Verkehrsregel gibt, die eine Anzeige machen könnten, und keine Kamera installiert ist, um Verkehrssünder fotografisch festzuhalten, bleibt der Verstoß ohne Auswirkungen. Denkbar wäre auch, dass ein Autofahrer wie Herr X im letzten Moment den Unfall verhüten kann, indem er eine Vollbremsung macht oder ausweicht; aber Letzteres hätte bei Gegenverkehr unliebsame Folgen. Man kann also feststellen: Wenn jemand ein Stopp-Signal missachtet, kann es einen Unfall geben, muss aber nicht. Das ist die allgemeine, auch aus dem Unfall der Herren X und Y ableitbare Aussage betreffend Ursache und Wirkung. Und man kann auch feststellen: Wenn jemand wie Herr Y den Stopp missachtet und gleichzeitig an der betreffenden Stelle ein anderer Autofahrer wie Herr X daherkommt und nicht mehr bremsen oder ausweichen kann, dann kracht es. Das ist in diesem Fall die spezielle Aussage über Ursache und Wirkung. Und weil die Herren X und Y anschließend ihre Fahrzeuge zur Reparatur bringen müssen, bildet der Unfall für die betreffenden Werkstätten die Ursache zum Tätigwerden und Wiederherstellen der Autos, was nichts anderes als eine neue Wirkung darstellt.

3. Eine Welt voller Missverständnisse und der Halo-Effekt

Ursachen sind Ausgangslagen oder Tatsachen, die eine Wirkung haben. Aber niemand bewertet eine Tatsache ganz genauso wie sein Nachbar. Es gibt also nur persönliche momentane Einschätzungen, wobei Naturell, Sachverstand, Auffassungsgabe, Interesse, Stimmung und Aufmerksamkeit eine große Rolle spielen. Und in Bezug auf die Wirkung, ob schon eingetreten (also auch eine Tatsache) oder noch offen, gehen die Auffassungen ebenfalls immer auseinander, ein bisschen oder auch erheblich. Wenn man sich in einer Gruppe schließlich auf die Umschreibung einer Ursache oder Wirkung einigt, haben einzelne Teilnehmer mehr oder weniger große Abstriche an ihrer Meinung vollzogen (auch eine relevante andere Wortwahl stellt eine Meinungsänderung dar). Ursachen sind also nichts Absolutes und Wirkungen auch nicht; alles, das heißt auch Gleiches, ist abhängig von den Beteiligten und ihrer Sicht der Dinge. Folglich ist alles relativ. Und deshalb lauert in allem die Möglichkeit von Missverständnissen, wobei die Definition von Missverständnissen individuell verschieden ist. Genau genommen wird von einer Mitteilung immer irgendetwas missverstanden oder anders ausgelegt; auch eine andere Auslegung bedeutet, dass ein Missverständnis vorliegt, selbst wenn es ein kleines ist. Es mag an der Wortwahl des Kommunizierenden liegen oder am Wortverständnis des Adressaten, am Wetter oder am Lärm, an privaten Problemen oder einem Erlebnis, das große Freude auslöst, was meist den kritischen Geist vorübergehend reduziert, und so weiter. So geht das den ganzen Tag, überall auf der Welt. Und obwohl oft ein kleines oder größeres Missverständnis dabei ist, lassen sich trotzdem viele Nachrichten oder Regelungen im Wesentlichen ohne relevanten Bedeutungsverlust verarbeiten bzw. einhalten. Aber hin und wieder kommt es in Bezug auf eine Anordnung oder Lage beziehungsweise Ursache zu Missverständnissen, die sogar eine Katastrophe bewirken. Es gibt auch den Fall, wo die Mitteilung selbst auf ein Missverständnis zurückzuführen ist und es vom Adressaten abhängt, ob er dies erkennt oder nicht (über alle diese Punkte später mehr).

An dieser Stelle ist auf ein besonderes Missverständnis hinzuweisen. Dabei geht es um den nicht zu unterschätzenden sogenannten Halo-Effekt (*halos* ist Griechisch und steht für den Lichtring um die Sonne, der gewissermaßen »überstrahlt«).

Beim Halo-Effekt handelt es sich um eine verzerrte Wahrnehmung, eine Art Eintrübung. Dabei werden faktisch voneinander unabhängige oder nur in geringem Ausmaß miteinander verbundene Eigenschaften von Personen oder Sachen fälschlicherweise als zusammenhängend beurteilt. Der Halo-Effekt steht somit für Pseudo-Kausalität, weil in diesem Fall die Wirkung nicht plausibel auf eine bestimmte Ursache zurückzuführen ist. Dennoch nehmen dem Halo-Effekt unterworfene Leute an, die Plausibilität ihrer Überlegungen treffe uneingeschränkt zu; und deshalb bauen sie darauf und setzen sie als Grundlage für weitere Maßnahmen ein, wie im nachstehenden Beispiel, das auf dem Autounfall in Punkt 2 dieses Buches basiert.

Nehmen wir an, Herr Y habe einen roten Sportwagen gefahren. Und setzen wir voraus, dass Herr X erkennen konnte, dass der rote Sportwagen sich der Stelle näherte, wo er eigentlich vollständig hätte anhalten müssen. Gehen wir zudem davon aus, der Nachbar von Herrn X fahre einen auffallend roten Wagen und habe auf Herrn X einen derart großen Eindruck gemacht, dass Herr X beim Anblick eines roten Autos damit automatisch das Fahrverhalten des Nachbarn assoziiert. Und nun unterscheiden wir zwei Fälle: Im Fall eins gelte der Nachbar von Herrn X als sehr vorsichtiger Verkehrsteilnehmer. Herr X hätte sich deshalb gar nicht vorstellen können, dass der rote Sportwagen nicht anhalten würde. Und dennoch ist dies gerade eben geschehen. Der Halo-Effekt bewirkte, dass Herr X unzulässigerweise von der ihm bekannten Fahrweise seines vorsichtig fahrenden Nachbarn auf die ihm unbekannte Fahrweise von Herrn Y schloss.

Im Fall zwei sei der Nachbar von Herrn X ein stadtbekannter Schnellfahrer, der wenig Rücksicht auf andere nimmt. Beim Anblick des roten Wagens, der sich der Stopp-Straße näherte, hätte Herr X deshalb abgebremst, um ja keinen Unfall mit dem Rowdy zu haben. Denn seine Annahme wäre gewesen, dass alle mit einem roten Wagen so fahren wie sein Nachbar und bloß wegen einer Stopp-Straße in der Regel nicht anhalten würden. Das Seltsame: Im letzteren Fall hätte der Halo-Effekt einen Unfall verhütet, also positiv gewirkt, obwohl er eigentlich ein irreführender Effekt ist. Keine einfache Sache. Aber so ist das Leben. Es gibt Mitmenschen, die meinen, das ganze Leben sei ein Missverständnis; so gesehen wäre der Halo-Effekt eines von vielen.

Im Alltag ist der Halo-Effekt recht häufig anzutreffen, etwa bei Management-Beurteilungen in den Zeitungen (siehe Manager oder Managerin des Jahres, die bald zu Versagern des Jahres avancieren). Macht eine Firma große Gewinne, preisen die Gazetten den souveränen oder partizipativen Führungsstil von Manager A; kommt es zwei Jahre später zu erheblichen Verlusten, wird insbesondere die autoritäre und wenig umgängliche Art von Manager A dafür verantwortlich gemacht. Simplifizierend schließt man vom finanziellen Ergebnis auf den Führungsstil. Da sich dieser aber gar nicht so schnell ändern kann, müssen es andere Gründe sein, die zum finanziellen Abstieg geführt haben. Zu denken wäre etwa an ein neues Konkurrenzprodukt.

In der Schulzeit haben fast alle erlebt, dass Schüler, die einem Lehrer besonders sympathisch waren, manchmal besser beurteilt wurden als weniger geschätzte Mitschüler mit etwa gleichen Leistungen. Analoges spielt sich bei Beurteilungen im Militär oder in Unternehmen und Ämtern ab, wo unkritisches Ausführen von Anordnungen oder eine dem Chef sympathische äußere Erscheinung zu einem beschleunigten Aufstieg in der Hierarchie führt. Mögliche Kurzbeurteilungen durch den Vorgesetzten: Befolgt ohne Kommentar meine Weisungen, ist also geeignet für neue Aufgaben. Präsentiert gut, so wie ich mir das vorstelle, kann also auch komplexe Probleme lösen. – Oft überstrahlt der Halo-Effekt nicht nur die sinnliche Wahrnehmung, sondern auch die Verpflichtung, möglichst objektiv zu sein. Auf das lebensnahe Thema wird später zurückzukommen sein.

4. Verallgemeinerungen, Falsifizierung und Prognosen

Alle sollten aus Erfahrung wissen, dass Verallgemeinerungen problematisch sind, selbst wenn man über eine größere Zahl von gleichartigen Beobachtungen verfügt. Das gilt auch, wenn man Generalisierungen auf wenige markante Aspekte reduziert. Deshalb kann es immer wieder vorkommen, dass sie sich als unhaltbar herausstellen; man erkennt dies an Erscheinungen, die nicht ins Bild passen. So kann verallgemeinernd die Rede sein von den immer eher etwas grob wirkenden und Bier trinkenden Bayern; und dann taucht ein sanfter Nicht-Biertrinker auf, der ausgerechnet aus München kommt. Oder in der Schweiz, wenn zum Beispiel Deutschschweizer am Stammtisch über die stets ziemlich legeren Romands (die Schweizer aus dem Französisch sprechenden Landesteil) herfallen; da kann die Überraschung groß sein, wenn einer aus der Runde am folgenden Tag in einer Firma vorsprechen muss, wo ein recht trocken wirkender Romand zur Begrüßung erklärt, dass er auf Pünktlichkeit und Präzision größten Wert lege und diesbezüglich keine Halbheiten dulde.

Um die Wahrscheinlichkeit solcher Erlebnisse zu minimieren, mag die Methode der Falsifizierung hilfreich sein. Sie wurde vom Philosophen Karl Popper favorisiert und besteht im Wesentlichen darin, nach Erscheinungen zu suchen, die zeigen, dass eine These oder Aussage falsch ist. Die Suche nach Fehlern ist aber kein Selbstzweck und soll im konkreten Fall nicht bloß zu einer Bemängelung führen; sie hat dazu anzuspornen, eine bessere These aufzustellen, welche die festgestellten Fehler nicht aufweist. Für dem Halo-Effekt ergebene Leute würde die Falsifizierungsmethode zum Zusammenbruch ihrer Ansichten und vielleicht sogar ihres Weltbilds führen. Oft geschieht dies nicht, was klar zeigt, dass die Falsifizierung ihnen nicht bekannt oder in Bezug auf ihre Vorstellungen nicht erwünscht ist. Entsprechend hat der Halo-Effekt etwas Beschränktes an sich; im Französischen spricht man von den ›schrecklichen Vereinfachern‹ (*terribles simplificateurs*).

Die Quintessenz dieses Buchs ist eine Verallgemeinerung in Bezug auf die Fundamentalkräfte des Lebens. Um bestehen zu können, muss diese Verallgemeinerung erstens die Regeln der Kausalität einhalten, darf zweitens nicht durch die Falsifizierung ausgehebelt werden und hat drittens für Vergangenes, die jeweilige Gegenwart und die Zukunft zu gelten. Die Anforderungen der Kausalität und Falsifizierung sind bereits erheblich, wenn es um die Vergangenheit und die jeweilige Gegenwart geht. Beim Gedanken an die Zukunft, welche ja immer eine unbekannte Zukunft ist, steigert sich die zu meisternde Problematik noch. Am besten zeigt sich dies bei Beurteilungen von mehr oder weniger überraschendem menschlichen Versagen, das sich ereignet hat oder gerade jetzt geschieht, also der Vergangenheit oder der Gegenwart angehört; soll eine Prognose gewagt werden, wird das Thema weit komplexer.

Philosophen und Soziologen, auch Psychiater und Psychologen schließen von der Situation, wie sie sich präsentiert, also von der Wirkung, auf die Ursache. Entsprechend gehen auch Personen vor, die einen Schadensfall zu beurteilen haben (Feuersbrunst, Beinbruch und so weiter). Ein psychiatrisches Gutachten hält etwa fest: Der Mann wurde zum Straftäter, weil er eine schwere Jugend in Heimen hatte etc., um dann Folgerungen über das spezielle Tatmotiv herzuleiten. Wird die Ursache lediglich mit einem gewissen Näherungsgrad ermittelt oder ist sie eher fehlerhaft, ist das zwar bedauerlich, ändert aber an der bereits eingetretenen Wirkung nichts. Und allenfalls findet sich halt kaum eine plausible Erklärung für etwas, das eindeutig feststeht, also eine unumstößliche Tatsache ist. Man denke etwa an die Suche nach Gründen für die verschiedenen Massenmorde in Schulen in den USA oder in Deutschland oder an die Ermordung von vielen Jugendlichen im Sommer 2011 in Norwegen. Gäbe es eine einfache Deutung, hätte man die potenziell gefährlichen Ursachen schon früh erkennen und so die schlimmen Taten ahnen und verhüten können.

Gelegentlich basiert man auf Vermutungen, die zutreffen können oder nicht. Dies betrifft etwa Erklärungen eines Krankheitszustands aufgrund der vorangegangenen Ereignisse. Zum Beispiel wenn man Ansteckungen untersucht, die bei Straßenbahnfahrten in den Stoßzeiten oder während einer Reise in die Tropen erfolgt sein können, obwohl viele andere Leute in gleichen Situationen nicht erkrankt sind. Einfacher kann sich die Beurteilung eines technischen Schadensfalls gestalten. Oft bringt die Analyse der Planungsarbeiten und der Ausführung ausreichend Licht ins Dunkel. In Bezug auf die enormen Preissteigerungen im schweizerischen Immobiliensektor bis zum Herbst 2013 sind mehrere Ursachen relevant. Im Vordergrund steht aber die schädliche Wirkung der anti-marktwirtschaftlichen Tiefzinspolitik der Zentralbanken. In diesem Zusammenhang ist klar, dass ein kleines Land wie die Schweiz sich von der Zinspolitik der Europäischen Zentralbank (EZB) nicht abkoppeln kann; denn die EZB steuert durch ihre Zinspolitik das Geschehen in einer viel größeren Währungszone. Käme es zu relevanten Zinsunterschieden zwischen der Eurozone und der Schweiz, würden starke Währungsströme ausgelöst, die ihrerseits Einfluss auf den Wechselkurs Franken/Euro und die gegenseitige Wettbewerbsfähigkeit der Schweiz und der Länder der Eurozone (vor allem Deutschlands) hätten. Die angeglichenen (nicht gleichen) tiefen Zinsen haben aber in der Schweiz zu einem Boom auf dem Liegenschaften-Markt geführt; deshalb sind die Preise in einzelnen Regionen im Lauf von wenigen Jahren um 30 % und mehr gestiegen. Neuerwerber haben so zu einer starken Erhöhung der privaten Verschuldung beigetragen, und irgendwann werden gestiegene Liegenschaftenpreise auch zu höheren

Mietzinsen führen. Wenn die Zentralbanken eines Tages zu höheren Zinsen übergehen werden, ist es recht wahrscheinlich, dass viele Liegenschaftenkäufer der jüngsten Zeit Probleme mit der Bezahlung der Hypothekarzinsen bekommen werden. Die unerwünschte Wirkung ist zwar absehbar, veranlasst aber nur selten, wirksame strengere Maßstäbe an Neukäufer anzulegen.

Wenn es darum geht, über die für die Zukunft maßgeblichen Kräfte nachzudenken, muss man mit den Ursachen oder Impulsen beginnen, die zu einem Handeln oder einer Unterlassung und schließlich zu einer neuen Situation, einer Wirkung, führen können. Dies ist der gedankliche Weg bei allen Prognosen, insbesondere in der Ökonomie und in den Naturwissenschaften, nicht zuletzt im Ingenieurwesen und in der Medizin. In der Psychiatrie gibt es zwar auch Prognosen; aber die laufenden Berichte über krasse Fehldiagnosen samt den schrecklichen Folgen zeigen, dass mit den psychiatrischen Denkabläufen oder rechtlichen Vorsichtsmaßnahmen etwas nicht stimmt. Wenn ein Vergewaltiger oder Mörder als geheilt eingestuft wird, das Gefängnis verlassen darf und Stunden später wieder eine Wahnsinnstat verübt, dann ist das erstens eine Katastrophe für die Opfer und deren Familien und zweitens ein klarer Hinweis, dass die Psychiatrie falsche Überlegungen anstellt, wenn sie in einzelnen Fällen möglichst definitive Aussagen über die Zukunft macht.

Die Prognose beginnt auch in der Psychiatrie mit der Ausgangslage. Und diese stellt nichts anderes dar als die Ursache, aus der dann die weitere Entwicklung (Wirkung) verlässlich abgeleitet werden sollte. Wenn das in schweren Fällen nicht möglich ist, gibt es – wegen der Risiken – nicht eine Quasi-Prognose wie beim Wetter, sondern eben keine Prognose. Aber genau dies auszusprechen, bringen offenbar viele Psychiater nicht fertig; und die auf solchen Scheinprognosen basierenden Instanzen in Justiz und Verwaltung werden so in eine schwierige, nahezu ausweglose Situation gebracht. Klar ist: Fehlt im Einzelfall die uneingeschränkte Gewähr (nicht bloße Annahmen, Hoffnungen und so) für die Reihenfolge von Ursache und Wirkung, muss man auf prognostische Kausalität verzichten. Im Bauwesen ist die kausale Gewähr gegeben, unter der Voraussetzung, dass die lokalen Gegebenheiten genau ermittelt und die Bauregeln sowie der Zeitplan eingehalten werden. In der Medizin besteht eine weitgehende, aber nicht absolute Gewähr, wobei es ums bestmögliche Helfen oder Retten geht. In Fällen, wo Lebenserleichterungen für Kriminelle zur Debatte stehen (vor allem Hafturlaub), kann nur ein in Zukunft gesichertes Wohlverhalten in Betracht gezogen werden; bestehen noch so geringe Zweifel, was vermutlich der Regelfall ist, darf es keinen Urlaub geben.

In diesem Buch geht es nur insofern um Psychiatrie, als sich die Erkenntnisse unter Umständen auch für neue Ansätze in dieser Disziplin nutzen lassen. Klar im Vordergrund steht die grundlegende Erklärung der Entstehung von Leben und der anschließenden gesellschaftlichen Phänomene; es handelt also auch von Fragen der Politik und Wirtschaft.

5. Zur begrifflichen Erfassung der Fundamentalkräfte des Lebens

Mit den Begriffen ist das bekanntlich manchmal so eine Sache. Viele kennen die merkwürdige Erfahrung, dass man eine Antwort auf ein Problem gefunden hat, aber mit den herkömmlichen Begriffen und Begriffsdefinitionen die Lösung nicht ausreichend genau umschreiben kann. In diesem Fall gibt es meistens zwei Möglichkeiten: Entweder man erfindet einen neuen Begriff (zum Beispiel ›Brotfabrik‹ oder ›Atomkraftwerk‹ oder ›Personal Computer‹); oder man deutet einen bestehenden Begriff neu (zum Beispiel eine Maus ist auch ein PC-Steuerungsgerät). Nun, es gibt mindestens noch eine dritte Möglichkeit: Man fragt nach der ursprünglichen Bedeutung eines bestimmten Begriffs; stellt man dabei fest, dass die frühere Definition sich bestens eignen würde, eine Sache oder ein Ereignis sprachlich zu erfassen, kann man sie wiederbeleben.

Bei der Erarbeitung der Grundlagen für dieses Buch ging es um das Erkennen der Fundamentalkräfte des Lebens. Hierzu waren gründliche Reflexionen erforderlich; deren Ergebnisse sind dann mit der Methode der Falsifizierung überprüft worden (siehe Punkt 4). Das Resultat: Es ergaben sich drei Fundamentalkräfte. Nur drei. Deren Eigenschaften ließen sich klar formulieren und differenzieren; eine eindeutige Zuordnung der Definitionen zu jeder einzelnen Fundamentalkraft war also möglich.

Dann begann die Suche nach Begriffen. Dabei zeigte sich etwas Erstaunliches in Bezug auf die zuvor erwähnte dritte Möglichkeit, das heißt die Verwendung von Begriffen in ihrer ursprünglichen Bedeutung. Das Problem waren nicht die Begriffe, sondern der Bedeutungswandel, dem sie bis heute in unterschiedlichem Ausmaß unterworfen waren.

II. Kapitel

Lebenslanger Opportunismus

6. Opportunismus – ein weites Feld

Der Opportunismus hat einen schlechten Ruf. Landläufig denkt man bei diesem Wort gleich an eine miese Gesinnung, an »Windfahnen«, also an Leute, die keine Prinzipientreue kennen und dauernd gierig auf persönliche Vorteilsnahmen sind, ohne Rücksicht auf andere und auf Ansehensverluste. Weshalb eigentlich? Nun, der Bedeutungswandel von ›Opportunismus‹ ins ausschließlich Negative ist unter Einfluss unterschiedlicher französischer und italienischer Politik-Ereignisse ab Mitte des 19. Jahrhunderts eingetreten, lässt sich aber, wie noch darzulegen sein wird, sprachlich nicht begründen.

Eine Opportunität (lateinisch *opportunitas*) ist laut Wörterbüchern eine passende, günstige, vorteilhafte Gelegenheit. Und der Opportunismus wird als Handeln nach Zweckmäßigkeit, Anpassung an die jeweilige Lage verstanden, auch als bereitwillige Anpassung an die jeweilige Lage. Aber offenbar geht es den Begriffen wirklich nicht gut; denn die Erklärung der Opportunität in den Wörterbüchern ist in fünffacher Hinsicht zumindest unpräzis:

Erstens geht es nicht um zwei oder drei gleichgünstige Gelegenheiten, etwa beim Kauf von Autoreifen oder eines Waschpulvers, sondern um die günstigere Offerte von zweien oder mehreren. Eine günstige Gelegenheit auf Platz eins gibt es nur dann, wenn nur sie günstig ist und andere Möglichkeiten als nicht günstig eingestuft werden; in diesem Fall handelt es sich also um den Vergleich von etwas Günstigem (zum Beispiel einer direkten Zugverbindung) mit etwas Ungünstigem (wenn man mehrmals umsteigen müsste). Logischerweise braucht es in dieser Situation weder den Komparativ noch den Superlativ, was aber deren häufig unzutreffende Verwendung nicht ausschließt. Sehr ähnlich ist es in Bezug auf die passendere oder passendste Kopfbedeckung oder das preislich vorteilhaftere oder vorteilhafteste Flugticket. Dennoch spricht man, quasi im abgekürzten Verfahren, oft nur von ›passend‹ oder ›vorteilhaft‹.

Zweitens steht ›Gelegenheit‹ auch für die diesbezügliche Verhaltensweise, das heißt für das Ergreifen einer Opportunität oder eben für den Opportunismus. Trotzdem wird ›Opportunismus‹ meist anders verstanden, obwohl die Wortherkunft und die Logik dagegensprechen.

Drittens ist die Beurteilung einer Gelegenheit als am vorteilhaftesten etc. nur in einem bestimmten Moment gültig (etwa beim Kauf einer Vase auf dem Flohmarkt); denn die Einschätzung kann sich unmittelbar danach ändern, weil man neue Informationen hat. Es geht also um etwas Zeitgebundenes.

Viertens sehen alle Menschen die Gelegenheiten aus unterschiedlicher Warte, finden folglich etwas am besten (beispielsweise ein Ferienarrangement), das andere für nicht besonders gut halten.

Fünftens ist bei so vielen Unwägbarkeiten klar, dass es sich nicht um die objektiv günstigste Gelegenheit oder diesbezügliche Verhaltensweise handelt. Deshalb muss es heißen: Bei der Opportunität geht es darum, dass eine Gelegenheit oder darauf basierende Verhaltensweise als am besten, am passendsten, am günstigsten oder am vorteilhaftesten erscheint. Kurz: Es geht um die persönlich im Moment günstig oder günstigste Gelegenheit oder Verhaltensweise. Das ist schon etwas anders als die eingangs erwähnte übliche Umschreibung in den Lexika, es ist insbesondere auch wesentlich für das Verständnis des Begriffs.

Ein Opportunist ist folglich dadurch gekennzeichnet, dass er eine ihm günstig oder am günstigsten erscheinende Gelegenheit wahrnimmt oder sich entsprechend anpasst. Er nutzt also die ihm am vorteilhaftesten erscheinende Handlungsvariante und macht sein Vorgehen von der jeweiligen Lage abhängig. Hierzu ist klarzustellen, dass ein Opportunist das Günstigste für sich wählt, auch wenn er dadurch nicht Teil einer Mehrheit sein sollte. Das klingt fürs Erste ungewohnt, ist aber so, wie noch zu erläutern sein wird.

Für die sinngleichen Adjektive ›opportun‹ und ›opportunistisch‹ gilt das zur Opportunität, zum Opportunismus und zu den Opportunisten Gesagte entsprechend.

Beim Opportunismus geht es, wie in Bezug auf die Kausalität, immer um den Vergleich von zwei Zeiträumen beziehungsweise Zeitpunkten. Vier Fälle sind denkbar:

1. Um zwei Zeiträume (Zeitpunkte) in der Vergangenheit handelt es sich im Fall der reinen Vergangenheitsbetrachtung. Gefragt wird beispielsweise: Wie kam es zu der Situation, wie sie vor zwei Jahren herrschte? Die Ursache liegt also vor dem Zustand, den man vor zwei Jahren feststellte.
2. Demgegenüber knüpft eine Gegenwartsbetrachtung natürlich auch in der Vergangenheit an, wenn das Problem lautet: Wie ist es zur aktuellen Lage (Wirkung gerade jetzt) gekommen? Die Ursache liegt demnach irgendwo in der Vergangenheit, eventuell nur eine halbe Stunde zurück.
3. Es kann auch um Gegenwart und Zukunft gehen, wenn man sich fragt: Was ist das Günstigste, das ich heute unternehmen oder sagen kann? Die Beurteilung geht

von der aktuellen Situation aus, die im Moment der Entscheidung alle möglichen Einflüsse in sich verdichtet und als Ursache zu verstehen ist.
4. Und schließlich kann man sich fragen: Wie wird sich die in einem Jahr erwartete Situation fünf Jahre später auswirken?

Was ist eigentlich schlecht am verrufenen Opportunismus? Wer würde jemandem die Einnahme der Gegenposition empfehlen, das heißt bewusst möglichst unpassende, ungünstige oder unvorteilhafte Gelegenheiten wahrzunehmen? – Die Antwort dürfte klar sein.

Daraus sei die prima vista provozierende These abgeleitet: Das Wort ›Opportunismus‹ (und die dazugehörenden Begriffe) beinhaltet die allgemeine Lebensmaxime schlechthin. Opportunismus bedeutet im Grunde, dass Menschen, Tiere und Pflanzen dauernd, also vom Beginn ihres individuellen Entstehungsprozesses an bis zum Lebensende bestrebt sind, laufend die gerade am besten oder günstigsten erscheinende Wahl zu treffen, und zwar in Bezug auf alle ihre Lebensvorgänge. Mit dieser Einstellung wollen sie ihre Lebens-Chancen und ihre Daseins-Qualität bis zum unvermeidlichen Lebensende optimieren.

Dabei ist klar, dass es unterschiedliche Opportunitäten gibt. Da sind vorerst solche zu nennen, über die wir gar nicht nachdenken, die in rascher Folge auf uns zukommen. Unser Körper beziehungsweise einzelne Zellen unseres Körpers erkennen sie unverzüglich (auch fehlerhaftes Erkennen fällt darunter) und entscheiden dann praktisch unmittelbar, wie es weitergehen soll. Man denke an eine Krankheit, die vielleicht nicht hätte entstehen müssen, wenn die Zellen den Erreger »richtig« erkannt und sich »richtig« verhalten hätten. Oder man stelle sich einen reflexartigen Sprung vor, um sich in Sicherheit zu bringen, oder das Zurückweichen vor einem Ast, der von einem Baum fällt, oder die rasche Bewegung zu einem nahen Griff, wenn die Straßenbahn eine Schnellbremsung vornimmt. So ist der Körper laufend mit Opportunitäten konfrontiert und trifft eine Wahl. Bei einem plötzlichen beißenden Geruch wird niemand einfach ganz normal weiteratmen oder gar tief durchatmen, sondern den Atem für eine gewisse Zeit anhalten. Die Reaktion erfolgt stets in der Auffassung, sie sei für das betreffende Lebewesen, ob Mensch, Tier oder Pflanze, das Beste, nicht das Zweitbeste und schon gar nicht das Schlechteste.

Wenn eine Wahl getroffen wird, spielen drei Elemente eine Rolle. Zuerst gibt es eine Ausgangslage, die beizubehalten oder zu überwinden ist. Zweitens orientieren sich dabei alle Lebewesen an optimal beurteilten Zielen oder Zwecken (nichts ändern ist ein mögliches Ziel; ein anderes Ziel als das bisherige ist ein neues Ziel). Drittens ergreifen sie Maßnahmen, die sie für die Zielerreichung als am besten einstufen. Und alles geschieht manchmal bewusst, manchmal unbewusst.

Die vorstehende Aufgliederung mag in vielen Fällen ziemlich gesucht klingen, ist aber das Grundmuster in Bezug auf den Aufbau einer Aktion oder Reaktion. Wer so gesund wie jetzt bleiben möchte, hat das Ziel, seinen Gesundheitszustand zu bewahren. Wer krank ist, möchte ihn ändern. Der Samen einer Pflanze wird bestrebt sein, dort, wo er hingefallen ist, das Bestmögliche zu machen, um eine Blume entstehen zu lassen. Der vom Wind bestimmte Standort mag nicht der beste sein, aber es bleibt das Bestreben der Pflanze, bestmöglich zu gedeihen. Immer gelingt das nicht, weil gewisse Umstände diesem Ziel entgegenwirken. Stellt ein Tier eine Bedrohung fest, zum Beispiel einen Angreifer in Gestalt eines anderen Tieres oder eines Menschen, dann entspricht dies einer neuen Ausgangslage. Angesichts der Bedrohung will es sich rasch in Sicherheit bringen; das ist das Ziel. Dann rennt es in eine bestimmte Richtung, wo es ein schützendes Gelände vermutet oder die Herde erkennt; das ist die Maßnahme. Und der Entscheid für dieses Verhalten fällt auf der Stelle. Dauert die Entscheidfindung zu lange, kann dies den Tod bedeuten. Maßgebend sind beim gesamten Vorgang die veranlagungsbedingte und durch die Lebenserfahrung geprägte innere Steuerung. Vielleicht rennt das Tier genau in die falsche Richtung, meint aber, es sei die beste, um zu überleben. Kommt dann auf dem gewählten Weg eine weitere Gefahr daher, ändert sich die Situation, in der es sich befindet. Und das Tier muss erneut einen Sofortentscheid treffen über die beste Wahl, um davonzukommen.

Auch in anderen Fällen ändern sich die Lebensumstände im Kleinen und Großen laufend, und entsprechend ändert sich der Entscheidungsvorgang, das heißt die Lage-, Ziel- und Maßnahmenanalyse sowie die darauf basierende Wahl.

Oft haben die Menschen mehr Zeit, ihre Wahl zu treffen, etwa beim Entscheid über das nächstjährige Ferienziel oder zur Frage des Spezialgebiets im Rahmen einer Weiterbildung. Der obige Analysevorgang bleibt im Prinzip zwar derselbe, aber das Problem des Zeitdrucks stellt sich nicht im gleichen Maß wie beispielsweise bei einer unmittelbaren Bedrohung.

Beim Opportunismus geht es also im Grunde um eine Vielzahl von Entscheiden – viele kurz nacheinander zu treffende und andere, für die mehr Zeit zur Verfügung steht, weil man darüber schlafen kann, bevor man sich festlegt. Und das jedem Leben eigene Selektionsverhalten ist in Bezug auf die Zielerreichung mit einer entsprechend positiven Erwartungshaltung verbunden. Im Ergebnis resultiert daraus ein Verhalten, das individuell variiert. Folgerung: Der Opportunismus steht über all unserem Tun und Lassen und Dulden. Bei allen. Und er ist bei allen unterschiedlich, manchmal ein wenig, manchmal in erheblichem Ausmaß.

Speziell zu beachten ist, dass jedes Lebewesen sich dabei in seiner Unvollkommenheit irren oder einer Täuschung zum Opfer fallen kann. Solche Irrtümer und Täuschungen nehmen beim

Menschen unter Umständen eine gewaltige Dimension an und zeitigen möglicherweise schreckliche Folgen. Und da die einen von überwiegend guten Vorstellungen und Wünschen gelenkt werden, andere aber finstere Absichten verfolgen und etwa der Befriedigung von Vernichtungslust oder nackter Gier Priorität einräumen, kann der Opportunismus, je nach Person, ins Gute oder ins Böse zielen. Denn es ist nicht die Opportunität an sich, also die Gelegenheit, die als günstigste zu qualifizieren ist, sondern es ist der Mensch, der bestimmt, was für ihn das Vorteilhafteste darstellt. Wählt er etwas im guten Bereich, ist sein Opportunismus entsprechend; analog ist es, wenn seine Wahl auf etwas im bösen Bereich fällt.

Zusammengefasst ist festzuhalten: Eine Opportunität im Sinn einer generell am besten passenden oder günstigsten Gelegenheit gibt es nicht. Es handelt sich immer um den Fall, wo irgendeinem Individuum unter den Lebewesen etwas als am vorteilhaftesten erscheint. Und eine Opportunität kann es nur dann geben, wenn zumindest eine andere Möglichkeit des Verhaltens besteht. Das ist immer der Fall, weil man stets entweder nichts tun oder handeln kann. Die Wahl von Alternative A ist ein Tun; die Nicht-Wahl einer an sich günstigen, aber weniger vorteilhaft erscheinenden Alternative B entspricht in Bezug auf diese einem Nichtstun. Da jede Person anders ist, entscheidet sie aus anderen Motiven als andere und setzt die Maßnahmen mit Blick auf das Ziel anders um, jedenfalls ein bisschen anders.

Ein Ereignis aus dem Jahr 2008 im Gebiet des Splügenpasses, der vom schweizerischen Kanton Graubünden zur italienischen Stadt Chiavenna führt, mag dies verdeutlichen: Ohne Augenzeugen stürzte ein Reiter (der Autor kannte ihn vom Studium her) in der betreffenden Gegend zu Tode; er hatte auf dem für erfahrene Berittene eigentlich sicheren Saumpfad eine Stelle offensichtlich falsch eingeschätzt. Anstatt kurz vom Pferd zu steigen und es einige Meter am Zügel zu führen, ritt er offenbar weiter. Dann geschah das Unheil. Pferd und Reiter stürzten in die Tiefe. Beizufügen ist, dass der Reiter zu einer Gruppe gehörte und vorübergehend den Anschluss verloren hatte. Deshalb konnte er nicht sehen, wie andere an der heiklen Stelle reagiert hatten, die ihm dann zum Verhängnis werden sollte. Vermutlich um möglichst rasch aufzuschließen, setzte er sich selbst unter Zeitdruck. So beurteilte er die schwierige Stelle wohl als nicht so gefährlich, dass ein Absitzen für ihn zwingend gewesen wäre. Es schien ihm demnach opportun, entsprechend vorsichtig weiterzureiten. Und das war eine Fehleinschätzung.

Wenn Menschen Selbsttötung begehen wollen, entspricht dies ihrem Ziel im Zeichen des Opportunismus. Sie erachten Suizid als das Beste für sich (man denke etwa auch an die Inanspruchnahme von sogenannter Sterbehilfe wegen bevorstehender Demenz oder angesichts einer unheilbaren Krebserkrankung). Die vom Individuum als optimal angesehene Wahl kann auch erfolgen, weil jemand sich von einer Stimmung dazu hinreißen lässt (Verlust des Lebenspartners), einer Täuschung unterliegt (ärztliche Fehldiagnose einer schweren Krankheit), irrtümlich agiert beziehungsweise reagiert (in Wirklichkeit nicht eingetroffener Verlust einer Kapitalanlage) oder nach einer Untat sich der Strafverfolgung entziehen will.

Das Wort ›Opportunismus‹ ist, wie eingangs dargelegt, vorbelastet. Im alltäglichen Sprachgebrauch wird es in einer reduzierten moralischen Bedeutung, nämlich als Fehl-Verhalten, gedeutet. Aber diese generelle negative Deutung ist, wie ausgeführt, unzutreffend. Wer ›Opportunismus‹, ›opportunistisch‹ oder ›Opportunist‹ sagt, sollte stets im Kontext klarstellen, von welcher Art Opportunismus die Rede ist. Falls dies zu mühsam erscheint, stehen viele Ersatzformulierungen zur Verfügung, beispielsweise: auf seinen Vorteil bedacht sein, nur am Nutzen orientiert handeln, berechnend sein, die aus eigener Sicht bestmögliche Wahl treffen, der persönlich günstigsten Variante den Vorzug geben, sich optimal anpassen, sich lediglich aus Kalkül anpassen, die eigenen Interessen bestmöglich wahren, die eigenen Interessen hintanstellen, um wohlgelitten zu sein, und so weiter. – Will man mit der Bezeichnung ›Opportunist‹ beispielsweise sagen, es handle sich um einen Menschen, der sich ganz auf Kurzfristiges konzentriert und nicht weiterdenkt, sollte man dies auch so klarstellen. Betrifft die Wahl der am besten erscheinenden Variante die ganze Familie oder eine größere Gemeinschaft, ist dies eine andere Optik als beim egozentrischen Menschen.

Je nach Charakter und Lebensweg verhalten sich die Menschen bekanntlich sehr unterschiedlich. Das Beste oder Günstigste ist stets etwas anderes, wenn es sich um einen Draufgänger oder eine zurückhaltende Person handelt, oder beispielsweise um einen Spielsüchtigen, einen Genauigkeitsfanatiker oder einen Schlendrian, einen Zauderer, einen Kinderfreund oder einen Pädophilen, einen aufmerksamen oder einen verträumten und geistig abwesenden Schüler, einen Langweiler, einen Selbstdarsteller, eine arrogante oder sanftmütige oder besonders lebhafte Person, böse oder gutmeinende Leute, einen Grobian oder eine schmiegsame Natur, einen Großzügigen oder Kleinlichen, einen verärgerten oder heiteren Menschen, eine offene oder verschlossene Natur, eine verklemmte oder eine interessierte Person, einen Faulpelz oder einen arbeitsfreudigen Zeitgenossen und so weiter. Aber alle – und das ist das Gemeinsame – haben stets das aus ihrer Sicht im Moment am vorteilhaftesten Erscheinende getan und werden es auch in Zukunft tun. Darunter kann ein couragiertes Eingreifen fallen, wenn eine fremde Person auf der Straße angegriffen wird, oder ein bloßes Nichtstun oder Wegschauen.

Der sogenannte kleine Mann findet vielleicht eines Tages, kurz vor seiner Pensionierung, dass er alles hätte anders machen müssen. Aber im Moment der jeweiligen Entscheidungen fand er es eben am günstigsten, den Auftrag des Vorgesetzten ohne Kommentar auszuführen, zu einem Fehlentscheid des Chefs zu schweigen, oder trotz der höchst unfreundlichen Bemerkungen des Büroleiters nicht zu kündigen. Und das zählt. Denn sein jeweiliges Verhalten hat ihn dorthin gebracht, wo er jetzt ist, nicht sein späteres Sinnieren über Entscheide, die er eigentlich anders hätte fällen müssen. Auch der Erfolgreiche und der große Versager haben sich immer wieder entschieden, richtig oder falsch disponiert und dabei auch entsprechend Glück oder Pech gehabt. Recht oft im Sog des Herdentriebs, der den Schutz der Gemeinschaft vermittelt, bewegen sich Mitglieder von meist größeren Verwaltungsräten. Gar häufig schweigen alle zusammen zustimmend (oder tragen zur einstimmigen Beschlussfassung durch Handerheben bei), obwohl Einzelne von ihnen eigentlich einige Vorbehalte zu den Ausführungen des Präsidenten anzubringen gehabt hätten. In der Herde, auch einer kleineren, ist es immer riskant, sich zu exponieren oder auch nur unangenehm aufzufallen. Bei Einstimmigkeit gilt fast immer: Geht etwas schief, sind zwar alle verantwortlich, aber niemand als Einzelperson. Verläuft alles gut, hat man ebenfalls irgendwie dazu beigetragen. Man erkennt: Zwischen oben und unten im Unternehmen ist vieles in Bezug auf Opportunitäten und deren Wahrnehmung im Grunde gleich, weil ja überall Menschen am Werk sind.

Aus dem Gesagten folgt, dass es angebracht ist, dem Opportunismus und den Wörtern ›opportun‹, ›opportunistisch‹ sowie ›Opportunist‹ die ursprüngliche Bedeutung zurückzugeben. Dies führt zwangsläufig dazu, dass die ungünstige Interpretation des Begriffs ›Opportunismus‹ lediglich eine Auslegungsvariante darstellt und im konkreten Fall falsch sein kann. Hinzu kommt, dass man stets auf eine Nuancierung angewiesen ist, weil Opportunismus im Guten wie im Schlechten nicht nur eine ganz bestimmte Form annimmt. Da auch alle Körperfunktionen opportunistisch ablaufen, kann es diesbezüglich ebenfalls infolge Unvollkommenheit zu Fehlverhalten kommen. Nach einem Bankett ist es schon vorgekommen, dass eine große Zahl der

Teilnehmer keine Beschwerden hatte, aber auch viele Personen krank wurden und sich sogar in Spitalpflege begeben mussten. Offensichtlich reagieren eben nie alle gleich, was zeigt, dass nicht alle in der Lage sind, einen Bakterienangriff optimal zu kontern – in der Sprache der vorstehenden Erläuterungen: Die persönlichen Voraussetzungen und die vom Körper vorgenommene Wahl der günstigsten Reaktion, um gesund zu bleiben, können erfolgreich zusammenspielen; ein Scheitern aus dem einen oder anderen Grund ist aber auch möglich und kann dazu führen, dass, wie im vorstehenden Fall, viele Leute medizinischer Betreuung bedürfen.

Anpassung im Besonderen

Mit dem Begriff ›Opportunismus‹ ist der Ausdruck ›Anpassung‹ eng verbunden. Deshalb wird auch ›Anpassung‹ aufgrund des traditionellen und meist unreflektierten Wortverständnisses automatisch zuerst einmal im negativen Sinn verstanden. Sonst wäre ›Anpassung‹ das falsche Wort – meint man.

Aber es ist unrichtig, Anpassung generell als etwas Negatives oder Verwerfliches einzustufen, als ein Zeichen von Charakterlosigkeit zu werten. Denn man kann sich einer Lage auf ganz unterschiedliche Weise anpassen, wie auch das Beispiel vom Reiter auf dem Saumpfad zeigt: Er sah sich offenbar nicht veranlasst, vom Pferd zu steigen, sondern fand vermutlich, die beste Anpassung an die Situation zu wählen. Das heißt, dass er den raschen Anschluss an die Gruppe wieder herstellen wollte, selbstverständlich ohne übertriebene Risiken einzugehen. Deshalb ritt er vorsichtig weiter. Und das führte zum Unglück. Nicht gefährlich und ausgesprochen sinnvoll ist Anpassung, wenn sie beispielsweise darin besteht, sich warm anzuziehen, weil es sehr kalt geworden ist. Auch die (anderen) Tiere und Pflanzen passen sich der Witterung an, um beispielsweise zu überwintern. ›Anpassung‹ und somit auch ›Opportunismus‹ sind also Begriffe mit vielen Facetten.

Anpassung als negatives Verhalten beinhaltet etwa die quasi unmittelbare Unterwerfung unter die jeweils herrschende Meinung, also ein berechnendes Mitheulen mit den Wölfen, um möglichst gut zu fahren, um »dazuzugehören«. Natürlich ist es auch möglich, dass man die betreffende herrschende Meinung nicht einfach übernimmt, sondern sie nach kurzer oder längerer kritischer Prüfung für wirklich gut hält oder zumindest anderen Auffassungen überlegen findet. Wenn man sich ihr dann anschließt, ist das Mitheulen zu relativieren. Es versteht sich aber, dass man dabei generell besser fährt, als wenn man Opposition betreiben würde, allein oder mit ganz wenigen Abtrünnigen zusammen. Immerhin kommt es immer wieder vor, dass jemand zu seiner Meinung auch dann steht, wenn alle anderen oder fast alle seine Auffassung nicht teilen. Die betreffende Person hält es eben für opportun, sich zu ihrer Ansicht zu bekennen, auch wenn das der Beliebtheit in einem bestimmten Kreis nicht förderlich ist; zugleich ist es für sie inopportun, die eigene Meinung zu unterdrücken. Opportunisten können folglich in der Mehrheit zu finden sein, aber auch in der Minderheit; bisweilen ist der ganz bestimmte Opportunist sogar eine einzelne Person in einer größeren Ansammlung von Menschen.

Gelegentlich akzeptiert ein Teilehmer im Kreis einer Wandergruppe eine von ihm persönlich wenig geschätzte Routenwahl, in der Regel um des lieben Friedens willen, weil die Mehrheit halt den betreffenden Weg vorzieht. Warum nicht, wenn keine besonderen Gefahren damit verbunden sind? Der liebe Friede ist für den sich Anpassenden in dieser Situation das Wichtigste, die Route wird sekundär. Selbstverständlich könnte die über die Routenwahl überhaupt nicht erfreute Person sich verabschieden und wieder nach Hause gehen, etwa unter einem gesundheitlichen Vorwand. Das wäre auch Opportunismus, weil die Person es persönlich für das Beste hält, die Wanderung auf der ungeliebten Strecke nicht mitzumachen und den restlichen Tag mit einem Buch zu verbringen. Konfrontativer Opportunismus wäre es, auf der persönlich bevorzugten Route notfalls allein zu wandern und den anderen nahezulegen, Toleranz walten zu lassen. Der Einzelgänger würde sich aus seiner Sicht optimal verhalten, aber mit großer Wahrscheinlichkeit bei den anderen Wandervögeln nicht nur positive Kommentare auslösen. Letztere würden ausdrücken, dass sein Verhalten den anderen nicht opportun erscheint. Eine Reaktion kann also zugleich als opportun und als nicht opportun beurteilt werden, je nach Standpunkt. Zudem: ›Nicht opportun‹ könnte man auch in ›opportun‹ umdeuten, indem man das Verhalten des Einzelgängers als das beste einstuft, um sich bei einem Teil der Gruppe möglichst unbeliebt zu machen. Irgendwie erscheint so alles opportun, je nach Spezifikation.

Anpassung kennt noch viele weitere Spielarten. Wenn eine gewisse Harmonie angestrebt wird, kann unter Fremden ein kleines Zurückstecken ebenso angebracht sein wie in der Familie. Der Vorteil einer solchen Anpassung liegt in der Konfliktvermeidung, die als das Günstigste beurteilt wird, günstiger als ein Beharren auf der eigenen Position. Aber klar ist auch, dass man sich nicht alles gefallen lassen darf; denn sonst wird dies rasch ausgenutzt und führt oft zu einem despektierlichen Verhalten gegenüber der pflegeleicht erscheinenden Person. Ihr werden dann Dinge zugemutet, die bei anderen tunlichst unterlassen werden. So kann dann die friedfertige Anpassung eines Mitmenschen zu einem zunehmend ungebührlichen Verhalten anderer führen. Möglicherweise ändert die betreffende Person irgendwann ihre Haltung, lässt durch deutliche Nicht-Anpassung spüren, dass ihr die eskalierende Schlechtbehandlung zuwider ist. Dadurch führt sie den anderen vor Augen, dass sie zu weit gegangen sind. Wenn sie dies erkennen – und meistens geschieht dies –, war es das vorteilhafteste Anpassungsverhalten, sich nicht abermals zu ducken.

Der atmosphärisch und auch für das allgemeine Wohlbefinden nicht zu unterschätzende Hausfriede ist auf Dauer nur dann gewährleistet, wenn alle sich hin und wieder zurücknehmen. Eine so verstandene Anpassungsbereitschaft bewirkt am ehesten dauerhafte und wohlige Stabilität, ist also für mehrere Personen opportun. Ein gelegentliches kleines individuelles Minus, zu dem alle bereit sind, führt also zu einem großen Plus fürs Ganze.

Daraus folgt: Das ungünstig beurteilte Mitschwimmen im Strom (und ähnliches Verhalten) ist eine bedeutsame Ausprägung des Opportunismus. Es muss aber weder generell noch für den Einzelnen negativ sein. Andererseits wird selten bedacht, dass persönliche und nicht allgemein geteilte Opportunitätserwägungen zu einer von anderen meist wenig geschätzten Ablehnung dieses Mitschwimmens führen können. Denn logischerweise kann man sich aus persönlicher Sicht auf eine Lage auch optimal einstellen, ohne sich zu »prostituieren«. Und auch in diesem Fall kann der Opportunismus negativ oder positiv eingestuft werden, je nach Sichtweise. Einmal mehr wird klar: Die simplifizierende Ansicht, Opportunismus sei stets und ausschließlich negativ, hat keine Daseinsberechtigung.

Der rasche Wandel von Meinungen und Lebensumständen setzt oft eine schnelle Auffassungsgabe und eine besondere Anpassungsfähigkeit voraus, wenn man gut abschneiden will. Deshalb haben es rasche Opportunisten für gewöhnlich leichter als Leute, die von Natur aus ihre Eindrücke langsam verarbeiten und entsprechend spät aktiv werden. Letztere eignen sich ganz und gar nicht für Tätigkeiten, wo häufig Sofortanpassungen erforderlich sind. Aber man kann auch zu schnell seine Schlüsse ziehen und reagieren. In solchen Fällen stellt sich dann später heraus, dass man sich wegen übertriebener Hast oder in Panik nicht opportun verhalten hat. Was im Moment am günstigsten erscheint, ist es möglicherweise schon bald nicht mehr. Wer sich schnell anpasst, hat manchmal Vorteile, aber die Langsamen liegen nicht immer falsch. Das spricht für eine gesunde Mischung, um das Leben optimal zu meistern.

Wie erwähnt, bestehen immer viele unterschiedliche Auffassungen, was opportun ist. Noch häufiger kommt es aber vor, dass hinterher viele wissen, was opportun gewesen wäre, weil man ja das Resultat kennt. Aber auch dann gilt noch: Vieles, was wir für opportun halten, scheint nur so. Die Folge: Suboptimales begleitet alle Menschen durchs ganze Leben.

7. Opportunismus und Risiken

Opportunismus ist zwar das Wahrnehmen einer besonders günstigen Gelegenheit, aber immer nur aus der eigenen Sicht oder nach Auffassung einer mehr oder weniger großen Gruppe. Dabei geht man zwangsläufig Risiken ein, weil die Lagebeurteilung und die Wahl von Zielen sowie Maßnahmen wegen der menschlichen Unvollkommenheit stets fehlerbehaftet sind. Wie groß die Fehler sind, hängt vom einzelnen Fall ab. Im Nachhinein kann man sich hierzu konkret äußern, aber eben erst hinterher und auch das keineswegs immer völlig makellos.

Fehler gehören also zu unserem Verhalten, bei allen. Recht oft geht es um kleine Abweichungen vom vermutlich bestmöglichen Vorgehen. Aber generell gilt: Was wir tun, weist immer ein Risiko auf, das sich in Fehlern und unterschiedlich schlimmen Folgen niederschlagen kann. Dieses Risiko ist im Grunde nichts anderes als die Wahrscheinlichkeit eines teilweisen Scheiterns oder im Extremfall eines totalen Versagens. Davon handelt das Folgende.

Dass die Anpassung an eine Lage zum eigenen Vorteil nicht Unterwerfung bedeuten muss, ja genau das Gegenteil beinhalten kann, zeigt ein leuchtendes, aber sicher nicht risikofreies Beispiel aus dem Zweiten Weltkrieg: Am 13. Mai 1940 hat der berühmte britische Kriegspremier Winston Churchill (1874 – 1965) seine erste Rede im Parlament gehalten und erklärt: »*I have nothing to offer but blood, toil, tears and sweat*« (»Ich habe nichts anderes anzubieten als Blut, Mühsal, Tränen und Schweiß«). Die offene, harte Rede war der damals schlimmen militärischen Lage Großbritanniens optimal angepasst. Denn sie gab den Leuten viel mehr Kraft, Mut und Ansporn, sich zu wehren und nicht unterkriegen zu lassen, als irgendeine beschönigende Ansprache aus hohlen Phrasen. Churchill erkannte die Opportunität des offenen Wortes. So mobilisierte er bei vielen seiner Landsleute ungeahnte Kräfte, was wesentlich dazu beitrug, dass Großbritannien letztlich obsiegte. Der guten Ordnung halber sei beigefügt: Großbritannien war auch auf der Siegerseite dank des mutigen Flieger-Einsatzes von Exil-Polen im Luftkampf gegen deutsche Kampfpiloten, dank der massiven Unterstützung durch die USA, Kanadier, Australier und weiterer Truppen aus dem Commonwealth – und dank Glück, das es immer braucht, um zu reüssieren. Das eindrückliche und bewegende Beispiel von Churchill zeigt aber klar, dass der weite Begriff ›Opportunismus‹ sich auch in Kampfbereitschaft bis zum Letzten äußern kann und keinesfalls bloß mit Fatalismus oder irgendeiner weichen »Tour« oder einem Ausweichen gleichgesetzt werden darf.

Opportunismus spielte im Zweiten Weltkrieg auch anderswo eine große Rolle. Man denke an das Verhalten Italiens, als es dem von den Deutschen bereits klar besiegten Frankreich am 10. Juni 1940 auch noch rasch den Krieg erklärte und in Frankreich einmarschierte; so machte man sich dank deutscher »Vorarbeit« möglichst leicht zum Mitsieger. Das Risiko eines Scheiterns bestand aber in den ersten Tagen der windigen Kriegserklärung trotzdem; den geschwächten französischen Truppen im Raum des italienischen Vorstoßes gelang es nämlich, die mangelhaft ausgerüsteten und schlecht geführten Italiener am weiteren Vorrücken zu hindern und in arge Bedrängnis zu bringen. Das war's dann mit dem Mitsiegen. Und man denke an den Frontwechsel der italienischen Regierung, als sie sich den Alliierten anschloss und am 13. Oktober 1943 dem offensichtlich auf verlorenem Posten kämpfenden früheren militärischen Partner Deutschland den Krieg erklärte; so war man am Ende des Zweiten Weltkriegs doch noch bei den Siegern. Das war auch keine Heldentat und brachte dem geschundenen Land nur dort Erleichterung, wo die Deutschen von den Alliierten zurückgedrängt worden waren. In Norditalien kapitulierten die deutschen Truppen aber erst am 29. April 1945, mit Feuereinstellung am 2. Mai; und erst danach hatte ganz Italien den Krieg hinter sich. Anschließend erwies sich die Kehrtwende vom 13. Oktober 1943 aber als gar nicht so schlecht für Italien.

Opportunismus stand auch am Anfang des Wiederaufbaus Deutschlands nach dem Zweiten Weltkrieg, als die Amerikaner der Bundesrepublik massiv Hilfe leisteten (Marshall-Plan). Offensichtlich und zu Recht fanden sie, dass es für alle das Beste und nicht zuletzt das Lukrativste sein dürfte, wenn Deutschland wieder auf die Beine kommt. Die Gründung der Bundesrepublik Deutschland (Grundgesetz vom 23.5.1949) und deren Mitgliedschaft in der Montanunion (1952; ab 1967 in der Europäischen Gemeinschaft aufgegangen) sowie der NATO (1954) bewirkten eine friedliche und erfolgreiche Entwicklung dieses Teils von Deutschland, die im Zeichen des sogenannten Wirtschaftswunders stand. Der andere Teil, die Deutsche Demokratische Republik (DDR), die von 1949 bis 1990 unter sowjetischer Herrschaft existierte und dann in der Bundesrepublik aufging, hatte kaum eigenen Handlungsspielraum und schaufelte sich mit der auf Kommunismus ausgelegten Wirtschaftspolitik das eigene Grab. Die DDR war in den Machtbereich der damaligen Sowjetunion eingebunden, ab 1950 im COMECON, dem Rat für gegenseitige Wirtschaftshilfe, und ab 1955 im Warschauer Pakt (Militärbündnis). Gefahr konnte somit nur von den einander feindlich gesinnten Großmächten USA und UdSSR sowie von ihren jeweiligen Militärbündnissen ausgehen, denen die beiden deutschen Staaten angehörten. Und mit dieser Konstellation waren während des sogenannten Kalten Krieges einige substanzielle Risiken verbunden, nicht nur für das geteilte Deutschland, wie hiernach noch zu berichten sein wird.

Österreich war durch den Zweiten Weltkrieg arg in Mitleidenschaft gezogen worden. Von 1945 bis 1955 ging es nur schleppend aufwärts. Dann geschah ein politisches Wunder in Gestalt des Staatsvertrags vom 15. Mai 1955, der den lang ersehnten Aufbruch in eine bessere Zeit gestattete. Dieser Staatsvertrag bescherte dem Land den Abzug der Besatzungsmächte und die Wiederherstellung der staatlichen Souveränität. Zuvor hatten viele resigniert und eine solche Vereinbarung für unwahrscheinlich gehalten, weil man sich den freiwilligen Abzug der Sowjets aus Nordost-Österreich (inklusive aus Teilen von Wien) nicht vorstellen konnte. Demgegenüber waren die anderen Alliierten des Zweiten Weltkriegs längst nicht mehr eigentliche Okkupanten und drängten selbst nach einem Ende der Besatzungszeit. In zähen Verhandlungen in Wien und Moskau gelang es insbesondere dem österreichischen Außenminister Leopold Figl, die unerlässliche Vertrauensbasis zu schaffen und die politische Ideallösung für sein Land zu erwirken. Von der Terrasse des wunderbaren Schlosses Belvedere im Herzen Wiens verkündete er am besagten 15. Mai 1955: »Österreich ist frei!« Ein ergreifender Moment in schwieriger Zeit. In diesem Fall war das Opportune tatsächlich etwas Gutes.

Opportunitäten spielen auch bei der Verbrechensaufklärung eine große Rolle. Wie beim großen Postzugraub (*The Great Train Robbery*) vom 8. August 1963 in England, der den Nacht-Postzug Glasgow – London betraf. Der Raub samt Vorbereitungshandlungen wurde von mindestens sechzehn Personen begangen (der Polizei waren schließlich dreizehn Täter namentlich bekannt, mindestens drei weitere Räuber oder sonstwie Beteiligte sind aber bis heute unerkannt geblieben). Der Postzugraub fand bei Ledburn (Grafschaft Buckinghamshire) statt, wo der Zug nachts zum Stehen gebracht wurde. Dann musste die Lokomotive einzig mit dem Wagen der *Royal Mail*, in welchem sich die Postsäcke mit dem Geld befanden, gut 800 Meter weiterfahren, bis zur Eisenbahnbrücke Bridego. Dort wurden die Säcke abgeladen und in die bereitstehenden Fluchtfahrzeuge verstaut. Hierauf begaben sich die Postzug-Räuber zu ihrem Versteck, dem nur 25 Meilen (40 km) entfernten ehemaligen Bauernhof Leatherslade östlich von Oakley. Im Versteck zeigte sich, dass die Beute gut 2,6 Millionen Pfund betrug; nach heutigem Wert (Dezember 2013) entsprach sie einer Summe von etwa 40 Millionen Pfund (oder 48 Millionen Euro bzw. 60 Millionen Franken). Die Räuber blieben nur kurze Zeit in der Farm, hinterließen jedoch zahlreiche Fingerabdrücke und andere Spuren. Dank Hinweisen aus der Bevölkerung konnte die Polizei bereits am fünften Tag nach dem Raub das allerdings schon verlassenen Versteck ausfindig machen. Zudem fand sie bald die Namen der drei Strohmänner heraus, welche die Farm im Auftrag der Räuber gekauft hatten. Innert weniger Monate gelang es, zehn mutmaßliche Bandenmitglieder und die am Farmkauf beteiligten drei Strohmänner festzunehmen. Neun Räuber und die drei Strohmänner erhielten Strafen zwischen drei und dreißig Jahren; ein mutmaßlicher Räuber wurde mangels Beweisen freigesprochen. Drei Bandenmitgliedern gelang vorerst die Flucht; zwei kehrten von sich aus nach England zurück, ein Räuber wurde in Kanada gefasst. Ein anderer Täter brach aus dem Gefängnis in England aus und kam nach einem längeren Brasilien-Aufenthalt erst im Jahr 2001 nach England zurück, um seine Strafe zu verbüßen. Von dem gestohlenen Geld konnten nur knapp 13 % gefunden werden.

Die den Tätern einst opportun erscheinende Mitwirkung am Postzugraub war also nicht ohne Risiko. Schon der Raub hätte aus verschiedenen Gründen schiefgehen können. Wäre dies geschehen, hätten sie wieder nach Hause fahren und ihre Verbrecherkarriere anderweitig fortsetzen müssen. Aber der Überfall klappte; er war offensichtlich sehr gut geplant worden und wurde durch die Umstände begünstigt. Danach stellte sich aber ein zweites Problem, dem man vorgängig ebenso viel Aufmerksamkeit hätte schenken müssen: die Flucht ins Versteck samt Aufteilung der Beute und die Rückkehr der einzelnen Täter ins Normalleben. In diesem Punkt versagte die Planung total, insbesondere weil das Versteck zwar auf dem Land war, aber ungewöhnliche Bewegungen dort erst recht irgendwann auffallen mussten. Weshalb die Täterschaft nach dem Raub nicht irgendwo im städtischen Raum kurz untertauchte, wo relativ viele Menschen waren und ihre Anwesenheit kaum bemerkt worden wäre, ist angesichts der minutiösen Planung des Überfalls auf den Postzug eigentlich unverständlich. Dass im und um den Bauernhof massenhaft Spuren, vor allem auch Fingerabdrücke, hinterlassen wurden, war geradezu ein Zeichen von Dilettantismus. Fazit: Offensichtlich versagte die Planung für die zweite Phase, also die Zeit nach dem Überfall, vollkommen. Die Risiken wurden völlig falsch eingeschätzt. Und das erleichterte die Arbeit der Polizei erheblich, zumal die vielen vorbestraften Täter mit ihren Fingerabdrücken in den Akten bereits vermerkt waren.

Später, nach der Haftentlassung, haben die Räuber vermutlich von dem Geld anteilig profitiert. Es ist auch anzunehmen, dass in dieser Phase sehr vorsichtig vorgegangen wurde, um keine weiteren Fehler zu machen. Sehr wahrscheinlich haben mindestens drei bis heute unbekannte Täter diesbezüglich ganze Arbeit geleistet. An den nach Brasilien geflohenen Räuber wurde offenbar nichts oder nichts direkt überwiesen. Somit hatte es die Polizei nicht mehr so leicht wie bei der Spurensuche im Versteck bei Oakley. Wirklich vorteilhaft war der Postzugraub wohl nur für den freigesprochenen Angeklagten und die bis heute unbekannten Mittäter (von deren Namen vermutlich nur ganz wenige der Räuber Kenntnis hatten, sonst wäre bestimmt etwas ausgeplaudert worden). Alle anderen hatten möglicherweise nach Verbüßung ihrer Strafen noch gewisse finanzielle Vorteile. Klar ist auch: So günstig oder verlockend, wie das Unternehmen vor seiner Durchführung erschien, ist es mit Sicherheit für viele der Täter nicht gewesen.

Für den Ruf der britischen Polizei hatte die ganze verrückte Geschichte nur teilweise einen positiven Aspekt. Denn in Bezug auf die Täter war sie weitgehend erfolgreich, weil sie die Spuren in Oakley gut und rasch ausgewertet hatte. Aber mindestens drei Beteiligte blieben unerkannt. Da die Polizei jedoch auch das geraubte Geld hätte finden sollen, ist das rätselhafte und wohl definitive Verschwinden von über 87 % der geraubten Summe eine unerfreuliche Tatsache. Ob die geringe Ausbeute auf polizeiliche Fehler zurückzuführen war, ließ sich aber nicht belegen.

Wie schon angedeutet, herrschte bald nach dem Zweiten Weltkrieg der Kalte Krieg zwischen den USA und der UdSSR beziehungsweise zwischen den Militärbündnissen NATO und Warschauer Pakt. Das sogenannte Gleichgewicht des Schreckens zwischen den beiden Großmächten bestimmte über Jahrzehnte die militärpolitische Gangart in Europa und Asien. Höhepunkte der gegenseitigen Bedrohung ergaben sich während der Ungarnkrise von 1956 und anlässlich der Niederschlagung des sogenannten Prager Frühlings im August 1968. Dann, ab Ende der 1970er-Jahre bis zu Beginn der 1980er-Jahre, verschärfte sich der Kalte Krieg erneut. Die Anspannung führte zu einer laufenden Eskalation der Vorkehrungen zur Abwehr eines Angriffs der anderen Seite. Durch permanente militärische Optimierungen, vor allem der atomaren Aufrüstung und Raktentechnik, schufen beide Mächte ein stetig zunehmendes wechselseitiges Bedrohungsarsenal. Es sollte den potenziellen Gegner davon abhalten, zum Äußersten, zum Heißen Krieg zu schreiten. Im Jahr 1983 kam es zu einer besonders angespannten Lage. Nach der Stationierung sowjetischer SS-20-Raketen in Ost-und Mitteleuropa gingen die USA daran, Mittelstreckenraketen vom Typ Pershing II und von Marschflugkörpern Tomahawk in Westeuropa aufzustellen. Zudem hatte im April 1983 unter der Bezeichnung ›Fleet Ex 83‹ das bisher größte US-Flottenmanöver im Pazifik stattgefunden. Dabei sollen Aufklärungsflugzeuge der US-Navy wiederholt in den sowjetischen Luftraum eingedrungen sein. Die Amerikaner setzten unter anderem spezielle Aufklärungsflugzeuge vom Typ Boeing RC-135 ein, die den Passagierjets von Boeing nicht unähnlich waren. Die opportunistische Politik im Zeichen des Gleichgewichts des Schreckens war insgesamt erfolgreich, verlief aber nicht ohne Pannen.

Im Spätsommer 1983 gab es zwei Ereignisse, die auch heute noch geeignet sind, Angst und Schrecken einzujagen. Für das Folgende mag es angebracht sein, den Atlas auf der Seite aufzuschlagen, wo das Ochotskische Meer und die angrenzenden Landmassen zu sehen sind. Denn westlich der zu Russland gehörenden Insel Sachalin, über internationalen Gewässern, geschah das Unglaubliche: Am 1. September 1983 schossen dort die Sowjets einen koreanischen Passagierjet ab, der auf dem Flug von New York nach Seoul etwa 500 Kilometer vom Kurs abgekommen war. Alle 269 Personen an Bord von *Korean Airlines Flug 007* kamen dabei ums Leben. Am gleichen Tag kreiste im internationalen Luftraum vor der riesigen Halbinsel Kamtschatka eine amerikanische Boeing. In jener Zone wurde die mit hochspezialisierten Kameras ausgerüstete RC-135 S eingesetzt, um sowjetische Raketenversuche zu beobachten. In einem Klima großer Gereiztheit und Anspannung hatten die Sowjets auf dem Radar ein nicht identifizierbares Flugobjekt entdeckt; es war das koreanische Passagierflugzeug, wie sich nachher herausstellte. In der Meinung, es handle sich um einen US-Angriff, wurde der Abschuss durch Kampfjets angeordnet. Der Auftrag wurde ausgeführt, obwohl ja irgendwann erkennbar gewesen sein muss, dass das unbekannte Flugobjekt allein unterwegs war und kaum Teil einer Invasion durch die amerikanische Luftwaffe sein konnte. Hinterher, nachdem das sowjetische Oberkommando den schrecklichen Irrtum festgestellt hatte, entschuldigte sich die Sowjetunion, blieb aber dabei, dass ihr Vorgehen unter den gegebenen Umständen durchaus legitim gewesen sei. Man habe rasch handeln müssen, ohne eine Möglichkeit von Kontrollmaßnahmen und einem anschließenden raschen Abblasen der Aktion. Die Abwehrmaßnahme, die im eigenen Interesse opportun erschien, war nun einmal der sofortige Abschuss. Später berichtete der sowjetische Pilot, der das Passagierflugzeug abgeschossen hatte, dass das Flugzeug wegen beleuchteter Fensterreihen zwar als Passagierflugzeug zu erkennen gewesen sei; aber eine militärische Nutzung habe man dennoch nicht ausschließen können. Unter dem Druck seiner Lage (Abschussbefehl) habe er seine Feststellung nicht der Bodenstation gemeldet, sondern nach Warnschüssen, auf die nicht reagiert worden sei, den Abschuss durchgeführt. In diesem Fall war das opportun Erscheinende identisch mit der schlimmsten Variante, die man sich denken konnte. Wenigstens gab es eine positive Folge des schrecklichen Ereignisses: Im Jahr 1986 vereinbarten die Sowjetunion, die USA und Japan ein gemeinsames Flugüberwachungssystem für den Nordpazifik.

Dann, am 27. September 1983, kam es zu einer weiteren Panne, dieses Mal ausgelöst durch einen Computerfehler im sowjetischen Aufklärungssatelliten Kosmos 1382. Er meldete fälschlicherweise den Start von fünf US-Langstreckenraketen in den amerikanischen Gliedstaaten Montana und North Dakota. Die sowjetische Annahme: Einsatz amerikanischer Atomwaffen in Richtung UdSSR. Im sowjetischen Raketenzentrum, das in einem solchen Fall den sofortigen atomaren Gegenschlag hätte auslösen müssen, verzichtete der verantwortliche Oberstleutnant Petrow aber auf jegliche Maßnahme und hielt sich somit nicht an die für einen solchen Fall geltende generelle Order. Er hatte die Meldung der Aufklärung erhalten und überlegte zum Glück rasch, ob sie zutreffend sein könne. Dabei erschien ihm der Abschuss einer Handvoll US-Raketen zum Zweck der Vernichtung der Sowjetunion als absurd (denn ähnliche weitere Meldungen über Raketenabschüsse der USA gab es keine). Die Sowjets reagierten also aus Opportunitätserwägungen einer Einzelperson nicht. Hinterher stellte man einen Computerfehler am eigenen Satelliten fest, der unter bestimmten Bedingungen die Reflexionen von Sonnenstrahlen in hohen Wolkenschichten als Raketenstarts registriert hatte.

Besonders krass und von enormer Tragweite waren die Fehlentscheide, die am 26. April 1986 zur Atomkatastrophe in Tschernobyl führten. Aufgrund der Untersuchungsberichte ist zu schließen, dass das Unglück an sich leicht vermeidbar gewesen wäre. Offenbar wollte man damals einen vollständigen kurzzeitigen Stromausfall während 40 bis 60 Sekunden simulieren, hätte aber den Versuch unbedingt verschieben müssen. Denn ein technischer Defekt oder ein Bedienungsfehler hatte vorgängig einen starken Leistungsabfall bewirkt, der am Tiefpunkt zu einer Leistung führte, die nur noch 30 MW oder 1 % der Nennleistung des Reaktors von 3200 MW betrug. Zwar konnte man die Leistung rasch auf gut 6 % der Nennleistung erhöhen, blieb aber weit unter dem Wert von 640 MW (20 % der Nennleistung), bei dessen Unterschreiten man den Reaktor umgehend hätte abschalten müssen. Was nachher kam, als man den Versuch trotzdem vornehmen wollte, war die logische Folge der Widerhandlung, die aufgrund der bauartbedingten Eigenschaften des graphit-moderierten Kernreaktors zur Katastrophe führen musste. Was war wohl der Grund für das sture Festhalten am Versuch? Hatte sich der in Bezug auf Gefahren des Reaktortyps zu wenig sachkundige Versuchsleiter derart unter Erfolgszwang gesetzt, dass er es weiterhin für opportun hielt, nicht vom Plan abzuweichen? Oder hatte eine unbekannte Person mit mangelhaften Sachkenntnissen so viel Druck gemacht, dass der Versuchsleiter und die Betriebsmannschaft sich nahezu sklavisch der Anweisung unterzogen, weil auch sie nicht das erforderliche Wissen hatten, um sich die Auswirkungen ihres Tuns vergegenwärtigen zu können? Dass niemand das Unglück wollte, ist anzunehmen. Folglich bleiben eigentlich nur die vorstehenden Erklärungen aus dem Bereich des Anpassungsverhaltens, gepaart mit einem Mangel an Sachkenntnis. Dass sich der Schichtleiter später, als die Leistung laufend anstieg und schließlich außer Kontrolle geriet, zur Notabschaltung entschloss, ist in diesem Kontext zwar verständlich. Was aber offenbar niemand ahnte, war die in der betreffenden Situation unweigerlich eintretende Folge der Notabschaltung, die auf einen Konzeptionsfehler des Reaktortyps zurückzuführen war: Die Leistung überschritt nämlich innerhalb von Sekundenbruchteilen den Nennwert um das Hundertfache. Und so trat der Fall einer »nuklearen Leistungsexkursion« ein, die dann zu mehreren Explosionen führte. Dabei wurde der 1000 Tonnen schwere Deckel des Reaktors abgehoben. Große Mengen an radioaktiver Materie gelangten in die Umwelt und verteilten sich über ganz Europa. Im engeren Bereich von Tschernobyl starben um die 50 Menschen an akuter Verstrahlung. Kontrovers diskutiert werden bis heute die weiteren Auswirkungen. Laut WHO-Schätzung von 2005 sei für Gesamteuropa in den sechzig Jahren bis 2065 mit etwa 5000 Todesopfern aufgrund der Katastrophe in Tschernobyl zu rechnen. Und das bei einem durchaus vermeidbaren Unglück!

Auch alle Rettungsdienste, ob im Gebirge, bei Straßenunfällen oder bei schweren Havarien auf Bohrinseln, stehen unter hohem Zeit- und Erfolgsdruck. Grundsätzlich müssen vorab

Vorkehrungen getroffen sein, um Unfälle so weit wie möglich zu verhindern (Fahrzeugsicherheit, gebirgstaugliche Ausrüstung, Sicherheitsauflagen in Häusern, auf Bohrinseln und so weiter). Sodann sind im Fall eines Unglücks alle Maßnahmen entsprechend überlegt und effizient zu treffen, um die Personen- und Materialschäden so gering wie möglich zu halten. In der gesamten Kette kommt es aber immer wieder zu Fehlern, die schwerwiegende Folgen zeitigen können.

So ereignete sich am 20. April 2010 im Golf von Mexiko eine Explosion auf der Bohrplattform *Deepwater Horizon*, die für *British Petroleum* (BP) im Einsatz war. Die künstliche Bohrinsel diente zur Erdölexploration. Bei einem sogenannten *Blow-out* (einer plötzlichen, unter hohem Druck stehenden Fontäne von Bohrschlamm, Erdgas und Öl) entzündete sich das Erdgas und führte zum Brand der Bohrplattform. Elf Arbeiter kamen dabei ums Leben, 115 konnten gerettet werden. Die Bohrplattform sank nach zwei Tagen. Das ausströmende Öl führte zu einer gewaltigen Ölpest im Golf von Mexiko; es war die bisher schwerste Umweltkatastrophe der Ölindustrie. Erst am 16. Juli 2010, also drei Monate später, konnte der Ölfluss mit einem temporären Verschluss gestoppt werden. Und erst am 19. September 2010 versiegte die Ölquelle endgültig. Die Untersuchung des Unglücks zeigte, dass die Ursache in einer Reihe menschlicher und technischer Fehler lag. So verzichtete die zuständige Behörde auf einen Notfallplan, weil man fand, ein großer Ölunfall sei praktisch ausgeschlossen und selbst bei einem Unglück würde eine Gefährdung der Küstenregion ausbleiben, weil sich die Plattform weit genug draußen im Meer befinde. Eine ernsthafte Simulation hätte wohl gezeigt, dass diese Annahme falsch war. Am Unglückstag wurde der Druckanstieg, der einen bevorstehenden *Blow-out* ankündigte, falsch interpretiert. Das Alarmsystem in Bezug auf giftige und explosive Gase war im sogenannten Unterdrückungsmodus, die Versiegelung des Bohrlochs laut Experten zudem unzureichend. Der automatische *Blow-out Preventer* (*Blow-out*-Verhinderer) funktionierte offenbar nicht. Auch die erst sieben Minuten nach dem *Blow-out* betätigte manuelle Notabschaltung samt Trennung der Bohrinsel vom Bohrloch ließ sich nicht durchführen. Die Dieselgeneratoren der Plattform saugten das ausströmende Erdgas an, was sie schließlich explodieren ließ. Demnach hielt man es für opportun, mehrere an sich zum Standard gehörende Maßnahmen nicht zu befolgen. Hinterher musste man erkennen, dass bei genauer Einhaltung der Vorsichtsmaßnahmen die Katastrophe vermeidbar gewesen wäre.

Am 30. Juni 2013 geschah in der Nähe der Stadt Prescott, Arizona, ein furchtbares Unglück, dem neunzehn gut geschulte und bestens ausgerüstete Feuerwehrleute zum Opfer fielen. Sie waren zur Brandbekämpfung im Einsatz. Dabei fielen sie einer Fehleinschätzung zum Opfer: Offenbar hatte man den plötzlich sich ändernden Windrichtungen zu wenig Beachtung geschenkt und fand das Einsatzdispositiv optimal. Dann überraschten starke Böen aus wechselnden Richtungen die Feuerwehrleute, und sie wurden im Nu von den Flammen eingeschlossen. Trotz vorzüglicher Ausrüstung mit Schutzanzügen und zusätzlichem persönlichem Schutzmaterial hatte keiner von ihnen eine Chance. Alles muss unheimlich schnell gegangen sein; so gab es kein Entrinnen.

Zum Glück ohne Todesopfer unter den Feuerwehrleuten gelang es im September 2013 den im Vormonat entstandenen riesigen Brand im kalifornischen Yosemite-Nationalpark einzudämmen und schließlich zu löschen. Ein Jäger soll die Katastrophe verursacht haben, weil er nichts dabei fand, eine von ihm nicht mehr benutzte Feuerstelle zu verlassen, bevor sie vollständig gelöscht war. Sein Leichtsinn hatte die Zerstörung von 940 Quadratkilometern Wald zur Folge. Es ist anzunehmen, dass der

Jäger dies nicht wollte. Dass er der enormen Brandgefahr nicht Rechnung trug, ist ihm wohl erst später aufgegangen.

Immer wenn etwas schiefgeht, muss man hinterher feststellen, dass man keine oder keine ausreichende Vorsorge gegen eine bestimmte ungünstige Entwicklung getroffen hatte. Bei Aktionen von größerer Tragweite müsste die Frage immer lauten: Welches sind besonders ungünstige Fälle, die eintreten könnten? Dann müsste man sich so weit wie möglich dagegen wappnen, was für die Mitarbeiter mit entsprechender Schulung und geeigneten Einsatzdispositiven verbunden wäre. Ergänzt durch Kontrollen, könnten wohl in vielen Fällen schlimme Ereignisse verhindert werden. Die vorschnelle Verneinung von Gefahren, die einigermaßen plausibel erscheinen, und das Ablehnen von Vorkehrungen, um diesen zu begegnen, ist im Grunde ein Zeichen von Unfähigkeit, sich auf mögliche ungünstige Entwicklungen einzustellen. Bei Menschen wie dem Jäger im Yosemite-Nationalpark könnte wohl nur die Information und die Androhung von extrem hohen Bußen (beispielsweise mindestens 10'000 Dollar bei Verlassen einer noch brennenden Feuerstelle) prophylaktische Wirkung zeitigen. Heilsam kann auch die gelegentliche Darstellung durchaus vermeidbarer Unglücke in den Medien sein. Die Thematik der Vorkehrungen gegen ungünstige Entwicklungen wird uns im Folgenden noch näher beschäftigen.

8. Alles verläuft im Zeichen des Opportunismus

8.1 Opportunismus im Alltag

Der Opportunismus ist allgegenwärtig. Das gilt auch für den eigenen Körper, der laufend erkennen muss, wie er sich bei dauernd ändernder eigener Verfassung auf wechselnde Einflüsse einzustellen hat. Dabei sucht der Körper stets den am günstigsten erscheinenden Weg, um seinen Zustand zu verbessern: Durch Schwitzen zur Abkühlung der Körpertemperatur, durch Ruhen bei Ermüdung und so weiter.

Ein Autofahrer fährt oder rast von einer extrem kurzfristigen Opportunität zur anderen. Denn in jedem Moment ist die Lage anders, und er muss sie möglichst günstig bewältigen. Wenn unverhofft ein Fußgänger hinter einem Lastwagen auf die Fahrbahn tritt oder ein Reh aus dem Wald in Richtung Durchgangsstraße hetzt oder ein anderer Autofahrer, der nicht aufpasst, plötzlich auf die Fahrbahn des Gegenverkehrs zu geraten droht: Immer muss man optimal reagieren können, das heißt ausweichen, bremsen, hupen und so weiter.

Wer einkauft, wird sich stets nach günstigen Angeboten umsehen und im Geschäft sicher nicht bewusst das gleiche Produkt kaufen, das noch den höheren Preis trägt. Wer eine Stelle sucht, wird selbstverständlich diejenige annehmen, die ihm oder ihr am meisten zusagt. Wer Hunger hat, wird das ihm am besten erscheinende Essen bestellen, etwa ein besonders kalorienarmes oder kräftigendes. Wer neue Schuhe braucht, hält im Schuhgeschäft nach den bequemsten, den modischsten oder den zweckmäßigsten Ausschau.

Wer ins Theater oder in die Oper geht, findet es opportun, den Abend auf diese Weise zu verbringen, während der Nachbar die vorteilhafteste Freizeitgestaltung im Lesen sieht oder sich vom Fernsehen die größte Entspannung verspricht. Wer gerne unabhängig vom öffentlichen Verkehr ist, erachtet das Auto oder Fahrrad für das Passendste; wer auf der Fahrt ins Büro gerne Akten durchsehen möchte, kennt nichts Zweckmäßigeres als die Straßenbahn oder den Zug. Man erkennt: Die individuellen Opportunitätserwägungen sind endlos, sicher nicht nur negativ und sicher auch nicht immer positiv. Und nach einer unglücklichen Produktwahl, einer langen Zugverspätung oder einer Fahrzeugpanne, nach einem gar nicht guten Essen im Restaurant und so weiter beurteilt man sein Vorgehen rückblickend vermutlich weniger opportun als zuvor und wäre froh, man hätte anders entschieden. Und oft macht man trotzdem genau wieder das, was man das letzte Mal für opportun gehalten hat, wählt aber ein anderes Lokal für die opportune Verpflegung. Zudem begibt man sich dann zu Bett, wenn es opportun erscheint, was nach den Spätnachrichten sein kann, obwohl man schon eine ganze Weile recht schläfrig war.

Zum Aufstehen wird man den Zeitpunkt wählen, der unter Berücksichtigung einer kleinen vorher zu erledigenden Besorgung opportun sein dürfte, um rechtzeitig im Büro zu sein. Und auch der Rentner, der viel vom äußeren Druck hinter sich gelassen hat, wird dann aufstehen, wenn er findet, es sei für ihn der günstigste Moment, was keineswegs erst um neun Uhr sein muss, weil das lange Liegenbleiben auch ermüden kann.

Der Alltag, auch der Ferienalltag, führt uns vor Augen, dass wir stets Opportunitäten wahrnehmen, vom Morgen bis zum Abend und auch beim Schlafen. Wenn wir arbeiten, wenn wir faulenzen, wenn wir nachdenken, wenn wir am Skilift Schlange stehen, wenn wir vor uns hindösen, wenn wir ein Fitnessprogramm absolvieren, sogar wenn wir die Unvermeidlichkeit erkennen, dass wir zum Zahnarzt gehen müssen.

8.2 Unmittelbarer und mittelbarer Opportunismus

Was in einer bestimmten Lage opportun erscheint, muss im Moment der Mitteilung an bestimmte Adressaten für deren seelisch-geistige Verfassung sofort relevant sein. Es hat in diesem Sinn unmittelbar positiv zu wirken, muss also entsprechende Hoffnungen, Einstellungen und Erwartungen auslösen (wie in

Großbritannien nach der erwähnten Churchill-Rede vom 13. Mai 1940 geschehen). Im materiellen Sinn kann das als opportun erachtete Resultat in der Ferne liegen. Es muss deshalb nicht zwingend sofort eintreten. Der Sieg der Allierten begann sich erst ab Mitte 1943 immer deutlicher abzuzeichnen. Auch in anderen Fällen kann es lange dauern, bis die von der jeweiligen Situation abhängige, besonders vorteilhaft erscheinende Haltung zu greifbaren Auswirkungen führt, wie man sie im Wesentlichen erwartet hat.

Opportunismus ist folglich etwas Unmittelbares, soweit es sich auf die Kommunikation und auf Einstellungen bezieht. Beim Geigenspieler kann natürlich die materielle Auswirkung der als opportun eingestuften Tonbildung nur durch Sekundenbruchteile von der verstandesmäßigen Vorbereitungshandlung getrennt sein; beim Chirurgen muss in dringenden Fällen der medizinische Eingriff jedenfalls rasch der jeweiligen Statusbeurteilung folgen. Jeder Chirurg verhält sich während der Operation besonders opportunistisch, weil er erst am geöffneten Körper des Patienten und nicht schon auf dem Röntgenbild alle wesentlichen Gegebenheiten erkennen kann. Jeder Musiker spielt ein Stück jedes Mal etwas anders und die Sängerin singt ihren Standardsong nie genau gleich. Ob Musiker oder Chirurg, immer heißt es, sich in einer laufend ändernden Situation oder Tagesform auf das permanent wechselnde Umfeld optimal, auch rasch einzustellen und erfolgreich zu sein.

Auch in Bezug auf Bekanntschaften spielt die Opportunität stets mit. Ein falsches Wort bei der ersten Begegnung kann derart befremden oder verletzen (vielleicht nur wegen der momentanen Stimmung des Gegenübers), dass sich die zwei Menschen nie näher kommen. Trifft das entscheidende Wort oder die wichtige Geste genau ins Sympathiezentrum der anderen Person, kann daraus eine große Freundschaft werden. Wer gezielt verletzen will, wird den üblen Ausdruck als opportun, also als bestmöglich einstufen. Wer Zuneigung sucht, wird sich opportunistisch bemühen, das vorteilhafteste verbindende, warme Wort an den Mitmenschen zu richten. So oder so ist es wichtig, das Opportune zu sagen oder zu tun oder im Zeichen der Opportunität zu schweigen, um zum Ziel zu gelangen – das durchaus auch darin bestehen kann, den unerwünschten Bewerber möglichst schnell für immer loszuwerden.

Opportunität reiht sich an Opportunität. In mündlichen Prüfungen ist der Kandidat im Vorteil, der sich rasch auf den Fragenden und dessen wechselnde Stimmung einstellen kann. Viele Aktionen und Reaktionen basieren auf der Veranlagung, auf erworbenen Kenntnissen, aber auch auf der persönlichen Verfassung an einem bestimmten Tag und – nicht zu unterschätzen – auf mehr oder weniger viel Glück. Hätte der kommandierende Offizier im vorerwähnten sowjetischen Raketenzentrum aus privaten Gründen (Sorge um ein Kind, Eheprobleme und so weiter) nicht nüchtern überlegen können, hätte er womöglich gemäß Instruktion gehandelt und Atomraketen starten lassen, um den Gegenschlag durchzuführen. Da spielte sicher auch die Selektion der offenbar abgeklärten Person, die eigenverantwortlich zu handeln hatte, eine große Rolle. Aber wer dachte schon an den äußerst gesuchten Fall, der sich dann tatsächlich abspielte?

8.3 Religion und Opportunismus

Eindeutig unter den facettenreichen Opportunismus, von positiv bis negativ, fallen auch die religiösen und die atheistischen Einstellungen. Wer etwas im religiösen Sinn glaubt, ist davon überzeugt, auf dem für die Seele besten Weg zu sein. Dabei spielt es keine Rolle, dass der Nachweis der Verwirklichung wesentlicher Glaubensinhalte nicht zu erbringen ist. Die Befindlichkeit aufgrund des Glaubens ist das Einzige, was zählt. Gläubige stört es, wenn ihr Glaube hinterfragt wird, weil sie sich ihm ergeben haben. Sie versuchen, im Diesseits das Beste für das eigene Seelenheil zu tun, und hoffen, im Jenseits das gemäß Glaubensbekenntnis Beste erwarten zu dürfen. Diese Überzeugung hält, einmal verankert, oft lebenslänglich an. Gebete, Spenden und Vermächtnisse an religiöse Institutionen sind auf diese Vorstellungen ausgerichtet; sie erfolgen in der gut gemeinten, aber zugleich in Bezug auf das Jenseits spekulativen Auffassung, sich dadurch einen optimalen Dienst zu erweisen und größtmöglichen Nutzen daraus zu ziehen.

Im Kreis einer Religionsgemeinschaft sind die Gläubigen stets darauf bedacht, sich bestens den Regeln anzupassen, um ihr Heil nicht zu gefährden. Jede noch so kleine Abweichung ist sündhaft und gefährlich. Und weil der eigene Glaube derart verabsolutiert wird, sind alle anderen Bekenntnisse zumindest suboptimal, meist aber etwas Schlechtes, das eigentlich nicht sein dürfte. Dem richtigen Glauben stehen die irgendwie unrichtigen Glaubensbekenntnisse gegenüber, die logischerweise minderwertig oder wertlos sind. Das Ideal der Toleranz steht folglich im Widerspruch zu einem strengen Glauben, auch wenn er die Nächstenliebe betont. Und ein Mangel an Toleranz hat schon oft zu großem Unheil geführt.

Zweifler sind nur teilweise Überzeugte und gelten jedenfalls nicht als richtige Gläubige. Sie und die »richtigen« Atheisten sind aus Sicht der Gläubigen bestenfalls Irregeleitete, nicht selten aber auch Feinde; diese Ansicht kann bis zu der Aufforderung gehen, die Ungläubigen physisch zu vernichten. Diese Haltung ist mit gewissen Bekenntnissen dann vereinbar, wenn der Glaube zur Ideologie wird, die es mit allen Mitteln zu verteidigen gilt, wie es uns die Geschichte des Christentums und der gegenwärtig um sich greifende Islamismus deutlich vor Augen führen.

Auch die Zweifler und die Atheisten sind Opportunisten. Sie finden, dass sie die opportune Lebenseinstellung haben. Die wirklich Gläubigen sind aus ihrer Sicht auf einem Weg, der insbesondere mit Blick auf das sogenannte Jenseits das Verständnis für die Realität erschwert. Für Atheisten sind die Lebensbedingungen optimiert, wenn die Durchsetzung des Respekts vor den staatlichen Gesetzen sichergestellt ist und in diesem Rechtsrahmen Toleranz geübt wird. Denn so sind aus atheistischer Sicht der Friede und der Schutz der Schwachen gewährleistet. In Bezug auf die Zweifler, undurchsichtige Kantonisten, liegen die Dinge weniger offen zutage. Es sind also durchaus auch Zweifel aller anderen an dieser Gruppe angebracht.

Für Atheisten ist eine Hinwendung aufs religiöse Jenseits nicht erforderlich, weil die Natur auch dem menschlichen Leben Grenzen setzt, die man nicht wegdiskutieren oder gewissermaßen »weg-glauben« kann. Ein Atheist sieht den Lebenszweck darin, das Dasein optimal zu gestalten, maßvoll und zum Wohl möglichst vieler, ohne spirituelle Ablenkung. Das ist für ihn das Opportune. Was der Zweifler genau will oder denkt, ist zweifelhaft, aber nach seiner Auffassung opportun.

Die recht zahlreichen religiösen Heuchler gehören einer speziell negativ qualifizierten Gruppe von Opportunisten an. Sie geben zu ihrem sozialen Vorteil vor, einen bestimmten Glauben zu haben und daran mitzuwirken; zugleich missachten sie bei jeder Gelegenheit, wo sie sich unbeobachtet fühlen, die betreffenden Glaubensregeln. Die religiösen Heuchler wissen, dass sie andere täuschen. Sie finden aber, der Zweck, Vorteile daraus zu ziehen, heilige die Mittel. Deshalb haben sie keine Skrupel. Da zahlreiche Kirchenleute nachweisbar die Regeln ihres Glaubens brechen (Kindesmissbrauch, Zweckentfremdung von Finanzmitteln und anderes), gehören auch sie zu den religiösen Heuchlern. Viele Angehörige von Religionen, bei denen die Gewaltfreiheit eine große Rolle spielt, sind durchaus für Gewalt gegen Anhänger anderer Religionen zu haben (siehe Dreißigjähriger Krieg, Autobomben in muslimischen Staaten, Attentate in Nordirland, burmesische Buddhisten gegen Muslime und so weiter). Deren Rücksichtslosigkeit geht manchmal so weit, dass auch Personen mit demselben oder sehr ähnlichem Glauben Opfer der Gewaltausbrüche werden (wer weiß schon, wen eine Autobombe in Bagdad trifft und wen nicht?). Gelegentlich stellt sich die Frage, ob es sich bei einzelnen Religionen eher um eine Ideologie als um ein Glaubensbekenntnis im traditionellen Verständnis handelt. Man kann nur feststellen, dass die Wahrung des eigenen Vorteils allen Heuchlern und religiös etikettierten Terroristen gemeinsam ist.

Der Opportunismus macht also auch vor der Religiösität nicht Halt. In irgendeiner Weise fallen sie ihm alle anheim: die, denen der Glaube (bis auf einige Zweifel) Orientierung und Zuversicht gibt; jene, die der Ansicht sind, das bestmögliche Leben ohne Glauben zu führen; und die Heuchler, die sich ein bestmögliches Dasein davon versprechen, dass sie ihren Glauben zur Schau tragen, während sie seine Postulate missachten.

8.4 Opportunismus in Staat und Gesellschaft

Opportunismus in Gesellschaft und Staat ist immer die Resultante aus dem Opportunismus der Einzelnen, die an einem Vorgang beteiligt sind. Bei politischen Wahlen ist das Ergebnis nichts anderes als die Summe der Opportunitätserwägungen der Wähler; aber eine Rolle spielen auch die Nichtwähler und diejenigen, die ungültige Wahlzettel eingereicht haben. Beträgt in einer parlamentarischen Demokratie die gültige Wahlbeteiligung beispielsweise 50 %, dann ergibt sich das Resultat zwar wie im Fall einer Beteiligung von 75 % aus den abgegebenen gültigen Stimmen, aber niemand kann bei der geringen effektiven Beteiligung sagen, was passiert wäre, wenn von den 50 % Nicht- und Ungültig-Wählern wenigstens die Hälfte (also 25 % vom Total) auch gültig gewählt hätte. Dann wäre die Wahlbeteiligung 75 % gewesen, und die Anteile der einzelnen Parteien hätten sich unter Umständen stark verschoben. Denn bei 50 % gültigen Stimmen entspricht ein Anteil der Partei A von hohen 30 % lediglich einer Quote von 15 % in Relation zu allen Wahlberechtigten. Würde die Partei bei 75 % gültigen Stimmen auf ihrer Stimmenzahl und damit auf ihrer Quote von 15 % in Bezug auf das Total verharren, hätte sie noch einen Wähleranteil von 20 % (15 % als Anteil von 75 %) und sicher weniger Parlamentssitze als mit einem Anteil von 30 %. Und für alle anderen Parteien würden sich auch Verschiebungen ergeben. Man erkennt: Alle beeinflussen sich mit ihren Opportunitätserwägungen (inklusive Abstinenzentscheid) einerseits gegenseitig, andererseits haben sie Einfluss auf das Gesamtresultat, das für die Regierungsbildung maßgebend ist.

Das Beispiel politische Wahlen lässt sich auf alle Lebensbereiche und alle Lebewesen übertragen, natürlich in zeitlich und örtlich unterschiedlichen Ausmaß. Ob eine große Verbindungsstraße gebaut wird, ob man eine Umzonung vornimmt oder ein Naturschutzgebiet ausdehnt, ob bestimmte Produkte oder Dienstleistungen stark oder schwach nachgefragt werden, alles beeinflusst alles: Bauaufträge und Beschäftigung in der Baubranche, Verkehrsströme und -mittel, Grundstücksgewinne und diesbezügliche Steuern sowie staatliches Wirtschaften, Artenvielfalt und Nutzung von Erholungsräumen, Wareneinkauf und Arbeitsplätze samt Bedarf an Wohnungen, Schulen, an medizinischer Versorgung und so weiter.

Ein Gesangsverein als solcher kann nicht opportunistisch agieren, sondern handelt im Auftrag der Mitglieder oder des Vorstands opportunistisch zum Zweck der bestmöglichen Interessenwahrung gegenüber Gönnern, dem Vermieter des Vereinslokals, bei Verhandlungen mit dem neuen Chorleiter, zur Erhaltung und Vergrößerung des Bestands an Aktivmitgliedern und so weiter. Manchmal hängt recht viel vom etablierten Vereinspräsidenten und vom Vorstand ab, dessen Mitglieder alle Opportunisten sind und einander unterschiedlich stark beeinflussen. Manchmal sind ebenfalls einzelne weitere Mitglieder zum dominanten Kreis zu zählen, der die Marschroute vorgibt. Überall sind Alpha-, Beta- und Gamma-Typen am Werk: Alpha = Anführer; Beta = Experte oder Berater von Alpha, klassischer »Zweiter«, der seine Rolle nicht immer gern spielt und eventuell Alpha ablösen möchte; Gamma = einfaches Gruppenmitglied, identifiziert sich mit Alpha, erhebt keinen Führungsanspruch, macht die unerlässliche Knochenarbeit). Die lebensfremde, nahezu total gleichgewichtige Einflussnahme aller herrscht jedenfalls nie und kann es gar nicht geben. Und dennoch hinterlässt jedes Verhalten, vom Dominieren bis zur schweigenden Zustimmung, seine Spur.

Auch bei den laufenden Staatsgeschäften ist die jeweilige Resultante der opportunistischen Kräfte maßgebend für das Handeln. Dabei können Lobbyisten mehr Einfluss haben als Regierungs- oder Parlamentsmitglieder. Jedenfalls versuchen alle, ihre Interessen optimal zu wahren. Ein Staatsgebilde entnimmt also die Vorgaben für sein Handeln stets aus dem vereinigten Opportunismus der Kräfte, die es im konkreten Fall beeinflussen. Wenn ein Regierungsmitglied selbstherrlich etwas unternimmt, mag der Einfluss anderer auf die betreffende Person selbst und vielleicht einige Einflüsterer momentan beschränkt sein, aber in der Regel nur momentan. Meistens sind es aber Beschlüsse der Gesamtregierung oder des Parlaments, welche das Vorgehen konditionieren, das momentan als das bestmögliche gilt. Und vielleicht dreht schon am nächsten Tag der finanzpolitische Wind und die Opportunität von morgen ist nicht mehr die von heute. Wechselnde Auffassungen zum opportunen staatlichen Verhalten sind jedenfalls keine Seltenheit. Im Gesangsverein, der weniger Mitspracheberechtigte hat, liegen die Dinge etwas einfacher. Generell ist es aber für einen Staat zweckmäßig, behutsam vorzugehen, um dem steten Wandel, der auch im Ausland stattfindet, besser gewachsen zu sein. Eile ist in politischen Fragen also ganz selten opportun.

Der erfolgreiche Geschäftsmann, die erfolgreiche Geschäftsfrau erkennt Opportunitäten rascher als andere. In gewissen Volksgruppen und Ländern finden sich Menschen, die besonders talentiert im Erkennen von ökonomischen, technischen oder politischen Opportunitäten sind. Deshalb sind – abgesehen von glücklichen Umständen – einzelne Firmen und Staaten erfolgreicher als andere. Ob Börsengeschäfte, das Umsetzen von Erfindungen, die Gestaltung der staatlichen Infrastruktur, eines Gesetzes oder eines internationalen Abkommens und so weiter, stets spielen viele opportunistische Individuen die entscheidende Rolle. Ihre Aufmerksamkeit, Risikobereitschaft und optimale Implementierung von Maßnahmen (auch in Bezug auf das Tempo, den Faktor Zeit generell) sind bestimmend für den Rang eines Unternehmens oder Landes im internationalen Konzert. Wer sich rascher und besser an die Lebensumstände und deren Entwicklung anpasst, hat einen Vorsprung und ist somit im Vorteil. Die wirtschaftliche Vorrangstellung der USA, von Kanada und Norwegen basiert nicht zuletzt auf deren Rohstoff-Reichtum. Aber andere Länder sind auch reich an Rohstoffen, machen daraus jedoch viel weniger und werden oft nur von Interessengruppen geplündert. Der Unterschied liegt in der politischen Fähigkeit, wirtschaftliche Opportunitäten zugleich im Landesinteresse zu nutzen. Letzteres spielt auch in anderen Staaten eine wichtige Rolle; Beispiele sind Japan, Deutschland, Schweden oder die Schweiz.

Die besseren Opportunisten schaffen sich, ihren Firmen und Staaten die jeweilige Vorrangstellung, die natürlich je nach Größe des Landes unterschiedlich sein kann. Diese Position kann gefährdet werden, wenn die Politiker in vermeintlichem Opportunismus die Grenzen der wirtschaftlichen Tragbarkeit missachten oder die erforderlichen Freiräume allzu sehr einengen. So kann insbesondere die staatliche Verschuldung zu einem Hemmschuh oder gar einer Gefahr werden, obwohl viele der nicht in der Politik tätigen Individuen gut arbeiten, also Opportunisten im guten Sinne sind.

9. Dialog über den Opportunismus und Fazit zum II. Kapitel

9.1 Dialog

Der nachstehende Dialog zwischen A und B soll verdeutlichen, auf welche Weise sich alles Leben im Zeichen des Opportunismus abspielt. (Wenige, unerlässlich erscheinende Wiederholungen aus dem vorstehenden Text sollen es gestatten, dass der Dialog in sich geschlossen ist; sie seien mit entsprechender Nachsicht registriert.)

A: Wo siedelst du den Opportunisten an?

B: Das Wort ›Opportunismus‹ ist abgeleitet vom lateinischen Adjektiv *opportunus*, das *günstig* oder *geeignet* oder *vorteilhaft* bedeutet. Und der Opportunismus meint die Anpassung an die zweckmäßig oder möglichst günstig oder vorteilhaft erscheinende jeweilige Lage. Aber dazu gehört selbstverständlich auch die optimale Anpassung an eine ungünstige Lage, in der man sein Handeln so ausrichten möchte, dass der persönliche Schaden so gering wie möglich ausfällt.

Zudem gibt es Fälle, wo die ungünstige Lage nur andere trifft. Daraus kann ein skrupelloser X einen persönlichen Vorteil ziehen, etwa im Fall einer finanziellen Notlage von Y, die er ausnutzt. Für den vermeintlich rettenden Strohhalm macht Y unter Umständen viel zu weitreichende Vermögenszusagen

und verliert bei einem Scheitern praktisch alles an den X, den er für seinen Retter gehalten hat. Das fiese Ausnutzen einer Notlage ist ein Tummelfeld für Halsabschneider.
A: Das ist aber nicht der Opportunismus, an den man sofort denken würde.
B: Einverstanden. Man denkt zuerst an den Fall des eigenen Profitierens von einer besonders vorteilhaft erscheinenden Situation und erst danach an eine ungünstige Lage, aus der sich auch Vorteile ziehen lassen. Diesbezüglich bestünde der Opportunismus beispielsweise darin, der nachteiligen Entwicklung möglichst weitgehend auszuweichen und so einen relativen Vorteil zu erzielen. Der Spielraum für den vielgestaltigen Opportunismus ist enorm. Politiker sind typische kurzfristig orientierte Opportunisten, zwangsläufig.
A: Zwangsläufig?
B: Klar. Mit einer langfädigen Abhandlung von Strategien könnte man keinen Hund hinter dem Ofen hervorlocken. Die Leute wollen kurze, leicht verständliche Aussagen zu aktuell wichtigen Problemen hören, insbesondere möglichst rasch wirksame Lösungsvorschläge. Der Politiker muss folglich wissen, wo der Schuh drückt, und dann in Form von Versprechungen die richtige Problemlösung anbieten. Wichtig ist natürlich, dass die Menschen an den betreffenden Politiker und seine Zusagen glauben.
A: Das ist dann auch fast ein religiöser Akt.
B: Eine quasi-religiöse Aufnahme von Politikeraussagen ist der beste Fall; da muss man aber eine Glanz-Idee zur Problemlösung für sich beanspruchen können und prima bei den Leuten landen, also z. B. Charisma haben. Es ist ähnlich wie bei einem positiv eingestuften Monopol.
Selten bringt das weite Ausholen in der Geschichte etwas, außer in Bezug auf nationale Großereignisse, die positiv erlebt und nicht infrage gestellt werden. Anders ist es bei der

Erwähnung von Entwicklungen, die man nach langfristigen Einschränkungen oder Sondermaßnahmen in zehn Jahren anvisieren möchte. Das interessiert bestenfalls ganz wenige. Die Zuhörer sind schließlich auch Opportunisten. Wahlentscheidend ist die Zusage rascher Wohltaten, deren Umsetzung nachher alle überprüfen können.
Wenn's nicht klappt, muss der Politiker aber unbedingt vorbereitet sein, um Schuldige nennen zu können, natürlich nicht aus dem eigenen Lager.
A: Hast du ein gutes Beispiel für einen kurzfristig orientierten Polit-Opportunisten?
B: Der frühere US-Außenminister Henry Kissinger ist ein typischer Polit-Opportunist, weil er sich selten als Denker mit langfristigem Horizont oder mit einer Stratege erwies. Wozu auch, in einem politischen Umfeld, das wie das amerikanische fast nur an Kurzfristigem interessiert ist? Dort zählt nur der rasche Erfolg.
A: Kissinger kein weitblickender Denker?
B: Nein. Denn solche Denker visieren stets den langen Zeitraum an. Mit dem von ihm inspirierten ziellosen Bombardieren Nordvietnams von 1972 betrieb Kissinger in den USA Effekthascherei und richtete großen Schaden in einem fernen Land an. Geholfen hat die sinnlose Übung bekanntlich nicht. Hinterher habe Kissinger den ganzen Vietnamkrieg, der von 1946 bis 1975 dauerte, von 1960 bis 1973 mit US-Beteiligung, als überflüssig bezeichnet. Hierzu ist anzumerken, dass rund zwei Millionen Vietnamesen und gegen 60'000 Amerikaner im Vietnamkrieg umkamen; auch in Kambodscha und Laos gab es riesige, allerdings schwer schätzbare Opferzahlen. Hinterher überflüssig! Das war eine bloße Vergangenheitsbetrachtung Kissingers und selbstverständlich keine Strategiekritik.
Positiv zu vermerken ist, dass Kissinger, ebenfalls 1972, aber

vor der Bombardierung von Nordvietnam, den günstigen Moment für ein erstes Treffen zwischen Nixon und Mao erkannte und zu einer Annäherung der beiden Großmächte beitrug. Das war Polit-Opportunismus im positiven Sinn. Ob eine längerfristige Optik bestand, ist offen, zumal dies nicht das Thema war.

Im Jahr 1973 aber förderte Kissinger den Militärputsch gegen den 1970 demokratisch gewählten chilenischen Präsidenten Allende, der während des Putsches Selbstmord beging; das war nicht nur ein von ihm später als falsch erkanntes Vorgehen, sondern ein grober Verstoß gegen das Demokratie-Ideal, ja ein Akt staatlicher Kriminalität ohne Rücksicht auf internationales Recht.

Dasselbe galt grundsätzlich auch für Kissingers Sympathie und seine wie auch immer geartete Unterstützung, die er dem grausamen Militärregime in Argentinien (1976 – 1983) zukommen ließ; damals wurden etwa 30'000 Personen getötet oder verschwanden für immer.

Auch die US-Waffenlieferungen an den indonesischen Diktator Suharto im Jahr 1975 zwecks völkerrechtswidriger Besetzung von Osttimor fand Kissinger sinnvoll. Dass er den Ausgleich mit der Sowjetunion suchte, war an sich logisch und durch die Umstände vorgegeben; da zeigte der Opportunismus auch unter sowjetischem Einfluss in die richtige, weil friedliche Richtung. In diesem Fall konnte man von einer Strategie ausgehen.

Wie alle weitgehend im Kurzfristigen aktiven Opportunisten mag es Kissinger gemäß einer zuverlässigen Quelle nicht, wenn er gefragt wird, ob er je einen Fehler gemacht habe. Ein echter strategischer Denker, der sich primär langfristig zu orientieren versucht, hätte mit der Frage überhaupt kein Problem.

A: Das klingt *summa summarum* beeindruckend, aber alles

andere als gut, eher wie ein schlimmes Sündenregister mit vereinzelten Lichtblicken.

B: So ist es. Generell geht es beim Opportunismus um unmittelbares Nutzen einer Gelegenheit zum vermeintlichen eigenen Vorteil oder zum Vorteil der eigenen Seite; ein solcher Vorteil steht im Vordergrund. Das kann grundsätzlich positiv oder negativ motiviert sein. Im negativen Fall wird unerfreulichen Konsequenzen, auch der Verletzung von Wertvorstellungen keine oder allenfalls eine untergeordnete Bedeutung beigemessen. Dass es beim in die Tat umgesetzten Opportunismus zu gewaltigen Irrtümern und furchtbaren Untaten kommen kann, zeigt das Beispiel Kissinger in eindringlicher Weise. Medienberichte, die den Mann unkritisch glorifizieren, erstaunen immer wieder.

A: Sind wir nicht alle Opportunisten?

B: So hart es klingen mag: Ja. Und natürlich ist ein Opportunist immer auch ein Optimist; er erwartet ja, dass seine Wahl, das heißt das ihm am günstigsten erscheinende Verhalten, dazu führt, dass alles für ihn bestens ausgeht.

Das Leben ist so eingerichtet, dass es den nächsten Moment überstehen will und muss, damit es danach weitergeht. Um die übernächste Sekunde zu erleben, muss man die nächste überleben. Man kann schon vorausblicken, weit vorausblicken, aber Bedingung ist immer, dass es im jeweils nächsten Moment weitergeht, bis man am langfrisitig anvisierten Punkt angekommen ist.

A: Im Prinzip geht es also um laufende Anpassung.

B: Das Leben passt sich laufend an, wie etwa an Kälte oder andere Bedrohungen und an besonders vorteilhaft erscheinende Situationen.

A: Was meinst du, hat das Leben selbst eine Strategie?

B: Wenn das Leben eine Strategie hat, dann ist es die, durch laufende Anpassung möglichst lange und natürlich möglichst gut weiterzuexistieren; möglichst gut muss aber nicht wirklich gut sein. Der Untergang im nächsten Moment würde jede Diskussion über die Weiterexistenz und mittel- oder langfristige Ziele überflüssig machen. Das klingt simpel, aber als Vorgang ist das alles nicht so einfach, und zwar für alle Lebewesen.

A: Aber der physische Aspekt ist doch nur ganz selten das Thema, wenn man von ›Opportunismus‹ spricht. In aller Regel geht es dabei um die Geisteshaltung, um Prinzipien, um den Charakter und entsprechende Handlungen.

B: Nun, das Physische steht am Anfang und am Ende, es prägt das Geistige und Seelische, und dazu gehören auch das Ungeistige und das sogenannte Seelenlose. Dafür gibt es viele Beispiele. Nehmen wir die Religion. Sie betrifft ja nicht nur die Gegenwart. Schon immer hofften die Menschen, durch ihr Verhalten am Ende ins Paradies zu gelangen, zumindest als Seele. Das ist quasi ein strategisches Ziel. Dabei gelten zu Versprechen gewordene Gebote im Stil von »Wenn …, dann …« und die Hoffnung auf die Erfüllung der Zusagen, die der Glaube bietet. Dies soll bewirken, dass die Leute keine Gewalt gegen andere ausüben, in bestimmten Bereichen Gutes tun oder spenden – oder eben, wie es leider bei einigen Bekenntnissen immer noch gilt, Andersgläubige umbringen.

A: Da ist auch viel Spekulatives drin.

B: Das ist die Gemeinsamkeit aller Religionen. Sie geben zwar Regeln und Versprechungen für das Diesseits, die überprüfbar sind, sofern man wirklich überprüfen will. Ihr Hauptgewicht liegt aber eindeutig auf dem nicht überprüfbaren Jenseits, es geht um Glaubensinhalte in Bezug auf eine spätere Belohnung, und diese sind im Grunde spekulativer Natur.

A: Kürzlich habe ich gelesen, dass Monopole gereizt reagie-

ren, wenn man sie infrage stellt; die Religionsgeschichte soll dies besonders deutlich zeigen.
B: Solange die religiöse Motivation harmlos ist, also etwas rein Individuelles darstellt, haben wir kein Problem. Anders lagen die Dinge beispielsweise zur Zeit der Kreuzzüge oder im Dreißigjährigen Krieg, als im Namen Gottes Grausamkeiten geschahen. Auch später, oft mit gesegneten Waffen. Und heute haben wir religiös begründete Gewalt, die von der islamischen Welt ausgeht und zu grässlichen terroristischen Anschlägen führt, auch bei uns. Dabei sind unter den zufälligen Opfern oft auch Menschen, die dem gleichen Bekenntnis angehören, was offenbar niemanden stört, weder die Täter noch ihre Förderer.
A: Man fragt sich, was in den Köpfen der Anstifter und Attentäter vorgehen mag, wie bei denen intern argumentiert wird, um den Gewalt-Opportunismus im Diesseits auszulösen.
B: Er soll gelegentlich auch mit finanziellen Belohnungen verbunden sein, für die Täter selbst oder, wenn sie sich in die Luft sprengen, ihre Familienangehörigen.
Bei den früheren Religionskriegen in Europa und Kleinasien hat sich wohl mancher durch die Möglichkeit zum Plündern und zum Vergewaltigen zu seinen Diensten für einen Kriegsherrn bewegen lassen; auch das war ganz auf Belohnungen im Diesseits ausgerichtet. Mit Religion zur Sicherstellung eines friedlichen Zusammenlebens und zwecks Förderung der gemeinsamen Wohlfahrt hatte auch dies nichts zu tun. Es befriedigte lediglich die stets virulenten niedrigen menschlichen Wesenszüge und sicherte die Position der Mächtigen.
A: Es gibt allerdings auch den weniger brutalen Opportunismus, z. B. in Politik und Wirtschaft. Hier geht es ebenfalls um Anpassung, sehr weitgehend im nicht-physischen Sinn.
B: Klar. In einer Firma müssen sich die Leute dauernd anpassen, sonst funktioniert das Gebilde nicht. Auch in einer

Beamtenhierarchie ist es so, ebenso beispielsweise im Straßenverkehr. Im Leben gibt es nichts, was uns nicht permanent Anpassung abverlangte, unabhängig von der Stufe, auf der man sich befindet. Diesbezüglich ändert sich nur das Anpassungs-Thema; zudem kann man unterscheiden, ob es ein positives oder negatives ist.
A: Wie ist das zu verstehen?
B: Man könnte sich beispielsweise fragen, ob etwa ein einziger mittlerer Verstoß gegen die Anstandsregeln schon zählt. Ist Verwerfliches im Spiel, würde man nicht mehr an den alltäglichen Opportunismus denken, der zum Leben gehört und irgendwie banal ist. In anderen, nicht leichten Fällen könnte man die Regel aufstellen, dass es wiederholte Verstöße braucht, damit jemand als ›übler Opportunist‹ gebrandmarkt werden kann, etwa wie im Fußball, wo zuerst eine Ermahnung erfolgt, dann die Verwarnung kommt und schließlich die rote Karte gezeigt wird. Aber: Wer bestimmt den Maßstab oder die Richtlinien für die schwerwiegende Titulierung ›übler Opportunist‹? Wer von den Alltags-Opportunisten, die wir ausnahmslos sind, hat eigentlich das Recht, den ersten Stein zu werfen?
A: Das sind tatsächlich schwierige Fragen. Am ehesten lässt sich wohl im konkreten Einzelfall einigermaßen zuverlässig beurteilen, was zusätzlich zum allgegenwärtigen Normal-Opportunismus erforderlich ist, um die Disqualifikation ›übler Opportunist‹ zu verdienen. Oft wäre es wohl zweckmäßig, mit anderen Personen Rücksprache zu halten, um ein ausgewogenes Urteil fällen zu können. Emotionale und zeitliche Distanz haben sicher ebenfalls erheblichen Einfluss auf die Beurteilung und die Einstufung als eine übliche, milde beziehungsweise vernachlässigbare oder eine ausgeprägt negative Form von Opportunismus.
B: Irgendwie fällt man bei strengen Urteilen immer über an-

dere her, weil sie etwas sagen oder tun, das man vehement ablehnt. Da kann auch ein Überborden der Urteilenden vorkommen.

A: Generell kann man feststellen, dass heute im Alltag von Opportunismus nur dann die Rede ist, wenn jeweils extrem kurzfristiges und widerwärtiges Denken und Handeln zwecks Vorteilsnahme oder Nachteilsvermeidung zur Debatte steht. Aber eben immer zuerst einmal nach Auffassung einer Person oder einiger weniger Leute, deren Meinung möglicherweise viele nicht teilen.

B: Auch der Lebensretter, der ins relativ kalte Wasser springt, um jemanden vor dem Ertrinken zu bewahren, ist ein Opportunist. Ebenso der Fleißige, der eine tadellose Arbeit leisten will.

A: Es spielt also die jeweilige Situation eine Rolle?

B: Und zwar im Guten wie im Schlechten. Man darf nicht übersehen, dass das Umfeld eine große Rolle spielt. Viele Banker sind aufgrund der Zwänge ihres beruflichen Umfelds professionelle kurzfristig ausgerichtete Opportunisten. Man denke nur an den Devisenhandel und andere schnelle Entscheide über Kauf und Verkauf, etwa bei Wertpapieren. Viele von ihnen können vermutlich bald einmal gar nicht mehr langfristig denken oder haben damit größte Mühe, *déformation professionnelle* (dt. *berufsbedingte Verhaltensverbiegung*).

Oder, ganz existenziell, am Lebensende. Wer physisch kein Opportunist mehr ist, hat mit dem Leben abgeschlossen, wobei es erst dann vorbei ist, wenn der Körper keinerlei Anpassung mehr vornimmt. Seelisch-geistig kann das Aus schon vorher gewissermaßen beschlossene Sache sein. Aber der Körper setzt den Endpunkt. Das bedeutet auch, dass der Körper das letzte Wort hat, nicht der Intellekt oder die geheimnisvolle Seele.

A: Wo liegt deines Erachtens, nach all dem Gesagten, die zentrale Bedeutung des Opportunismus?
B: Wichtig, vielleicht am wichtigsten ist die an sich banale Feststellung, dass Opportunismus zur Entstehung des Lebens führt. In dessen Verlauf geht er dann bei jedem Individuum aus den Erbanlagen, aus der Erziehung und dem bisher zurückgelegten Lebensweg hervor, der es geprägt hat. Und bei allen Menschen sind die Erbanlagen, die Auswirkungen der Erziehung und der jeweilige Lebensweg unterschiedlich. Folglich unterscheiden wir uns alle in Bezug auf unseren persönlichen Opportunismus. Am besten sieht man das, wenn jemand nicht so handelt, wie wir handeln würden, oder wie wir es von einer bestimmten Person aufgrund ihres bisherigen Verhaltens erwartet hätten. Da kann man oft nur staunen, wie schlecht man seine Mitmenschen kennt.
A: Manchmal hat man, hinterher und bei ausreichender Fähigkeit zur Selbstkritik, auch Gelegenheit, über das eigene Verhalten zu staunen.
B: Dem ist wohl nichts hinzuzufügen.

9.2 Fazit zum II. Kapitel

All dies soll die These belegen, dass der Opportunismus das vorrangige generelle Selektions- und Lenkungsprinzip des Lebens ist. Daraus folgt, dass alle permanent dem Opportunismus unterworfen sind, ihrem ganz persönlichen.

Das gilt auch für Leute, die höchst ungern als ›Opportunisten‹ bezeichnet werden möchten, solange der Begriff ausschließlich in seiner simplifiziert negativen Form verwendet wird. Letzteres sollte baldmöglichst ein Ende finden; die ausführliche Begründung im vorstehenden Text dürfte ausreichen.

Das umfassende Verständnis des Begriffs Opportunismus

ist unerlässlich. Denn er bildet die erste der drei alles determinierenden Grundlagen des Verhaltens der Menschen und aller Lebewesen.

Im Folgenden soll die Bedeutung des Opportunismus in Verbindung mit zwei weiteren Verhaltensgrundlagen erörtert werden. Wie sich zeigen wird, sind diese von immenser Tragweite.

III. Kapitel

Optimismus und Pessimismus

10. Optimisten mag man – Pessimisten meistens nicht

Wer eine Reise bucht oder zuhause bleibt, wer heiraten will oder davon absieht, wer eine Bewerbung abschickt oder diesbezüglich nichts unternimmt, wer eine Ausbildung in Angriff nimmt, aufgibt oder durch eine andere ersetzt, wer ein Haus baut oder eines anzündet, wer in eine andere Wohnung zieht oder darauf verzichtet, wer Aktien oder ein Auto kauft oder nichts davon wissen will, wer mit schönem Wetter rechnet oder endlich Regen erwartet, wer auf ein mildes Gerichtsurteil hofft oder das Verdikt in dumpfer Haltung auf sich zukommen lässt, wer zum Fußballspiel geht oder ein Buch liest, auch wer sich rächen will, einen Banküberfall plant und noch Schlimmeres im Sinn hat, der geht davon aus, dass seine wie auch immer konkretisierten Vorstellungen sich bestmöglich verwirklichen werden. Vor welcher Entscheidung man auch immer steht und wie immer sie ausfällt: Man ist, zwar in recht unterschiedlichem Licht, stets ein Optimist. Ja, ein Optimist. Nicht ausschließlich, aber immer auch.

Die meisten Menschen hören es gern, wenn man sie als Realisten bezeichnet. Das klingt nach ernsthaft und vernünftig, allem Flatterhaften abhold. Geschätzte Stichworte: ›Bodenhaftung‹, ›verlässlich‹, ›abgeklärt‹. Werden Realisten aber zugleich als ›Optimisten‹ bezeichnet, löst das zumindest ein Stirnrunzeln aus. Denn es gibt doch einige Gründe, die dafür sprechen, dass man die beiden Qualifikationen nicht ohne Weiteres vermengen sollte. Am besten scheinen dies die Realisten und die Optimisten zu wissen oder wenigstens zu spüren. Ob sie damit auch richtig liegen?

Wer mit einem schrecklichen Krieg rechnet, von einem Scheitern wichtiger Verhandlungen ausgeht, einen Misserfolg bei einer teuren Explorationsbohrung nach Erdöl oder Erdgas befürchtet, einen markanten Kurseinbruch an der Börse für sehr wahrscheinlich hält, einer Wiederwahl in ein Amt nur minimale Chancen gibt, schon vor einem Unwetter große Schäden prognostiziert oder im Februar einen verregneten Sommer kommen sieht, nun, der erwartet, wenn auch in unterschiedlicher Beziehung, dass etwas Unerfreuliches Tatsache wird. Man würde ihn zweifellos als ›Pessimisten‹ bezeichnen. Aber er ist nicht ausschließlich Pessimist.

Auf die Stimmung drückt (außer vielleicht in masochistisch angehauchten Zirkeln) die Aussage, jemand sei ein Pessimist. Selbst wenn nach verbreitetem Verständnis etwas dran ist, wird die Einstufung nicht besonders geschätzt. Stichworte zu den Pessimisten: Miesmacher, negative Typen, auf Unerfreuliches fixiert. Wird jedoch beigefügt, die betreffende, zum Pessimismus neigende Person sei auch realistisch, fällt die Reaktion um einiges freundlicher aus. In diesem Fall rechtfertigt der Realismus den, für sich allein genommen, unvorteilhaft klingenden Pessimismus und gibt ihm eine durchaus geschätzte Aussagekraft. Eine Vermengung von Pessimismus und Realismus wird folglich ohne Weiteres akzeptiert; alle, sogar die Optimisten, scheinen zu wissen, dass es dafür gute Gründe gibt.

Ist eine Person dem Lager der Optimisten oder der Pessimisten einmal zugeteilt, wird eine ›Umetikettierung‹ schwierig und erfolgt nur in seltenen Ausnahmen; folglich befindet sie sich weitgehend definitiv quasi links oder rechts einer scharfen imaginären Trennlinie. Die Möglichkeit, dass die strenge Unterscheidung nicht stimmen könnte, wird kaum in Betracht gezogen. Vielleicht ist diese Abstinenz eine Folge der Gewohnheit, in Bezug auf Mitmenschen gern mit einfachen Schablonen zu operieren, oder weil man findet, dass es viel Wichtigeres zu wälzen gibt. Letzteres ist ein schädlicher Irrtum, der derart verbreitet ist, dass diesbezüglich bisher keine ernsthafte Gegenposition aufkommen konnte. Dieser Irrtum hindert die Leute daran, zu wichtigen Erkenntnissen über Geschichte, Gegenwart und Zukunft zu gelangen.

11. Optimum und Optimismus – Pessimum und Pessimismus

Offensichtlich sind Optimisten und Pessimisten tagein tagaus um uns herum oder nicht weit und stellen eine Dauererscheinung des Lebens dar.

11.1 Optimismus und der Input von Leibniz

Der Optimismus steht für eine zuversichtliche, bejahende, gelegentlich auch für eine heitere Lebenseinstellung. Wer den Optimismus als eine Lebensauffassung auslegt, die alles von der besten Seite betrachtet oder immer das bestmögliche Ergebnis erwartet, orientiert sich an der ursprünglichen Wortbedeutung von ›Optimismus‹.

›Optimismus‹ leitet sich her aus dem lateinischen Wort *optimum* (dt. *das Beste*). Einen wesentlichen Beitrag zur Popularisierung des Optimums leistete der deutsche Philosoph Gottfried Wilhelm Leibniz (1646 – 1716). Er hat 1710 in einem Essay die bestehende Welt als »die beste aller möglichen« bezeichnet und dabei das lateinische Wort *optimum* verwendet.

Abgeleitet aus dem Optimum gemäß Leibniz, tauchte Mitte des 18. Jahrhunderts der ›Optimismus‹ als Begriff im deutschen Sprachraum auf. Im 19. Jahrhundert folgten die Kreationen ›Optimist‹ sowie ›optimistisch‹. Der Begriff ›Optimist‹ stammt also nicht von Leibniz. Jesuitische Theologen sollen ihn verwendet haben, als sie über den »sich zum Theologen aufspielenden Mathematiker Leibniz« spotteten. Diese Version wird zwar seit Längerem verbreitet, ist jedoch nicht hieb- und stichfest belegt. Zutreffen könnte sie aber schon.

Die, soweit bekannt, unwidersprochen gebliebene Terminierung der Entstehung des Ausdrucks ›Optimismus‹ würde es rechtfertigen, in diesem Fall von einem begrifflichen Spätzünder zu sprechen, ja vermutlich dem Spätzünder aller Spätzünder in unserem Vokabular. Ein Erklärungsversuch zum Sachverhalt findet sich im nachstehenden Punkt 12.1.

In einer ersten Reaktion könnte man finden, dass die von Leibniz gewählte Formulierung »die beste aller möglichen Welten« recht ambitiös klingt. Möglicherweise beinhaltet seine Aussage aber eine entscheidende Nuance. Leibniz mag in seiner Betrachtung an die Besetzung eines Theaterstücks gedacht haben, dergestalt, dass die Menschen mit ihren guten und schlechten Veranlagungen und Handlungen sowie die übrige, auch nicht vollkommene Natur und sonstige Umwelt ständig irgendwie zusammenspielen und dass bei diesem gemeinsamen Spiel alle mitwirkenden Kräfte unter den jeweiligen Voraussetzungen das momentan Beste hervorbringen. Einzelne Kräfte können dabei die Absicht haben, ihr Bestes zu geben; andere bleiben aber wegen Nachlässigkeit oder negativer Intentionen klar unter ihren besten Möglichkeiten. Unter all diesen Voraussetzungen, die sich natürlich laufend ändern (vielleicht nur geringfügig), ist das momentane Ergebnis dann das, was man als ein ›Optimum‹ bezeichnen könnte. Und im nächsten Moment kommt es zu einem neuen Optimum, das immer ein bisschen oder sogar wesentlich anders ist als das vorhergehende, weil »alles im Fluss ist« (siehe Heraklit von Ephesos, ca. 520 – ca. 460 v. Chr.).

Die Welt bewegt sich in der von Leibniz gewählten Optik von Bestzustand zu Bestzustand. Man kann demnach von einer zukunftsfreudigen Einstellung sprechen. Leibniz meinte aber auch, das Übel und das Böse dieser Welt stellten die unvermeidlichen Mängel dar, ohne die das Gute und Schöne nicht leuchten könnten. Für Leibniz gab es weder eine Stagnation noch eine Verschlechterung der Welt.

Das könnte für viele eine tröstliche Aussage sein, zumal – wie noch darzulegen sein wird – die Qualifikation »beste aller möglichen Welten« mit einer guten Welt nicht unbedingt etwas zu tun haben muss, auch nicht mit einer halbwegs guten. Die Aussage »beste aller möglichen Welten« ist an eine ganze Reihe von Bedingungen geknüpft; sind diese nicht erfüllt, stimmt sie nicht. Es handelt sich also um eine recht theoretische persönliche Auffassung von Leibniz. Wie noch zu zeigen sein wird, lässt die Falsifizierung, das heißt die Widerlegung der These durch ein oder mehrere Gegenbeispiele oder Gegenargumente, die These von Leibniz am Ende zerbröseln.

Die freundliche Qualifikation erstaunt insofern, als Leibniz im Jahr 1646, also am Ende des Dreißigjährigen Kriegs (1618 – 1648) geboren wurde und sicher noch Folgen der vielen sinnlosen, einzig am Machtstreben orientierten Ereignisse aus dieser grausamen Zeit sehen konnte. Und im Lauf seines Lebens kam es zu unzähligen neuen opferreichen Auseinandersetzungen, beispielsweise zu den Kriegen der Franzosen gegen Spanien (1667 – 1668), gegen Holland (1672 – 1678) und später gegen die Pfalz (1688 – 1697), als beispielsweise Worms oder Heidelberg von französischen Truppen in erheblichem Ausmaß zerstört wurden (siehe Heidelberger Schloss). Zuvor schon kam es zur Vertreibung der Hugenotten aus Frankreich (1685), und nach der zweiten Belagerung Wiens durch die Türken (1683) folgten die nicht enden wollenden Türkenkriege (bis 1718). Man bewegte sich also von Gemetzel zu Gemetzel, was im Wort ›Schlacht‹ recht gut zum Ausdruck kommt und viele Maler zu recht blutrünstigen Werken inspirierte; oft zeigen sie von Schwertern oder Kugeln durchbohrte Krieger oder solche, die mit flehendem Blick den Gegner, der zum letzten Hieb ausholt, offensichtlich vergebens um Verschonung bitten. Die beste aller möglichen Welten?

Offenbar hinderten die vielen schrecklichen Ereignisse im Kleinen wie im Großen Leibniz nicht daran, seinen Standpunkt zu vertreten, der in jedem Moment zutreffen soll, also immer. Aber weshalb? Nun, seine Aussage kann man sowohl einer optimistischen als auch einer pessimistischen Grundhaltung zuordnen. Gar idealisierend wäre es, über all das Unerfreuliche einfach hinwegzusehen und zu erklären, dass trotzdem alles zum Besten bestellt sei. Das wäre geradezu abgehoben, ohne Bezug zur Wirklichkeit. Demgegenüber könnte man aber auch die Ansicht vertreten, der jeweilige Zustand der Welt sei trotz allem noch das beste Ergebnis, das aufgrund der widrigen wechselvollen Umstände und des »Personals« (und dessen Leistungsschwankungen) überhaupt möglich sei. In diesem Fall müsste man von einem stark eingeschränkten Optimismus sprechen oder von einer verbal optimierten pessimistischen Sicht, der man so viel Positives abgewinnt wie nur möglich. Fazit: Die beste aller möglichen Welten gemäß Leibniz wird so, je nach Auslegung, zu einer wirklichkeitsfremden oder beschönigenden Floskel. Nicht ausgeschlossen ist, dass es für Leibniz' Formulierung persönliche und letztlich auch ökonomische Gründe gegeben haben dürfte.

Als lutherischer Konservativer war Leibniz zuerst im Dienst des Mainzer Erzbischofs, dann der Welfen in Hannover und des brandenburgischen Kurfürsten in Berlin. Da wäre auch ein Hauch von Infragestellung der bestehenden monarchischen

Staatsordnung wahrscheinlich höchst ungnädig aufgenommen worden und hätte für ihn zumindest beruflich unerfreuliche Konsequenzen gehabt. Wenn Leibniz also behauptete, die Welt in ihrer jeweiligen Verfassung (damals fast ausschließlich eine fürstliche) sei die bestmögliche, dann machte er damit unausgesprochen auch klar, dass irgendwelche Interventionen gegen die bestehenden Herrschaftsverhältnisse nur dazu führen würden, den jeweiligen Zustand der Welt unter das Optimum zu drücken, also zu verschlechtern. Ergo: Bei allen eventuellen Vorbehalten – Finger weg von der Ordnung der besten aller möglichen Welten, auch wenn der jeweilige Zustand gelegentlich als höchst unerfreulich erlebt werden sollte!

Hypothetische Fragen, die sich an die späteren Leibniz-Anhänger richten: Was hätte Leibniz wohl gesagt, wenn er den Großeinsatz der Guillotine während der Französischen Revolution und die anschließenden Napoleonischen Kriege oder den Ersten Weltkrieg erlebt hätte, wo allein bei Verdun rund 700'000 deutsche und französische Soldaten völlig sinnlos elendiglich zugrunde gingen? Was wäre aus dem Optimum geworden, wenn er den Zweiten Weltkrieg durchgemacht hätte mit den Konzentrationslagern und all den anderen weltweiten Vernichtungsaktionen? Hätte er trotzdem an seiner Aussage festgehalten, wonach wir in der besten aller möglichen Welten leben, oder wäre ihm seine Terminologie zur Last gefallen?

Aber auch ohne das Wissen um die erwähnten späteren Schrecken in aller Welt ist schon fünfundvierzig Jahre später, um 1755, Leibniz' These klar abgelehnt worden, und zwar vom berühmten Franzosen Voltaire, dem großen Philosophen der Aufklärung. Sein kritischer Geist konnte sich mit der Weltdeutung durch Leibniz nicht im Entferntesten anfreunden, was er ausgesprochen bissig darlegte (siehe beispielsweise seine aufwühlenden und anregenden Kurzromane *Zadig oder das Schicksal* von 1747 und – zwölf Jahre später – *Candide oder der Optimismus*).

Voltaire hatte zwar keine Vorschläge zur Verbesserung der oft wenig erbaulichen Resultate der menschlichen Bestrebungen und Unterlassungen zu bieten; aber mit der Qualifikation »bestmöglich« konnte er nur bittersten Sarkasmus verbinden.

11.2 Pessimismus und Schopenhauer

Mit dem Optimismus soll im 18. Jahrhundert auch der Begriff ›Pessimismus‹ als dessen Gegenstück das Licht der Welt erblickt haben, war also ebenfalls ein linguistischer Spätzünder (siehe auch Punkt 12.1). Ab dem 19. Jahrhundert sollen daraus ›Pessimist‹ und ›pessimistisch‹ abgeleitet worden sein.

Der Pessimismus wird etwa als eine verneinende Lebenseinstellung aufgefasst, auch als Schwarzmalerei, die alles von der schlechtesten Seite sieht.

Im Jahr 1819 erschien das Werk *Die Welt als Wille und Vorstellung*, in welchem der deutsche Philosoph Arthur Schopenhauer (1788 – 1860) im Vergleich mit Leibniz die gegenteilige Auffassung vertrat, nämlich dass die jeweilige Situation auf dem Planeten die schlechtestmögliche sei. Was da vorliege, sei nichts anderes als das jeweilige Minimum: »Die Welt ist durch und durch schlecht, etwas, das nicht sein sollte. Eine schlechtere Welt kann es überhaupt nicht geben. Wäre sie noch ein wenig schlechter, so könnte sie schon nicht mehr bestehen.«

Zudem vertrat Schopenhauer die Meinung, das Dasein habe keinen Sinn.

Die Einstufung ›am schlechtesten‹ heißt auf Lateinisch in der Einzahl sächlich *pessimum* (männlich *pessimus*, weiblich *pessima*).

Auch für die kritische Würdigung von Schopenhauers These kann die Falsifizierung hilfreich sein.

11.3 Auf dem falschen Dampfer

Schopenhauer sah im jeweiligen Weltzustand das Ergebnis des Drangs aller Kräfte, insgesamt das Schlechtestmögliche hervorzubringen, während Leibniz den Zug zum Bestmöglichen zu erkennen glaubte oder zumindest so formulierte. Festzustellen ist vorerst, dass sich Leibniz und Schopenhauer eigentlich über das jeweilige Ergebnis aussprachen. In Bezug auf die damit verbundenen Defizite waren sie sich im Grunde wohl einig. Unterschiedlich war einzig ihre Qualifikation der Zustände. Beide vertraten die Auffassung, dass es zwangsläufig in jedem Moment so ist, wie es ist. Leibniz meinte aber, das sei stets ein Optimum, also nicht zu überbieten, während Schopenhauer von einem Pessimum sprach, das aus dem Bestreben resultiere, das Schlechteste zu erreichen. Vom tatsächlichen Ergebnis her waren ihre Einstufungen gehupft wie gesprungen. Und in beiden Fällen spürt man auch einiges an Verbalakrobatik der beiden Philosophen, wohl um gehoben wirkende Erklärungen abzugeben.

Leibniz und Schopenhauer vertraten im Grunde Auffassungen von erzkonservativen Betonköpfen. Leibniz war ein ambitionsloser, veränderungsfeindlicher Bewahrer; Schopenhauer gehörte zu den Fatalisten. Für beide reichte es zu akzeptieren, was das Leben so bringt und was es nicht bringt. Demnach müssen selbst die schwer Enttäuschten die jeweilige Lage in der Welt einfach hinnehmen. Man kann ihnen beispielsweise nur die traurige Feststellung gemäß Schopenhauer entlocken: Die schlechteste aller möglichen Welten; das ist zwangsläufig so, unveränderbar. Da kann man nichts machen. Alles ist sinnlos.

Wie im Folgenden darzulegen sein wird, bilden die Standpunkte der beiden weltberühmten Philosophen eine wenig ruhmvolle Merkwürdigkeit. Sie sind aber durchaus anregend und geeignet, tatsächlich überzeugende Deutungen auszulösen.

Vorerst ist festzuhalten, dass der Mensch und die übrige Natur in ihrer Unvollkommenheit logischerweise gar nicht in der Lage sind, Extreme zu verwirklichen, wie sie das Beste und das Schlechteste darstellen. Selbst mit maximalem Einsatz sind sie nicht zu erreichen (sogar in den entsetzlichen Konzentrationslagern der Nazis, die nahe ans extrem Böse kamen, hätte man ja noch ärger wüten können, etwa durch sofortiges Umbringen bei Einlieferung, ohne eine einzige überlebende Person, also ohne spätere Zeugen; das soll aber hier kein Thema sein). Somit ist jetzt schon klar, dass Leibniz und Schopenhauer unhaltbare Extrempositionen vertraten. Aber schauen wir uns ihre Auffassungen trotzdem im Detail an.

Leibniz' und Schopenhauers Darlegungen setzen voraus, dass von den unzähligen Varianten des jeweiligen weltweiten Kräftespiels, die in jedem Moment zu einem bestimmten Status führen, stets exakt diejenigen zum Durchbruch gelangen, die das bestmögliche (Leibniz) beziehungsweise schlechtestmögliche (Schopenhauer) Ergebnis zeitigen. Solche Auffassungen sind schlicht absurd. Die Lage der Welt, als gewichtete oder ungewichtete Summe unzähliger Einzelzustände, ist weder für den Einzelnen noch für einen besonders kompetenten Verein von Weisen fassbar. Deshalb könnte die Weltlage nur mit gewaltigen Abstraktionen einer generellen Beurteilung unterzogen werden. Und dies reduziert den Gehalt der erwähnten Aussagen von Leibniz und von Schopenhauer auf einen Wert, der nur null sein kann. Kurz: Was nicht erfassbar ist, kann man nicht bewerten und auch nicht einstufen.

Schon das Erfassen der »Welt« in einer von mehreren Familien bewohnten mittleren Seitenstraße von Bern, Berlin oder Wien ist ein Ding der objektiven Unmöglichkeit; wollte jemand trotzdem eine Bewertung vornehmen, könnte diese nur subjektiv sein, also keinerlei Allgemeingültigkeit beanspruchen. Selbst mit Bezug auf eine ganz bestimmte Situation im Kleinbereich bleibt also offen, wie verschiedene Personen diesen Zustand erleben. Sicher hätten auch hinsichtlich einer Seitenstraße weder Leibniz noch Schopenhauer das Privileg des uneingeschränkten Durchblicks und objektiven Bewertungsvermögens beanspruchen können; beide wären also gezwungen gewesen, zu abstrahieren und individuelle Werturteile zu fällen. Auch im Kleinen hätte man ihnen damals keine Objektivität und Allgemeingültigkeit attestieren können. Sie verstiegen sich aber in Weltbilder von Pol zu Pol und verloren sich so in pseudo-philosophischen Anmaßungen.

Die bestmögliche oder die schlechtestmögliche aller Welten kann es also objektiv gar nicht geben, sondern nur im subjektiven Urteil der beiden Protagonisten. Was ist überhaupt das Beste? Was ist das Schlechteste? Außer bei genau messbaren Ergebnissen (zum Beispiel Weitsprung, Zugankunft) geht es einzig um persönliche Einschätzungen einer vergangenen oder aktuellen Lage, einer Maßnahme oder eines erwarteten Resultats. Ob es aber wirklich quasi das Beste oder das Schlechteste ist, das als solches bezeichnet wird? Und was heißt da *wirklich*? In einem bestimmten Moment hält jedes Individuum seine eigene Wirklichkeit fest. Davon abweichend haben alle anderen auch ihre ganz persönliche Wirklichkeit, was zeigt, dass wir es im Grunde mit Wirklichkeiten zu tun haben. Und dies ist bei einem Ausdruck wie ›das Beste‹ (oder ›das Schlechteste‹), der die Lage der Welt allgemeingültig erfassen möchte, ziemlich befremdend. Es gibt eben in diesem Fall weder die uneingeschränkte Objektivität noch die diesbezügliche Allgemeingültigkeit. Was bleibt, ist eine irgendwie akzeptierte, aber nicht so genau definierte Realität, die sich nur ausnahmsweise genau bewerten lässt. Folglich kann man die Wirklichkeit eigentlich nur persönlich beurteilen und hoffen, man bewege sich in einem weitgehend konsensualen Rahmen mit Personen, die einem wichtig sind. Und klar ist auch: Der rein subjektive Begriff ›Realismus‹ ist mangels Allgemeingültigkeit ebenfalls ziemlich nichtssagend, genauso wie etwa der Terminus ›Surrealismus‹. Zu all diesen Aussagen muss man immer noch mindestens eine kleine Geschichte erzählen, damit andere möglichst genau wissen, wovon eigentlich die Rede ist. Unsere Sprachen sind angehäuft mit Begriffen, die man gar nicht einheitlich definieren kann, wenn man mit dem umfassenden, klaren Definieren irgendwann fertig werden will. Ein Wunder, dass wir uns doch noch verstehen, irgendwie halt. Die seit Langem generell praktizierte sprachliche Lösung heißt: Im Adressatenkreis irgendwie verständlich bleiben, trotz Abstraktion.

Manchmal geht es bei der Aussage »Das ist das Beste« um eine bloße Schutzbehauptung. So wird gelegentlich ein Riesenverlust als zwar wenig erfreulich bezeichnet, um rasch beizufügen, er sei trotzdem das bestmögliche Ergebnis, weil ein noch höheres Minus vermieden werden konnte. Ein solche Erklärung kann richtig sein, aber vielleicht ist sie es doch nicht. Nur ein genaues Hinschauen würde eventuell Klarheit schaffen. Dies ist aber stets nur eingeschränkt möglich, wegen des Aufwands und weil sich das Rad der Zeit nicht zurückdrehen lässt. Als möglich erachtete alternative Entwicklungen können hinterher gar nicht mehr dem Test der früheren Wirklichkeit ausgesetzt werden; alles ist schon vorbei. Viele Einwände werden so zu bloßen Mutmaßungen.

Die Aussage, etwas sei das Beste oder das Schlechteste, hat auch etwas Anmaßendes an sich, weil sie anderen, die diese Meinung nicht teilen, indirekt vorwirft, die Situation nicht erkennen zu können, also über ein mangelhaftes Urteilsvermögen zu verfügen. Zudem: Argumentieren kann man nur, wenn Gestaltungsmöglichkeiten bestehen; wenn etwa die Frage debattiert wird, was schlecht und was gut ist, wo man aktuell nichts ändern sollte und wo Anpassungen erforderlich erscheinen. Letzteres ist bekanntlich die anstrengendere und selbst von Kritikern oft gemiedene Variante.

Man erkennt: Die Wirklichkeit der Einzelnen (eine andere gibt es nicht) ist folglich besser, als Schopenhauer behauptet. Und der bestmögliche Zustand gemäß Leibniz, identisch mit dem gleichzeitig herrschenden schlechtestmöglichen von Schopenhauer, ist nur eine euphemistische theoretische Vorstellung der momentanen Lage. Global gesehen, ist es eben nicht der bestmögliche Zustand, sondern ein Status mit vielen Schattierungen, der um einiges unterhalb der Qualifikation ›bestmöglich‹ anzusiedeln ist, also nur ein suboptimales Resultat sein kann. Das bedeutet, dass die jeweilige Situation der Welt stets besser ist als die schlechtestmögliche und weniger gut ausfällt als die bestmögliche.

Klar ist aber auch, dass die unhaltbaren Beurteilungen der beiden Philosophen, wonach wir in einem bestimmten Zeitpunkt in der besten oder schlechtesten aller möglichen Welten leben, nichts am realen Zustand der Erde insgesamt und pro Einzelfall zu ändern vermögen, weder in der Berliner Seitenstraße noch in Bagdad noch in Detroit noch in Syrien oder in Mumbai. Alles ist nur subjektiv, wie es ist: Jeder Mensch sieht es anders, ein bisschen oder mit kleineren beziehungsweise größeren Abweichungen von der Beurteilung der Mitmenschen.

Ein Akzeptieren der Leibniz-Aussage »beste aller möglichen Welten« birgt zusätzlich eine erhebliche Gefahr. Denn diese Qualifikation könnte dazu verleiten, entsprechend selbstzufrieden oder schicksalsergeben so weiterzuwursteln wie bisher, auch bei eindeutig festgestelltem Unrecht und nachgewiesener Misswirtschaft. Politiker aus dem Regierungslager, die maßgeblich am Finanzdesaster ihrer Länder beteiligt sind, argumentieren gern im Wahlkampf: »Wählt mich wieder, damit es so bleibt, wie es ist. Denn besser geht es wirklich nicht.« Notfalls wird eingeräumt: »Unsere Lage ist im Moment zwar tendenziell unerfreulich (korrekt wäre manchmal: katastrophal), aber besser hätte es niemand machen können. Mit mir wird alles bald wieder in Ordnung sein. Ich stehe für das jeweils Beste. Vertraut mir.« –

Aber auch die deprimierende Schopenhauer-Position, wir hätten die jeweils schlechteste Welt aller möglichen, würde keinerlei Ansporn beinhalten, sondern uns lediglich einen trüben Spiegel vorhalten (Schopenhauer sprach vom »Jammertal«). Totale Resignation wäre in diesem Fall das Thema. Etwa mit dem Hinweis auf Kriege, Attentate, Morde, Entführungen, Vergewaltigungen, Überfälle, Intrigen und so weiter würde uns klargemacht: »Extrem übel sieht es aus; aber es ist halt so, wie es ist, oder wie du es findest!« Weniger Robuste könnten dabei in eine tiefe Depression verfallen. Oppositionspolitiker argumentieren gegen die Regierungspolitik vorzugsweise zuerst einmal auf der Schopenhauer-Schiene: »Die haben das Schlechteste für uns rausgeholt. Maximalen Schaden hat man dem Land zugefügt. Miserabler geht es gar nicht.« Dann wird auf Leibniz geschwenkt: »Mit mir kommt die dringende Veränderung, die uns in die bestmögliche Zukunft führt.« Und so weiter.

Für simplifizierende Argumente kann also die Weltsicht von Leibniz und diejenige von Schopenhauer durchaus nützlich sein. Für das Verständnis der Welt hingegen eignen sie sich nicht.

12. Geheimnisvolle und andere Kräfte

12.1 Ur-Einstellungen Optimismus und Pessimismus: zwei begriffliche Spätzünder

Rätselhaft ist es schon, dass die Begriffe ›Optimismus‹ und ›Pessimismus‹ so spät geschaffen wurden. Immerhin betreffen sie persönliche Einstellungen und Verhaltensweisen, welche ständige Begleiter der Lebewesen sind, ja zu den Lebewesen gehören wie das Leben selbst. Das Leben selbst? Natürlich. Ohne subjektiven Optimismus, der jeweils allfällige Zweifel beiseite schiebt, gibt es keine volle Zuversicht, keinen wirklichen Glauben, dass das Leben weitergeht. Selbst ein Einzeller, der zum Zwei- oder gar Mehrzeller strebte, musste das Zuversichtsprogramm in sich tragen, dass es als Zwei- und dann als Mehrzeller besser weitergehen werde. Hätte der Einzeller so etwas wie eine instinktive Befürchtung gehabt, dass seine Umwandlung in einen Zweizeller den Untergang bedeuten würde, hätte er diesen Weg nur in Suizidabsicht gewählt. Aber Suizid ist nun einmal die Ausnahme, als Absicht und als Tat, auch beim hypothetisch selbstmordgefährdeten Einzeller. Und so hatten, wie die Welt zeigt, unzählige Ein- und dann Mehrzeller den Drang, in größeren Zellverbänden sich und ihren Nachkommen die Zukunft und damit das Leben zu sichern. Und sogar schon bei der Entstehung der Einzeller muss es so etwas wie Optimismus gegeben haben, den Optimismus nämlich, dass bereits diese Form des Lebens eine Erfolg versprechende biologische Erscheinung darstellen müsse.

Man kann sich folglich auch die »Huhn-oder-Ei-Frage« stellen: Was war zuerst, eine Form von Optimismus oder die biologische Urform des Lebens? Nun, irgendwie Hand in Hand dürften optimismus-ähnliches Verhalten und tatsächliche Bildung von Ein- und später von Mehrzellern gegangen sein, wobei der Optimismus als Drang oder Streben ein kleines Schrittchen voraus gewesen sein muss. Nachdem sich der Weg zum Mehrzeller als erfolgreich herausgestellt hatte, nahm die Entwicklung ihren Lauf, bis heute. Und jeder evolutorische Irrweg wurde, teilweise auch in Verbindung mit Umwelteinflüssen, bei der weiteren Entwicklung mit Stagnation und Untergang bestraft. Was in der noch menschenleeren Natur die Dinosaurier überlebte, war offenbar besser eingerichtet, um weiterzubestehen.

Die heutige Artenvielfalt ist eigentlich nur mit der Suche nach Kombinationen zu erklären, die zuerst von einem inneren Programm veranlasst wurden, und zwar in der Absicht, stärker zu sein, das heißt bessere Fortpflanzungs- und Überlebenschancen zu haben als zuvor, sicher nicht mit dem Ziel, rasch unterzugehen. So gesehen, kann man dem Optimismus urzeitliche Wurzeln attestieren, weil er generell wirksam schon am Anfang als Auslöser wirkte. Auch in der Folge kann es ohne Optimismus nicht weitergegangen sein. Folglich ist er bis heute konstitutiv für das Leben.

Eine Erklärung für das verspätete Erscheinen der Begriffe ›Optimismus‹ und ›Pessimismus‹ fällt nicht leicht. Wahrscheinlich sind die darin enthaltenen Extreme (das Beste, das Schlechteste) dafür verantwortlich. Denn objektiv kann es diese nicht geben, wenn von Einstellungen und Verhaltensweisen der Lebewesen die Rede ist. ›Optimismus‹ und ›Pessimismus‹ sind vorrangig auf das Einzelwesen beschränkte subjektive Begriffe und diesbezüglich durchaus denkbar. Der Grund für die lange nicht übliche Verwendung könnte also in der Logik liegen, die Extrembegriffe für ein generelles Verhalten verbietet. Zudem stehen seit Langem verschiedene Umschreibungen zur Auswahl, welche mindestens ebenso aussagekräftig sind. Man denke etwa an ›Zuversicht‹, ›Draufgängertum‹, ›Entschlossenheit‹, ›Gottvertrauen‹, ›göttliche Bestimmung‹, ›Gutgläubigkeit‹, ›Hoffnung‹, ›Lebensfreude‹, ›Überlebenswunsch‹, ›Resignation‹, ›Absage an das Leben‹, ›Zaghaftigkeit‹, ›Verzweiflung‹, ›Untergangsstimmung‹, ›Angst‹, ›Befürchtung‹, ›glücklicher Zufall‹ und ›Pech‹, ›Zweifel‹ und viele andere. Bis heute werden unzählige Ereignisse nicht einfach mit Optimismus angestrebt, sondern mit Besonnenheit, gestützt auf die sorgfältige Prüfung eines vielversprechenden Konzepts. Und die Prognose kann oft ohne den vagen Begriff ›pessimistisch‹ auskommen und aus vielen, durchaus guten Gründen zurückhaltend oder ungünstig, ja vernichtend ausfallen.

12.2 Treibende Kräfte

Wirklichkeitsnah ist der Hinweis, dass es auf der Welt, im ganz Kleinen wie im Großen, keinesfalls generell bestmöglich eingerichtet ist, uns aber auch nicht nur das Schlechteste heimsucht. Zudem ist es wichtig, die jeweiligen Zustände nicht einfach als gegeben hinzunehmen und anzuerkennen, dass alle Menschen die Verhältnisse unterschiedlich beurteilen. Diese Feststellungen können durchaus zum Anlass genommen werden, sich *grosso modo* über die Qualifikation von Einzelsituationen zu verständigen und, darauf basierend, sich zusammenzureißen, um positiv beurteilte Änderungen vorzunehmen, individuell und als Gemeinschaft.

In der Regel ist es so, dass die Leute Gutes bewahren und fördern möchten und Schlechtes reduzieren oder beseitigen wollen, indem sie Korrekturen anstreben oder zu neuen Ufern aufbrechen. Sie argumentieren auf gewissen Gebieten fast wie Leibniz, um zu bewahren oder nur minimal zu korrigieren. Bei anderen Gelegenheiten gibt ihnen eine Anlehnung an Schopenhauers Position Anlass, rasche und dringende Veränderungen zu postulieren. Den jeweiligen Zustand der Welt erleben solche Menschen folglich weder als generelles Optimum noch als durchgehendes Pessimum; in ihnen vereinigen sich wohl die treibenden Kräfte in Richtung Besserung, welche aber nicht gelingen muss und sogar schon bald zum Gegenteil führen kann, wie die Geschichte vielfach belegt. Von einem Streben von Bestzustand zu Bestzustand kann also nicht die Rede sein.

Treibende Kräfte werden sich aber nie entmutigen lassen und immer wieder einen neuen Anlauf nehmen, vielleicht ein kleineres Schrittmaß wählen, aber sicher nicht in Fatalismus machen. Die weitaus meisten Menschen sind denn auch der Meinung, ihre persönliche Situation oder diejenige ihrer Stadt, ihres Landes könnte durchaus (noch) verbessert werden. Und so befürworten sie kleinere oder größere Veränderungen, die ihren Vorstellungen weitgehend entsprechen.

Es gibt natürlich auch Leute, die immer alles ändern wollen, weil sie finden, es könne nirgends so weitergehen wie bisher. Anfänglich agieren sie im Sinne der Schopenhauer'schen Auffassung, wenden sich aber rasch von seinem Fatalismus ab und fordern eine totale Abkehr von allem Bisherigen. Ihre Ansicht teilt in der Regel nur eine kleine, eher unbesonnene radikalisierte Minderheit, die stark aufs generelle Aufräumen und Umwälzen ausgerichtet ist. Im Zusammenhang mit jeder Revolution tauchen solche Leute auf, verbreiten Heilsversprechen und können meist nur von entschlossenen moderaten Kräften in die Schranken gewiesen werden. Manchmal gelingt dies nicht kurzfristig; da bleiben die Umwälzer (Wortsinn von ›Revolution‹) relativ lange im Machtspiel aktiv, intolerant, gewaltbereit und mit ruinösen Auswirkungen auf Staat und Gesellschaft.

An die Leute, die etwas (nicht alles) ändern wollen, wenden sich die Politiker mit ihren Ideen zur Verbesserung der Zustände. Und dabei geschieht etwas Merkwürdiges: Die betreffenden Leute wissen genau, dass man sich privat nur Dinge leisten kann, die man mit eigenen Mitteln oder ausnahmsweise mit einem rückzahlbaren Kredit bezahlen kann. Sie neigen also eigentlich nicht zum Überborden. Trotzdem haben sie nichts dagegen, wenn politische Versprechungen ausschließlich auf Pump oder zulasten von Mitbürgern eingelöst werden. Beim Pump geht es oft um zusätzlichen Pump; bei der Belastung von Mitbürgern stehen Steuererhöhungen oder neue Steuern, die anderen auferlegt werden, im Vordergrund. Dass dies nicht zum Vorteil des Staates ist, zumal er im Fall von höheren Steuern sicher nicht an Attraktivität gewinnt, wissen eigentlich auch alle, die sich Vorteile ausrechnen. Und trotzdem finden sie Pump und steuerliche Maßnahmen zulasten anderer gut, jedenfalls besser als persönliche Einschränkungen. Und: Die Schädlichkeit der Verschuldung und von neuen Steuern wird meistens erst später spürbar; Einschränkungen tun rasch weh.

Bis heute spielt sich insbesondere das Schuldenmachen in beängstigendem Ausmaß ab, auch in vielen Ländern Westeuropas, in Nordamerika und Japan. Mit dem Ziel, die individuelle Lage zu verbessern oder staatliche Aktivitäten (inklusive Wohltaten) zu verstärken, kam es in den letzten Jahrzehnten zu einem nie da gewesenen finanziellen Verantwortungslosigkeit und einer entsprechenden Selbstgefährdung von Staaten und Bürgern. Nur wenige lehnen es ab, dass das staatliche Leben auf Pump, auf Riesen-Pump, fortgesetzt wird. Eher bald als langfristig muss es folglich zu einem Kollaps kommen. Und gerade diesen Punkt wollen Politiker und die von ihnen stark beeinflussten Medien bis auf Weiteres nicht zur Sprache bringen; auch die meisten Leute im Volk wollen so etwas nicht hören, nach dem Motto: Die Katastrophe kommt früh genug, wenn sie dann kommt; vorher schöpfen wir für uns persönlich und zulasten des Schuldenkontos so viel ab, wie es eben geht.

Wenn solchem Treiben Einhalt geboten würde, könnte sich die Lage unter gewissen, sicher spürbaren Opfern effektiv sukzessive bessern. Aber kaum einer will Opfer bringen; es ist wie bei den kleinen Kindern, die ihren Zuckerstängel wollen, wer immer ihn auch bezahlen mag. Einsicht und entsprechendes Handeln sind deshalb ein frommer Wunsch; somit wird das problemlos erscheinende Pump-System so lange weiterbetrieben, bis nicht nur einige Warner feststellen, dass der unablässig Wohltaten spendende Staat zahlungsunfähig ist. Ein Zusammenbruch wird früher oder später die Folge sein.

Mit Unvernunft und übertriebenem Optimismus steuern also zahlreiche Länder in den Bankrott, und viele Einzelpersonen hoffen, irgendwie noch davonzukommen und dass der Staat dann schon wieder auf die Beine finden dürfte. Man erkennt: Der Optimismus fördert in diesem Fall nicht nur eine gute

Stimmung, sondern ein frohgemutes leichtfertiges Schuldenmachen und die laufende Verschlimmerung der Lage. Man könnte dazu sagen: Viele wissen es, aber nur wenige wollen darüber reden, und niemand will etwas dagegen unternehmen. Wer trotzdem auf die Missstände hinweist, gilt oft als Pessimist, der alles nur noch schlimmer macht. Den Pessimisten hören die meisten höchst ungern zu.

12.3 Inaktive und manipulierende Kräfte

Besonders nachdenklich muss der folgende negative Opportunismus stimmen: Es steht eindeutig fest, dass die im internationalen Vergleich als besonders solide geltenden schweizerischen Großbanken Ende 2013 ein lächerlich tiefes Eigenkapital von rund 4 % der Bilanzsumme haben (deutsche Großbanken liegen bei 1,5 bis 2 % Eigenkapital, anderswo ist es ähnlich). Käme es zu ungünstigen Entwicklungen auf den internationalen Finanzmärkten, wären alle auf rasche Staatshilfe angewiesen oder müssten untergehen. Um bei den beiden Schweizer Großbanken zu bleiben: Sie haben auch viel zu wenig Reserven, um die Inhaber von Sparkonten im Fall von Turbulenzen bis zu einem Sparbetrag von 100'000 Fr. schadlos zu halten (die betreffenden Bank-Reserven machen Ende 2013 etwa 2 % der Sparsumme aus!). Würde die Situation also erneut (nach 2007/2008) turbulent, hätten viele Sparer mit enormen Verlusten zu rechnen, dürften als Steuerzahler aber allenfalls die Banken retten, die lieber viel zu hohe Boni an ihre Mitarbeiter ausschütten und die Bildung ausreichender Reserven ablehnen. Diese Sachverhalte sind kein Geheimnis; gesamtschweizerisch lag 2013 die in den Banken vorhandene Absicherungssumme sogar nur bei 1,5 % des Sparkapitals; der Durchschnitt signalisiert, dass sie in Einzelfällen wohl nur etwa 1 % erreicht.

Folglich wäre bei seriöser Betrachtung Folgendes nötig:

a) Die beiden schweizerischen Großbanken und erst recht Institute im Ausland müssten unverzüglich zu deutlich höheren Eigenmitteln veranlasst werden (etwa 20 % der Bilanzsumme statt nur 1,5 bis 4 %).
b) Alle Banken sollten gezwungen sein, umgehend höhere Reserven zur Absicherung der Sparkonten anzulegen (mindestens 10 % des Sparkapitals statt nur 1 bis 2 %).

Aber was geschieht von Seiten der Politik im In- und Ausland? Nichts. Und wie reagieren die Bürgerinnen und Bürger angesichts der potenziellen persönlichen finanziellen Bedrohung, die zu einer harten Wirklichkeit werden kann? Überhaupt nicht. Offenbar sind die Leute derart eingelullt und dermaßen behördengläubig (und entsprechend optimistisch), dass sie ausgerechnet denjenigen in Politik und Finanz-Aufsichtsgremien vertrauen, die jede Verschärfung der Absicherungsregeln unterlassen, aus Gier, Bequemlichkeit oder Leichtfertigkeit. Die Missstände sind zwar in Fachkreisen bestens bekannt, aber unter Einfluss der betreffenden Banken tun die verantwortlichen Kontrollorgane so, als wäre alles in (bester) Ordnung (siehe Leibniz). Man kann ohne Übertreibung festhalten: Die Leute leben auf einem Pulverfass, das jederzeit explodieren kann, und finden nichts dabei.

Eigentlich müssten sich die Bürger bewegen und erklären, dass es so nicht geht. Aber in großer Zahl auftretende aufgeklärte Bürger gibt es nicht, zumal das Wissen über spezielle Situationen nicht immer leicht zu erwerben ist; das verlangt Energie, die vor allem angesichts anderer persönlicher Prioritäten begrenzt ist. Klar ist auch: Der aufgeklärte Bürger ist eine Idealvorstellung.

Wenig überraschend steht es auch nicht rosig um die praktizierte Demokratie, die den aufgeklärten Bürger voraussetzt. Insbesondere Manipulationen der öffentlichen Meinung gehören zum Alltag; sie werden bekanntlich sogar in amtlichen und sich neutral gebenden Informationen praktiziert. Heute, im Medienzeitalter, sind solche Einflussnahmen, in geschickter Tarnung oder anhand manipulativer Sprache, häufiger als früher. Die Manipulation beginnt bereits mit den Stellenbesetzungen in Monopol- oder Quasi-Monopolmedien. Diese neigen besonders stark zur gezielten Verunsicherung (siehe Atomenergie) oder Vereinnahmung der Zuschauer und Zuhörer. Bei der Vereinnahmung werden vor allem führende Politiker im allerbesten Licht dargestellt oder permanent von der schlechten Seite gezeigt, je nach Intention der medialen Manipulatoren. Die mediale Beliebtheitsverkündung nimmt dabei oft ebenso penetrante Formen an wie die Angstmacherei vor dem Klimawandel durch fachlich unkundige Reporter.

Man nehme beispielsweise die Berichterstattung über das Unglück in der Atomkraftwerksanlage Fukushima-Daiichi und die völlig überzeichnete Darstellung der Folgen. Beides hat mit den Verhältnissen in Westeuropa im Grunde nichts tun und wird von an der Manipulation interessierten Kreisen dennoch stets als richtungweisend für die deutsche oder schweizerische Energiepolitik hingestellt. Man beachte auch die Informationen über den Nahen und Mittleren Osten auf allen Kanälen. Ziemlich verwirrte Reporter, denen logischerweise der Überblick ebenso fehlt wie den Politikern, möchten den Eindruck vermitteln, sie wüssten aufgrund ihrer Nähe zu den Ereignissen, was überall genau passiert. Dass dies gar nicht möglich ist, liegt auf der Hand. Trotzdem sagt niemand in den Nachrichten ehrlich: »Im Grunde kann ich nur über Vermutetes, Gehörtes und einen winzigen selbst erlebten Ausschnitt berichten. Ob das dadurch entstehende Gesamtbild stimmt, ist also eher fraglich!« Auch auf vielen anderen Gebieten wird permanent ein Sammelsurium aus Halbwissen und persönlicher Einschätzung vermittelt. Das Informations-Optimum liegt folglich oft in weiter Ferne.

Der möglichst aufgeklärte Bürger, zu mehr reicht es nicht, muss sich folglich laufend mit den Geschehnissen auseinandersetzen, indem er versucht, durch Augenschein und Nachdenken die erhaltenen Informationen so einzuordnen, dass sie ein einigermaßen plausibles Bild ergeben. Ein persönliches Bild. Denn all die Menschen, die sich entsprechend bemühen, werden logischerweise nicht zu identischen Auffassungen gelangen; allenfalls sind sie einander angenähert, aber auch das nicht immer. Ursächlich für entsprechende Sachverhalte sind, wie in allen Lebensbereichen, Unvollkommenheit und Individualität. Aber auch der Bürger, der weniger gut im Bild ist, macht sich seine Gedanken und ist Teil des Ganzen.

Wir sind alle verschieden, denken und fühlen unterschiedlich und sind für Gemeinsamkeiten stets auf den Konsens angewiesen, der dann zu Kompromissen führt. Und die Demokratie ist die Staatsform des Kompromisses. Sie ist dem dauernden Vermitteln unter den Kräften verpflichtet und hat so den Vorteil, dass sie fast immer zu Durchschnittslösungen führt. Mehr ist kaum erreichbar, aber weniger auch nicht oder nur ganz selten. Eine Ausnahme im negativen Sinn ist die Folge der Wechselwirkung von staatlichen Wohltaten und Wahlverhalten stimmenstarker Wählergruppen (Rentner, Staatsbeamte inklusive Lehrerschaft, Gewerkschaftsangehörige). Die Wechselwirkung kann dazu führen, dass finanzielle Vorteile der Bürger, die solchen Wählergruppen angehören, eindeutig mehr Gewicht erhalten als das Augenmaß für das staatlich Tragbare. Da die Bürger aber der Staat sind, müssen sie früher oder später für ihre falsche Prioritätenordnung bezahlen. Daran mag niemand denken. Und so geht leider fast überall das unüberlegte Treiben in Form von überbordendem Schuldenmachen weiter.

13. Eine berühmte politische Relativierung von Optimum und Pessimum

Die Begriffe ›Optimum‹ und ›Pessimum‹ haben auch den berühmten britischen Politiker Winston Churchill beschäftigt. In seiner Rede, die er am 11. November 1947 vor dem britischen Unterhaus hielt, hat er in diesem Zusammenhang etwas gesagt, das weltweite Verbreitung gefunden hat. Laut Sitzungsprotokoll erklärte Churchill: »*No one pretends that democracy is perfect or all-wise. Indeed, it has been said that democracy is the worst form of government except all those other forms that have been tried from time to time.*« Mögliche Übersetzung: »Niemand wird behaupten wollen, dass die Demokratie eine perfekte oder rundum vernünftige Regierungsform ist. Es ist sogar Folgendes festzustellen: Von den je praktizierten Regierungsformen ist die Demokratie die schlechteste, abgesehen von all den anderen Formen, die von Zeit zu Zeit ausprobiert wurden.«

Churchill verwendete das Wort *government*; das bedeutet *Regierungsform*. Dabei dürfte er auch die Prozesse der politischen Meinungsbildung im Staat und die laufende demokratische Kontrolle im Auge gehabt haben. Dass Churchill mit dem Superlativ *worst* (*schlechteste*) etwas Unlogisches sagte, versteht sich. Um Spielraum für all die schlechter eingestuften anderen Regierungsformen zu lassen, hätte er beispielsweise sagen müssen: »Von all den je praktizierten Regierungsformen ist die Demokratie zwar eine schlechte, aber alle anderen sind noch schlechter.« Nun, es hat nicht sollen sein; und viele zitieren Churchill, ohne lange nachzudenken, übrigens oft unter Weglassung des wichtigen Satzteils »*that have been tried from time to time*« (»die von Zeit zu Zeit ausprobiert worden sind«). Wird dieser Hinweis nicht erwähnt, resultiert ein sinnentstellender Fehler; Churchill sprach nämlich nicht von Idealen, die reine Papiertiger bleiben müssen. Seine Worte machten deutlich, dass es ihm um die verschiedenen Regierungsformen ging, die im Lauf der Geschichte dem Härtetest in der Realität unterworfen waren. Und er attestierte ihnen generell schlechte Resultate, wobei die gelebte Demokratie nach seiner Auffassung zwar auch schlecht abschnitt, aber relativ besser als alle anderen.

Mittels seines Vergleichs ließ Churchill also die Demokratie zur besseren Regierungsform mutieren, die, allein geblieben, damit zugleich zur relativ besten wurde. Seine Relativierung zeigt aber auch, wie nahe die Begriffe ›Optimum‹ und ›Pessimum‹ beieinander sein können, je nach Betrachtungsweise eben. Zudem müsste man zu den verwirklichten Demokratieformen präzisieren, dass sie gegenüber einer idealen und folglich weder erreichbaren noch praktizierbaren Elite-Staatsform nicht besonders gut abschneiden würden. Die ideale Elite-Demokratie, in der es gelänge, nur die in jeder Beziehung jeweils Besten in hohe Staatsämter zu wählen, wäre selbstverständlich das Optimum. Die Besten würden sich insbesondere durch Folgendes auszeichnen: moralisch einwandfrei (auch in Bezug auf den gegenseitigen Respekt), mit hervorragendem Sachverstand, politisch weitblickend, all dies verbunden mit großem Einsatz und vorbildlichen Führungseigenschaften. Und im Parlament säßen nur entsprechend hochqualifizierte Personen. Nun, ideale Konzepte lassen sich nicht realisieren; sie scheitern am Menschen in seiner vielfältigen Unvollkommenheit. Leider. Und so steht eben die durchaus mängelbehaftete Demokratie, die sich auf verschiedene Art verwirklichen lässt, auf Platz eins, *faute de mieux,* wie es auf Französisch heißt (*mangels eines Besseren*).

Churchill sprach nicht von möglichen weiteren Verbesserungen der praktizierten Demokratie. Vielleicht hielt er dies für selbstverständlich, zumal er sie als eine schlechte Regierungsform bezeichnete; aber vielleicht sah er keine wesentlichen Steigerungsmöglichkeiten und resignierte diesbezüglich. Jedenfalls steht grundsätzlich fest: Etwas Schlechtes kann man immer weniger schlecht gestalten und, mit Einsatz und etwas Glück, dadurch dem unerreichbaren Ideal wenigstens etwas näherkommen. Die kurze Demokratie-Bewertung durch Churchill von 1947, die auch heute noch vielen präsent ist, hat jedenfalls etwas Erleuchtendes an sich, indem sie klarstellt, dass man von anderen Regierungsformen zwar träumen kann, in der Realität aber eine mangelhafte Demokratie die beste Wahl darstellt.

Andere praktizierte Regierungsformen als die Demokratie beinhalten zwar die Chance, ihr vorübergehend überlegen zu sein. Zu ihnen gehört aber auch das permanente und recht ausgeprägte Risiko, dass die nicht breit abgestützten und nicht kontrollierbaren Entscheide eindeutig näher bei der schlechtestmöglichen Variante liegen könnten. Der Grund dürfte darin liegen, dass in Diktaturen – deren Führer meist beanspruchen, erleuchtet zu sein – keine oder nur ganz wenig Kritik zulässig ist. Es fehlt also der wichtige Hinweis auf möglicherweise ungünstige Maßnahmen und Entwicklungen. Alle Tendenzen zu diktatorischen Beschlussfassungen beinhalten folglich große Gefahren, wie der geschichtliche Leistungsausweis der Diktaturen klar belegt.

14. Eine ungewöhnliche These: In allen stecken Optimisten und Pessimisten

14.1 Zur These

Die vorstehenden Erörterungen führen zur nicht oft gestellten Frage: Können Optimismus und Pessimismus unabhängig voneinander überhaupt existieren oder sind sie eine Art siamesische Zwillinge, wo man den einen nicht erwähnen kann, ohne zumindest indirekt auch vom anderen zu sprechen?

Zudem sei auf eine zweite Problemstellung hingewiesen: Wir

zählen die Begriffe ›Optimismus‹, ›Optimist‹, ›optimistisch‹ und ihre Pendants ›Pessimismus‹, ›Pessimist‹ und ›pessimistisch‹ zu unserem alltäglichen Wortschatz und geben vor, schon zu wissen, was im Grunde gemeint ist. Aber ist das wirklich so?

Man stelle sich das nachstehende kurze Zwiegespräch möglichst lebhaft vor: Zeitgenosse A erlaubt sich, einfach so, quasi auf nüchternen Magen seines Gegenübers B, den Satz hinzuwerfen: »Auch Pessimisten sind Optimisten und umgekehrt.« – Darauf antwortet Kollege B spontan und in etwas gereiztem Ton: »Wie bitte? Das gibt's doch nicht. Das sind doch zwei grundverschiedene Typen.« – Rasch versucht A, seinen etwas erregten Gesprächspartner zu beruhigen: »Bitte abwarten und noch nicht abdrücken!«

Die vollständige These oder Ausgangsbehauptung zum *prima vista* absurd klingenden ersten Satz von A könnte lauten: »Alle Pessimisten sind zugleich Optimisten. Das Umgekehrte, dass Optimisten generell auch Pessimisten sind, trifft ebenfalls zu.« Aber auch in dieser ausgebauten Version wirkt das zuerst einmal ziemlich verrückt. Es ist halt wie bei allem, das man genau zu kennen meint: Wenn ein anderer daran herumbastelt, irritiert dies und löst zuerst einmal Abwehrreflexe aus.

Vier wichtige und leicht verständliche Klarstellungen sind deshalb wohl unerlässlich:

Erstens gibt es keine Optimisten, die alles subjektiv als das Beste einstufen; und Pessimisten, die alles subjektiv als das Schlechteste qualifizieren, kann es selbstverständlich auch nicht geben. Wir haben es also lediglich mit graduell unterschiedlichen Optimisten beziehungsweise Pessimisten zu tun, die also mehr oder weniger optimistisch und pessimistisch sind; der Einfachheit halber lässt man aber Präzisierungen weg. Das mag angehen, wenn alle das trotzdem so verstehen.

Zweitens beurteilen Optimisten gelegentlich etwas negativ und haben – diesbezüglich – eine mehr oder weniger pessimistische Erwartungshaltung. Letzteres trifft beispielsweise zu, wenn sie als Touristen unterwegs sind und wegen einer größeren Verspätung ihres Zugs damit rechnen, dass sie den üblichen Anschlusszug in Hamburg verpassen. Das Erreichen des betreffenden Zugs mag zwar recht wichtig sein; aber überlebenswichtig ist es sicher nicht. Denn nachher kommen noch weitere Züge, auf die man ausweichen kann. Wenn die betreffende Person mit dem Zugproblem in sonstigen Fragen optimistisch ist, die für andere als wichtiger gelten, bleibt sie in deren Augen ein Optimist. Analoges kann Pessimisten geschehen: Zeigen sie zu Wichtigem, das bevorsteht, eine negative Haltung, wenn auch unterschiedlich nuanciert, stuft man sie als Pessimisten ein. Dies bleibt auch so, wenn sie die untergeordnete Frage, ob es vielleicht noch Käse im Kühlschrank habe, nicht mit Sicherheit beantworten können, aber die Möglichkeit, natürlich vor dem Nachsehen, optimistisch beurteilen.

Drittens ändert die vereinzelt optimistische Haltung der Pessimisten nichts an ihrer Zuordnung zum Lager der Pessimisten, und die sporadisch pessimistische Einstellung der Optimisten belässt sie trotzdem im Bereich der Optimisten. Man wird auch zustimmen, dass sowohl Optimisten als auch Pessimisten ihre Einstufung selten einem Selbsturteil verdanken, sondern dem gesellschaftlichen Umfeld, in dem sie sich bewegen und wo man sie kennt oder zu kennen meint.

Viertens sind alle Beurteilungen rein personenbezogen und zeitgebunden. Einen gleichen und generellen Optimismus oder Pessimismus aller und über längere Zeit kann es nicht geben. Denn bei allen ist der optimistische oder pessimistische Bereich zumindest in Nuancen und meistens sogar erheblich verschieden; und schon in Kürze ändert sich alles.

Oft ist es üblich, eine positive Einschätzung als optimistisch zu qualifizieren, obwohl ›positiv‹ (d. h. streng logisch irgendetwas im Plusbereich über null Komma null) nicht identisch ist mit der

Beurteilung, etwas sei bestens oder eben optimal oder immerhin gut. Die Sprach-Usance zeigt sich also bei der Zuteilung zu den positiven oder zumindest leicht optimistischen Mitmenschen wesentlich großzügiger, als die eigentliche Bedeutung der Begriffe es zulassen würde. Anders liegen die Dinge, wenn gewisse Leute etwas als »optimaler« oder gar »am optimalsten« einstufen; da hilft nur Nachsicht.

Wer etwas negativ einschätzt (d. h. irgendwo im Negativbereich unter null Komma null ansiedelt), gilt auch dann als Pessimist, wenn es möglicherweise noch viel schlechtere Beurteilungen gibt, die alle viel weiter unter null liegen.

Man kann sagen, dass der Optimismus bei rund plus 0,1 beginnt; dort liegt aber, streng genommen, die Zone des Mini-Optimismus. Und für den Pessimismus, der das Feld ab einem Wert abdeckt, der rund minus 0,1 beträgt, gilt dies entsprechend; zuerst kommt der Mini-Pessimismus und langsam rückt man zum richtigen, massiven Pessimismus vor, nach unten gewissermaßen.

Optimismus ist also nicht gleich Optimismus, und Pessimismus ist nicht gleich Pessimismus. Aber Optimismus ist irgendwie positiv und Pessimismus irgendwie negativ. Zwischen dem Optimismus und dem Pessimismus gibt es einen Trennpunkt; das ist die Position null. Sie ist identisch mit der nach außen gezeigten Indifferenz, etwa im Sinn von Gleichgültigkeit, Teilnahmslosigkeit, Vermeidung jedes Engagements oder jeder Parteinahme. Null bedeutet auch weder optimistisch noch pessimistisch, wobei man angesichts der beiden unmittelbar angrenzenden Mini-Zonen eigentlich sagen sollte: weder mini-optimistisch noch mini-pessimistisch.

Damit unmittelbar nach der Null-Trennlinie der Indifferenz einerseits der positive und andererseits der negative Bereich beginnen können, müsste diese Linie grafisch oder mathematisch gesehen unvorstellbar dünn sein; sonst würde sie Teil der positiven oder der negativen Seite (zum Thema Grenze siehe *Die*

Fiktion der Grenze in meinem Buch *Unsere ›Reise‹ – Vom Menschen und seinen Irrfahrten*, Seite 202 ff.). Das Erfordernis des Grenzbereichs ist demnach streng genommen nicht erfüllbar. Das hat eine tiefere Logik: Es gibt eben im Leben keine tatsächliche Indifferenz oder neutrale Zone, sondern nur eine fiktive. Alles gehört zu einem Lager; zu einem Nicht-Lager kann man nicht gehören. Das bestätigt sich auch, wenn die Indifferenz verschwindet: Sie hinterlässt an ihrem Nicht-Standort keine Spuren. Zudem: Angeblich Indifferente sind im sogenannten stillen Kämmerlein ohnehin entweder optimistisch oder pessimistisch, ziehen es aber konsequent vor, öffentlich nicht Stellung zu beziehen. Sie sind die öffentlichen Drückeberger, also diejenigen Leute, denen die Meinungsäußerungsfreiheit nichts oder ganz wenig bedeutet, weil es ihnen an Zivilcourage mangelt. Angeblich Indifferente signalisieren, wie es – anteilig aller abgegebenen Stellungnahmen zu einem Thema – um den Mut steht, eine Ansicht öffentlich zu vertreten. Angeblich Indifferente sind eindeutig Demokratiefeinde, auch wenn sie dies nicht realisieren; denn die Demokratie kann nur existieren, wenn öffentliche Debatten stattfinden. Mit Schweigern funktioniert die Diktatur am besten; deshalb fördert sie auch das öffentliche Schweigen mit allen Mitteln.

Nicht unter die Meinungslosigkeit oder angebliche Indifferenz fallen würde hingegen das verbreitete Abwarten, was andere sagen, um dann bei einer wichtigen Gruppe oder bei der Mehrheit zu sein. Das ist Opportunismus in einer seiner oft praktizierten Spielarten.

Ob es sich bloß um Quasi-Indifferenz handelt, lässt sich bisweilen nur im Kontext beurteilen. Die Aussage »Warten wir's ab« kann man, je nach Tonfall, im Sinne von »Eine Stellungnahme wäre verfrüht« oder optimistisch oder pessimistisch deuten. Das ist etwa der Fall, wenn eine neue Regierung ins Amt gelangt, der dominierende Medien wenig Kredit geben, über die sie aber keine voreiligen Aussagen machen wollen. Deutlicher wäre die pessimistisch klingende Erklärung »Abwarten, wie lange das noch geht«. Auch wenn von Polizistenmangel die Rede ist, der ein Eindämmen der Kriminalität erschwere, kann ein »Warten wir's halt ab« negativ gemeint sein. Hingegen drückt ein »Warten wir's doch erst einmal ab« eher eine optimistische Erwartung aus. Generell mag es unter Umständen eben angebracht erscheinen, nicht gleich eine Ansicht zu einem späteren, aktuell noch nicht absehbaren Ergebnis zu äußern; das ist aber nur zulässig, wenn die Frage nicht existenziell ist, sich also keine Katastrophe anbahnen könnte, und wenn keine großen Summen im Spiel sind; zudem müssen gelegentliche Korrekturen durchaus im Bereich des Möglichen und finanziell Vertretbaren liegen.

Anders liegen die Dinge bei der Gruppe »Weiß nicht«. Wenn man von etwas keine Ahnung hat, kann man sich weder positiv noch negativ noch indifferent verhalten. Niemand kann alles wissen; ehrliche Leute müssten folglich erklären: »Das weiß ich nicht.« Dennoch äußern sich viele zu einem Thema, das sie überhaupt nicht kennen, weil sie nicht den Mut haben, ihr Unwissen zuzugeben. Es gibt allerdings auch viele Leute, die die Beschränktheit ihres Wissens nicht realisieren und sich entsprechend dürftig über etwas auslassen. Unter Politikern sind Letztere recht zahlreich, auch unter Journalisten. Offenbar meinen oder hoffen die betreffenden Personen, dass im »gewöhnlichen Volk« ihre Lücken von niemandem oder nur ganz Wenigen bemerkt werden.

Optimisten sind jedenfalls im Plus (im erfreulichen Bereich) in Bezug auf die Bewertung von wichtigen oder wichtig erscheinenden Einzelfragen; sie sind diesbezüglich zuversichtlich und geben sich als lebensbejahende Menschen, von denen man gelegentlich annimmt, dass sie dazu neigen, Schwierigkeiten zu unterschätzen. Das mit dem Unterschätzen kann bisweilen scherzhaft gemeint sein. Aber einem Pessimisten würde man nie unterstellen, er fange zu schnell Feuer, werde von der Begeisterung weggetragen, verliere zu leicht die Erdhaftung und kehre ungern auf den Boden der Realität zurück.

Ganz simpel und unproblematisch ist die Umschreibung der Welt der Optimisten also nicht. Und wichtig: Man muss sich insbesondere stets bewusst sein, dass es um eine beschränkte Allgemeingültigkeit der Zuordnung zu den Optimisten geht. Denn, wie bereits ausgeführt, auch Optimisten beurteilen gewisse Dinge pessimistisch, was aber ihre Etikettierung als Optimisten nur in seltenen Fällen tangiert. Klar ist auch, dass ihre positive Einstellung sich nicht zwingend weit über 0,1 hinausschwingen muss. Wenn sie aber als große Optimisten gelten möchten, setzt dies voraus, dass sie vieles sehr oder fast extrem positiv beurteilen.

Demgegenüber spricht man von Pessimisten, wenn die Leute im Minus sind (im unerfreulichen Bereich) in Bezug auf die Einstufung von Einzelereignissen, tatsächlich wichtigen oder wichtig erscheinenden. Pessimisten sehen, wie erwähnt, vor allem die schlechten Seiten des Lebens und sind bekannt als Schwarzmaler. Pessimisten können rasch zu negativen Schlüssen gelangen, nehmen aufgrund ihrer Grundhaltung oft ablehnende oder resignierende Positionen ein, die sie selbst bei guten Argumenten selten und meist erst nach einem gewissen Widerstand aufgeben; manchmal ist es wie bei einem langen Rückzugsgefecht. Zudem: Pessimisten beurteilen gewisse Dinge optimistisch, was ihre Etikettierung als Pessimisten jedoch selten beeinflusst. Ihre dominierend negative Einstellung muss sich nicht zwingend weit von minus 0,1 nach unten entfernen, damit sie ihre Qualifikation (oder Disqualifikation) einheimsen. Um jedoch als große Pessimisten zu gelten, müssen sie natürlich vieles ausgesprochen negativ beurteilen.

14.2 Beispiele aus dem weiten Feld der Optimisten und Pessimisten

Wie dargelegt, ist der Optimismus der Einzelperson ebenso wenig eine feste Größe wie der Pessimismus, der das Individuum beseelen kann. Und exklusiv ist weder der Optimismus noch der Pessimismus im Einzelwesen vorhanden. Aber trotzdem kann man zur Charakterisierung graduelle Unterschiede verwenden. Dabei ist klar, dass die jeweiligen Lebensumstände und das Glück oft eine wichtige Rolle spielen. Im 19. Jahrhundert verfasste der Österreicher Alexander von Biczo einen Liedtext, in dem es heißt: »Das Glück is a Vogerl.« Ein gutes Bild, weil das Glück überraschend zu- und wegfliegt.

Auf Grundlage dieser Vorbemerkung lassen sich beispielsweise folgende Kategorien bilden, in denen sich bestimmte Charakteristiken der menschlichen Natur versammeln.

Kategorie eins: Leute mit dem Etikett ›Kleine bis nicht besonders große Optimisten‹, die selbstverständlich gelegentlich auch etwas zum Pessimismus neigen, sind in der Regel (es gibt also Ausnahmen) in untergeordneten bis mittleren Positionen anzutreffen, in Privat-Unternehmen, aber auch in der Verwaltung. Sie sind wohlgelitten, weil immer recht munter und aufgeschlossen. Man vermisst bei ihnen nur selten die Bodenhaftung. Nicht überraschend: Sie gehören zu den Mitarbeitern, die ganz selten krank sind.

Eine zweite Kategorie: Der ziemlich große Optimist, dem Pessimistisches nicht ganz fremd ist, hat etwas Charismatisches. Er ist nur gelegentlich großsprecherisch oder despotisch. Eine Führungsrolle ist für ihn das Richtige. Er strahlt Gesundheit und Energie aus und versteht es, die Leute, auch die Zauderer, in seinen Bann ziehen und zu einem beherzten Ja für sich und seine Ziele zu bewegen. Da er auch behutsam sein kann und Gefahren rasch erkennt, werten die Leute seinen Optimismus als solide.

Man vertraut ihm und setzt sich für die von ihm vorgegebenen Ziele gerne ein. Zahlreiche erfolgreiche Unternehmensleiter, die während vieler Jahre ihre Funktion innehaben, gehören zu diesem Typus.

Viele gute Politiker fallen ebenfalls unter diese Kategorie, etwa de Gaulle, Ronald Reagan oder Margaret Thatcher. Aber auch Militärführer sind zu nennen, beispielsweise Eisenhower und Montgomery. Zweifelhafte Figuren aus der Politik gehören allerdings auch dazu. Zu erwähnen sind die trotz allem Vorwärtsdrang doch vorsichtigen, auch hinterhältigen Staatsmänner Lenin, Mao und Stalin; mit ihren Gegnern verfuhren sie bekanntlich meist grausam. Aber ihre Länder haben sie klar beherrscht, und so ist es nicht erstaunlich, dass sie bis heute zahlreiche Anhänger haben.

Als Drittes ist eine besonders interessante Kategorie zu erwähnen. Dazu gehören die großen Optimisten mit eher unterentwickelter pessimistischer Ader. Solche Leute stürmen beruflich nach oben, oft als Blender. Aber dann stürmen sie weiter und ruinieren mangels innerer Bremsen vieles. Sie fühlen sich immer so lange zu sicher, bis sie abstürzen, also nicht nur bis kurz vor dem Absturz.

Ein eindrückliches Beispiel ist der habgierige ehemalige Präsident von ABB, ein Schwede namens P. Barnevik, der das stolze Groß-Unternehmen mit unzähligen tüchtigen Mitarbeitern durch hemmungslose und miserabel kontrollierte Zukäufe an den Rand des Zusammenbruchs brachte. Auch der Deutsche J. Schrempp, ein früherer Chef von Mercedes, hat dem von ihm geführten Unternehmen durch den verrückt anmutenden permanenten Aufbruch zu neuen Ufern furchtbar geschadet (schon sein Vorgänger E. Reuter war oft maßlos; er hat wohl seinen »Bruder im Geiste« Schrempp speziell gefördert). Bei ABB zwang die sich rasch verschlimmernde Situation zu einer Ablösung von Barnevik quasi aus heiterem Himmel (von stets etwas zu euphorischen und oft nicht allzu kenntnisreichen Medien wurde er kurze Zeit zuvor noch als »Manager Europas« gefeiert). Und Schrempp ereilte dasselbe Schicksal. Die *Neue Zürcher Zeitung* vom 26. Juli 2006 titelte: »Abgang eines Firmenvernichters« und wies darauf hin, dass Schrempp in seinem letzten Amtsjahr 20 Millionen Euro für sein schreckliches Versagen bezogen habe, legal, aber natürlich nicht verdient. Barnevik griff noch tiefer in die Kasse; als Präsident des Verwaltungsrats organisierte er einen zweiten Unterschreibenden, um sich eine Abfindung von 150 Millionen Franken zuzuschanzen (später auf völlig absurde 95 Millionen Franken reduziert). Beide waren katastrophale Fehlbesetzungen mit finanziell desaströsen Auswirkungen für die betreffenden Unternehmen.

Auch bekannte Politiker finden sich in dieser Kategorie, wo große Worte und große Gesten sich oft mit Rücksichtslosigkeit und Egozentrik paaren. Beispiele: Silvio Berlusconi, als er noch italienischer Ministerpräsident war; auch der sich recht abgehoben gebende französische Präsident Sarkozy bemerkte die Zeichen an der Wand nicht. Schwere Versager aus der Bankenwelt, deren Namen hinlänglich bekannt sind, fallen unter diese Kategorie. Die Katastrophenproduzenten aus dem Kreis der Ober-Optimisten haben es übrigens praktisch ausnahmslos verstanden, sich während ihres im Endeffekt unheilvollen Wirkens riesige Vermögen zuzuschanzen und diese behalten zu dürfen.

Der Überschwang war auch das Markenzeichen großer Optimisten aus längst vergangenen Zeiten. Alle hatten nur schwache innere Bremsen. Und alle endeten früher oder später im Lager der Gescheiterten, weil sie kein Maß kannten und, soweit möglich, auch gar nicht zur Kenntnis nehmen wollten. So etwa: König Krösus, Napoleon, Mussolini, Hitler. Krösus war um 550 v. Chr. König von Lydien und dort der reichste Mann. Er meinte, auch der Glücklichste zu sein. Aber der bedeutende athenische Staatsmann und Dichter Solon (624 – 560 oder

559 v. Chr.) sah dies offenbar anders. Er soll zu Krösus gesagt haben: »Keiner preise sich glücklich, bevor er stirbt.« Als Krösus später von den siegreichen Persern auf dem Scheiterhaufen hingerichtet werden sollte, habe er gerufen: »Solon, du hast recht gehabt.« Späte Einsicht, wenn es denn genau so war. Laut verschiedenen Quellen stammt auch der bedeutsame Appell »Nichts im Übermaß« von Solon. Dass diesem Aufruf bis heute nicht überall nachgelebt wird, ist eine andere Geschichte. Mit der sukzessiven, aber ihnen eigentlich fremden Ernüchterung ging bei Hitler und Mussolini, auch bei Napoleon, eine Verdüsterung ihres Aussehens einher. Irgendwie spürten sie das schlimme Ende kommen, meinten aber, es ließe sich wenigstens hinausschieben, wenn sie dem Thema keine Beachtung schenkten und eine Art Endsieg-Stimmung verbreiteten.

Göring, Goebbels und Himmler dürften ebenfalls große Optimisten mit geringer pessimistischer Neigung gewesen sein; das Ende des Nazi-Regimes traf sie persönlich nahezu unvorbereitet, obwohl sie den kommenden Untergang eigentlich nicht übersehen konnten. Trotzdem nahmen sie ihn erst ganz spät wahr; Göring und Himmler glaubten fast bis zuletzt, sie könnten einen Separatfrieden mit den westlichen Alliierten schließen, um dann mit diesen vereint gegen die Sowjetunion vorzugehen. Dass niemand mit ihnen überhaupt etwas zu tun haben wollte, realisierten sie offenbar erst kurz vor dem eigenen Aus.

Militärische und religiöse Fanatiker sind auch als große Optimisten mit Mini-Bremsen einzustufen. Der amerikanische Panzergeneral Patton gehörte eindeutig dazu. Sein Draufgängertum hinderte ihn wiederholt daran, weniger riskant vorzugehen, das heißt so, wie von den militärischen Oberkommmandierenden angeordnet. Dabei hatte er aber recht viel Glück, was ihn vor harten Sanktionen bewahrte. Kurz nach dem Zweiten Weltkrieg kam er bei einem Autounfall im Raum Heidelberg ums Leben.

Die vierte Kategorie bildet eine Art Wechsler-Gruppe. Es

sind diejenigen großen Optimisten, die einmal mit geringer Warnungswahrnehmung und ein andermal mit durchaus intaktem pessimistischem Sensorium in Erscheinung treten. Diese Gruppe zeigt auch, stellvertretend für andere, dass scharfe Trennungen und definitive Zuordnungen im Grunde problematisch sind; Einstufungen können eben nur eine Angabe über schwergewichtiges momentanes Verhalten darstellen, zumal ja alle Menschen im Zeitablauf und in unterschiedlichem Ausmaß »alles« sind.

Der deutsche Feldmarschall E. Rommel wechselte in seinem Verhalten häufig zwischen fast ungebremstem Groß-Optimismus und größerem Optimismus, gepaart mit Pessimismus. In Nordafrika zog er anfänglich ungestüm los, entgegen den Befehlen, und hatte zu seinem Glück Erfolg. Je nach Lage konnte er besonnenen Offizieren in seinem Stab verletzend begegnen. Später war er auf dem nordafrikanischen Kriegsschauplatz weniger erfolgreich und urteilte mit etwas mehr Nüchternheit. Er verließ Nordafrika 1942 nach der Niederlage von El-Alamein, aber vor dem totalen Zusammenbruch im Jahr 1943, als viele deutsche und italienische Truppenangehörige in Gefangenschaft kamen. Der Kapitän kümmerte sich also nicht mehr um das sinkende Schiff. Der Haudegen rettete seine eigene Haut, war dann aber am Kanal durchaus auch nachdenklich und sah die Schwächen des deutschen Dispositivs.

Auch der erfolgreiche Schweizer Unternehmer und Politiker C. Blocher gehört zur erwähnten Wechsler-Gruppe. Bis Ende 2007 war er Bundesrat (in der Schweiz: Mitglied der sieben Personen umfassenden Landesregierung). Damals ging er ohne jeglichen Argwohn davon aus, er werde, wie es Tradition war, vom Parlament für eine vierjährige Amtsperiode wiedergewählt. Eine reine Formsache also. Mit großer Entrüstung musste er dann aber zur Kenntnis nehmen, dass dem Parlament in seinem Fall die Tradition nicht so wichtig war, obwohl allgemein anerkannt wurde, dass er als Bundesrat (wie zuvor als Unternehmer) gute Leistungen erbracht hatte. Er war eben zu vielen Parlamentariern in seiner forschen Art auf die Zehen getreten und musste so eine für ihn bittere Nicht-Wiederwahl hinnehmen. Das Verhalten im generellen Umgang kam beim Wahlentscheid vor der Arbeits-Qualität. Dass er dann den Fehler überhaupt nicht bei sich suchte, war irgendwie typisch und zeigte einen Mangel an Sensorium für Gefahren, die sich auch im Stillen zusammenbrauen können. Als Nationalrat ist Blocher aktiv geblieben und hat nichts von seinem Tatendrang eingebüßt. Wie andere der Kategorie Ober-Optimisten hatte auch er sich zu sicher gefühlt, so etwa nach dem Motto: Mir kann nichts passieren.

Auch viele Erfinder sind in der Wechsler-Gruppe. Um überhaupt erfolgreich zu sein, müssen sie fest von der Machbarkeit ihrer Ideen überzeugt sein; nichts darf sie daran hindern, sich ganz auf ihr Ziel auszurichten und, nach Abschluss einer Erfindung, gleich zum nächsten Projekt zu schreiten. Da aber Erfindungen rasch mit Finanz- und Rechtsfragen verbunden sind (Patentierung, Registrierung, Verträge zur Nutzung, Haftung, Bewirtschaftung der Einkünfte, Testament), ist eine ordentliche Bodenhaftung unerlässlich, aber nicht bei allen Erfindern anzutreffen. Deshalb finden sich immer wieder geniale Leute, welche die Früchte ihrer einmaligen Leistungen nicht ernten können. Ihnen und ihrem engsten Kreis fehlt der Sinn für die finanzielle und rechtliche Absicherung. Ihr Erfolg macht sie für Pessimistisches nahezu unempfindlich. Bei anderen großen Erfindern funktioniert im entscheidenden Moment durchaus auch die rechtlich-wirtschaftliche Warnlampe. Und so profitieren sie auch entsprechend von ihren Leistungen.

Gar nicht einfach ist die Einordnung von Leibniz. Er sprach zwar von der »besten aller möglichen Welten«. Aber ob dies ein Zeichen von überbordendem Optimismus mit geringem Pessimismus war, ist doch sehr fraglich. Vielleicht war er im Inneren ein großer Pessimist, der nach außen optimierte (aus Gründen des Wohlgelittenseins und der damit verbundenen Einkünfte?). Nach seinem Positionsentscheid für die »beste aller möglichen Welten« hätten beim Universalgelehrten Leibniz auch Prestigegründe gegen ein öffentliches Relativieren seiner Aussagen oder gar ein Resignieren gesprochen.

Die fünfte Kategorie ist für den möglichst ordentlichen Gang der Welt im Kleinen wie im Großen entscheidend. Es geht um die erst einmal unspektakulär wirkenden kleinen bis mittleren Pessimisten, die insgesamt aber gerade noch als Optimisten gelten (wofür sie nicht immer etwas können). Sie sind auf allen Stufen anzutreffen, auch ganz oben in Unternehmen und in der Staatsverwaltung. Generell handelt es sich um Personen, die viel Wert auf breite Absicherung legen, bevor sie ein Wort nach außen tragen. Sie sind sich im Klaren, dass sich nicht alles immer bestens planen und verwirklichen lässt. Vorsichtig, wie sie sind, scheitern sie praktisch nie, weil sie nichts überstürzen wollen. Sie neigen zum Zaudern; denn sie denken an mögliche Pannen und Rückschläge und legen Wert darauf, diese wenn immer möglich zu vermeiden. Solche Leute reißen ihre Zuhörer nicht so stark in den Bann wie die vorerwähnten Optimisten-Kategorien, aber man schätzt ihre Zurückhaltung und glaubt ihnen, dass sie sich besonders verantwortungsvoll verhalten und auch um Schwächere sorgen.

Das ist der Fall bei Königin Elizabeth II., die stets gepflegt, majestätisch zurückhaltend, verbindlich-unverbindlich lächelnd und auf ihre Art sehr beeindruckend wirkt. Niemand aus dem Volk wird sie umarmen wollen, weil die signalisierte Distanz zu groß ist, aber man bringt ihr höchste Achtung entgegen. Sie hat aus ihrer Person eine praktisch makellose Institution gemacht, sogar für Republikaner.

Etwas anders ist es bei Personen aus dieser Kategorie, die keine königliche Mission zu erfüllen haben. So wirkt der Präsident der Schweizerischen Nationalbank (Stand Dezember 2013) stets kontrolliert und besonnen; in seiner zurückhaltenden Art symbolisiert er die Ernsthaftigkeit und Vertrauenswürdigkeit der von ihm geleiteten Institution. Sein wesentlich lebhafterer Vorgänger scheiterte daran, dass er kaum Bremsen hatte beim Management der persönlichen Finanzen; dass er aber rasch wieder einen guten Job in der Finanzbranche bekam, ist primär wohl seinem optimistischen Naturell zuzuschreiben. Unzählige Unternehmens-Chefs dieser Kategorie vermeiden den Überschwang, gehen der Publizität eher aus dem Weg und versuchen, sich optimistisch zu geben und zugleich kontrolliert zu wirken. Das soll nichts anderes signalisieren, als dass sie sich der Risiken ihres Geschäfts stets bewusst sind und diesen Rechnung tragen. Etwas grau wirken sie alle. Personen dieser Kategorie fehlen ganz selten wegen Unfällen; Krankheiten sind weitgehend erblich bedingt und nicht auf den Lebenswandel zurückzuführen. Da für sie ein Ausscheren aus dem mit der Aufgabe verbundenen Verhaltensbereich kaum denkbar ist, gehören unzählige, zum Teil wenig bekannte Personen dazu. Sie erfüllen ihre Pflicht oder bemühen sich jedenfalls intensiv darum. Aufschneiden ist nicht ihre Sache, aber sie bewahren mit Nachdruck das Erreichte und geben es an die nächste Generation weiter. Für viele Menschen eignen sie sich folglich besonders als Symbole für Besonnenheit.

Die sechste Kategorie ist eine Extrem-Kategorie. Sie wird gebildet aus großen Pessimisten. Solche Leute sind fast immer Einzelgänger. Nur wenige Mitmenschen möchten mit ihnen den ganzen Tag verbringen und sich dauernd all die Bedenken anhören, die sie anzubieten haben. Große Pessimisten legen die Stirn schon in Falten, bevor sie ein Thema zur Kenntnis nehmen. Begegnen kann man ihnen im Lehrerberuf (leider), bei Archivleitern und Bibliothekaren (da geht es). Gelegentlich gehören Bürovorsteher in der öffentlichen oder privaten Verwaltung dazu; früher fand man sie auch unter besonders gefürchteten militärischen Ausbildern. Diese Kategorie lacht nie von Herzen, sondern nur bitter und sehr kurz. Sie sieht überall Mängel und Gefahren lauern. Je nach Funktion gelten minutiöse Vorsicht oder quasi absolute Genauigkeit als oberste Gebote. Entsprechend pedantisch beurteilen solche Leute auch kleinere Fehlleistungen, die sie gern zu Katastrophen erheben. Ihren pessimistisch geprägten Visionen geht die Nüchternheit ab; sie variieren vom Zusammenbruch der öffentlichen Ordnung oder einzelner Branchen bis zur militärischen Niederlage (etwa wegen eines fehlenden Knopfs an der Kampfjacke). Auch die Prophezeiung des Weltuntergangs gehört unter Umständen in ihr Repertoire, das sie manchmal anhand von Büchern und Vorträgen unter die Leute bringen und davon nicht schlecht leben.

Schopenhauer war einer der bekanntesten Vertreter des ausgeprägten Pessimismus. Auch der deutsche Berufskritiker der römisch-katholischen Kirche Karlheinz Deschner (der schon viel Zutreffendes geschrieben und gesagt hat) ist dieser Kategorie zuzurechnen, jedenfalls wenn er massiv kritisiert und kaum Raum lässt für die Annahme, er könne sich eine baldige Besserung in seinem Sinn vorstellen. Oft wirkte der Literaturkritiker Marcel Reich-Ranicki sehr pessimistisch in seinem Gehabe und in seinen Ausführungen im Rahmen seiner Fernsehsendung *Das literarische Quartett*; manchmal, aber doch eher selten, war er auch angetan von einem Werk. Da kam ein anderer Mensch zum Vorschein, aber nur kurz (siehe Wechsler-Gruppe). Im Umgang mit seinen Diskussionspartnern war er häufig von ausgesuchter Bissigkeit und ließ manchmal mit geradezu brutal anmutender Vehemenz keine andere Meinung gelten, was bei den Teilnehmern seiner Gesprächsrunden eine ziemlich große Fähigkeit zum Durchhalten voraussetzte. Wie viele große Pessimisten wirkte auch Reich-Ranicki meist magenkrank, auch wenn sein Magen vielleicht in Ordnung war (Achtung vor dem Umkehrschluss: nicht alle Magenkranken sind große Pessimisten; viele haben gesundheitlich einfach nur Pech gehabt).

Große Pessimisten bringen sich in ihrem verzehrenden Verhalten um viel Lebensfreude, außer sie finden gerade in ihrem Pessimismus eine große Genugtuung und ein Ventil, was vielleicht der Fall bei Reich-Ranicki war. Zudem ist denkbar, dass sie ihr weit getriebener Pessimismus vor fast allen Gefahren bewahrt und so einen gesundheitlichen Ausgleich schafft. Leute, die oft mit erhobenem Zeigefinger umherlaufen (vielleicht schlafen einige von ihnen noch so), sind meistens große Pessimisten. Sie sehen sich in der auserwählten Position der Dauermahner, Dauerzurechtweiser und Dauerkritisierer. Spaßvögel sind sie nie. Schopenhauer eckte als Unfrohnatur entsprechend an und blieb oft allein.

14.3 Gibt es Unterschiede zwischen Optimisten und Optimistinnen bzw. Pessimisten und Pessimistinnen?

Ob es generell in Bezug auf die Größe des Lagers der Optimisten und der Pessimisten Unterschiede zwischen Frauen und Männern, Buben und Mädchen gibt? Für eine mögliche Einschätzung muss man wohl an allerhand Betätigungen denken und dabei unterscheiden zwischen dem Ziel und den Mitteln, mit denen das Ziel erreicht werden soll. Bei waghalsigen oder gar sinnlosen Vorhaben (Zielen) hat der männliche Teil der Menschheit insofern die Nase vorn, als er in diesen Fällen viel häufiger von einem Erfolg ausgeht als die Frauen; Letztere mahnen in der Regel eher zur Vorsicht, was signalisiert, dass sie meistens auch mit einem Scheitern rechnen. Das Draufgängertum (Mittel) ist ein männlicher Wesenszug, den es aber auch bei Frauen gibt, nur eben viel seltener. Auch Mutproben sind primär männliche

Übungen. Demgegenüber sind der Sinn fürs Bewahren (Ziel) und die dazugehörige Zurückhaltung (Mittel) typisch weiblich; jedoch finden sich beide vereinzelt auch bei Buben und Männern, seltener halt. Besonnenheit und Bodenhaftung muss man wohl eher den Mädchen und Frauen attestieren; sie haben ein besseres Gespür für Gefahren, für das Signal, das den Eintritt eines unerwünschten Ergebnisses irgendwie ankündigt. Deshalb lernen die meisten von ihnen in der Schule brav, während einzelne Buben es gelegentlich »draufankommen« lassen. Frauen haben eine bessere Sensorik für Verletzlichkeit und Verletzungen (unerwünschte Ergebnisse) im körperlichen und übertragenen Sinn als die Männerwelt. Das »Dreinlaufen« ist männlich, das »Eine-gute-Figur-Machen« weiblich, aber für beide Fälle gibt es ausnahmsweise auch Gegenbeispiele.

Im Frieden dominiert im Grunde weibliches Denken, das bewahren und weiterentwickeln oder gedeihen lassen will, möglichst unter Vermeidung von physischen Auseinandersetzungen. Der Angriffskrieg hat die Vernichtung des Gegners zum Ziel, um dessen Land zu beherrschen. Als aggressives Ereignis nach oder vor dem Frieden ist er männlich. Anders liegen die Dinge in einem Verteidigungskrieg, der eine Art Notwehr ist und zum weiblichen Bewahren gehört.

Für Kriegshandlungen eignen sich die »leichter abhebenden« Männer eindeutig besser als Frauen, außer solche mit ausgeprägt »männlichen« Wesenszügen. Mit Männern kann man also, wie die Geschichte vielfältig und eindrücklich belegt, sehr gefährlichen Unsinn veranstalten, wenn man diesen gut in einprägsame Sprüche verpackt (»für Führer, Volk und Vaterland«, »gegen die Ungläubigen«, »zur Beseitigung des Despoten«, »für die Freiheit«, »gegen die Ungerechtigkeit« und so weiter).

Bei waghalsigem Autofahren sind Burschen überrepräsentiert. Sie sind die gefährlichsten Straßenbenutzer, weil sie sich vor Kollegen und Mädchen als Helden am Steuer aufspielen wollen; die älteren Männer zeigen diesbezüglich etwas mehr Sinn für das Maß, weil sie weniger Gründe für ein solches Heldentum haben. Frauen fahren meistens vorsichtiger; sie denken an mögliche Beschädigungen des Autos oder eventuell auch an Verletzungen der Insassen, alles unerwünschte mögliche Resultate. Auch das Angurten ist für die meisten Frauen sinnvoll; sie wollen ihr Gesicht sowie den übrigen Körper schützen; für viele Männer ist der Sicherheitsgurt zuerst einmal etwas Störendes, Einengendes. Seit einiger Zeit fahren aber auch einzelne Frauen völlig verantwortungslos und sogar betrunken umher, was wohl in die Rubrik »Vermännlichung der Frauen« gehört. Beim Autofahren kann man also einige Parallelen zum Krieg ausmachen, hie zurückhaltende Frauen und zum Teil verweiblichte Männer, dort eher aggressive Männer und wenige vermännlichte Frauen.

Programmiert wie die übrige Tierwelt, will der Mann in der Regel mit entsprechenden Bemühungen wie Blumensträußen und anderen Mitteln eine Frau beeindrucken und »erobern«. Aber die schlauen Frauen wollen ihm recht oft nur das Gefühl geben, dass seine Anstrengungen zum Ziel führen. Insgeheim will eine Frau vielleicht einen bestimmten Mann noch viel sehnlicher, als er sie begehrt. Trotzdem lässt sie ihn zuerst eine Weile, aber nicht zu lange, zappeln, was die Unterwürfigkeit nach der Zielerreichung erheblich fördert. So oder so ist nicht er der Sieger (was er irrtümlich oft annimmt), sondern sie die Siegerin. Will sie ihn nicht, kann er sich ein Bein ausreißen, das heißt noch so viel Mühe geben, und schafft es doch nicht, an sie heranzukommen. So ist es auch, wenn sie nicht mehr will. Dass der Mann optimistisch ist, zum Ziel zu gelangen, ist klar. Dass es aber im Normalfall viel wichtiger ist, welches Ziel die Frau verfolgt, ist auch klar. Sie wird stets und mit gutem Grund optimistisch sein, dass sie ihr Ziel verwirklichen kann (ein Paar werden oder ja keine Annäherung erleiden, Ende der Beziehung). Man hat also in Fragen der Partnerschaft davon auszugehen, dass der

Optimismus der Frau in der Regel ein größeres Gewicht hat und entscheidend ist, auch wenn sie ihre Ruhe möchte. Bei ihr fallen die Würfel.

Wenn mehrere Männer eine Frau begehren, macht derjenige das Rennen, den die Frau will. Demgegenüber spielt die Konkurrenz unter Männern zwar eine gewisse Rolle, aber wirklich ins Gewicht fällt sie nicht (zudem ist sie ohnehin stets vorhanden). Wenn hingegen mehrere Frauen einen Mann begehren, macht diejenige das Rennen, die den Mann besser zu »nehmen« versteht. Vorausgesetzt, dass der Mann ihr zugeneigt ist, muss sie weniger auf ihn achten als auf die weibliche Konkurrenz; diese kann gefährlich werden, auch später noch. Der Mann konzentriert seinen Optimismus auf die begehrte Frau, weil sie entscheidet, ob er es schafft oder nicht. Und später könnte sie entscheiden, dass er es nicht mehr schafft. Deshalb muss er seiner Frau stets als Verehrer begegnen und sie im Auge behalten, nicht andere Männer. Anders die Frau; sie spürt, ob sie dem betreffenden Mann gefällt. Von diesem Moment an ist eigentlich alles klar, weil sie entscheidet. Das gilt auch bei Frauen, die sich einen bestimmten Mann in den Kopf gesetzt haben, sofern er frei ist und für sie Sympathie zeigt. Folglich hat die Frau Grund zu Optimismus in Bezug auf die Verbindung, muss aber aus angeborenem Hang zur Vorsicht ihre Antennen ausfahren, das heißt ihren Pessimismus auf die anderen Frauen richten, wo dauernd Gefahr lauern könnte.

Kann ein Mann nicht landen, muss er aufpassen, nicht sein Selbstbewusstsein zu verlieren oder gar in eine Depression zu verfallen, quasi in einen totalen Pessimismus. Es gibt immer wieder Burschen, die sich nach einer solchen Absage etwas antun. Da ihr einsatzvolles Werben vielen nicht entgangen ist, gar nicht entgangen sein kann, ist der vergebliche Versuch meistens im Bekanntenkreis und oft darüber hinaus bekannt. Ein weibliches Nein schmerzt also doppelt, weil es auch ein Stück weit in der Öffentlichkeit ein Thema ist. Und trotzdem muss der Mann abermals viel Energie aufbringen, wenn er ein neues Ziel seiner Begierde erkennt und Erfolg haben will. Wenn jemand in der Nähe auf ihn »wartet«, lässt ihn dies die Pleite bald verschmerzen; andernfalls kann eine Revier- oder Ortsverschiebung unter Umständen vorteilhaft sein. So oder so, auch wenn es im Moment schwer fällt, muss der Mann irgendwie Optimist bleiben; sonst wird es für ihn schwierig. Einen, der schon in der Stunde null ein Griesgram ist, will keine Frau in ihrer Nähe.

Frauen, die den ersehnten Mann nicht bekommen, haben – im Gegensatz zum Mann, der nicht landen konnte – in der Regel einen großen Vorteil. In der ganz großen Mehrheit der Fälle haben sie nämlich nicht so deutlich, also für viele erkennbar und quasi total um ihn geworben. Zudem muss das Zeigen von Sympathie auch nicht unbedingt eine wirkliche Liebeserklärung sein. Ein Scheitern, das schon pessimistisch stimmen kann, bleibt also meistens weitgehend unentdeckt; allenfalls hat ein ganz enger Kreis etwas bemerkt. Der Schaden hält sich also primär in persönlichen Grenzen, außer wenn ein allzu eifriges Getuschel bei anderen Frauen einsetzt und kein Ende finden will. In der Regel werden aber neue Bewerber kaum ahnen, dass sie eigentlich zweite Wahl sind. Das ist auch besser so und dient allen. Wenn einer doch einmal etwas gerüchteweise hören sollte, wird er sich mit der Feststellung trösten, dass er am Schluss der Sieger war, und dabei auch gerne vergessen, wer eigentlich diese wichtige Entscheidung getroffen hat. Frauen haben es also viel leichter, in Beziehungsfragen optimistisch zu bleiben.

All dies beantwortet zwar nicht die Frage nach der Größe der weiblichen und männlichen Vertretung im Lager der Optimisten und im Lager der Pessimisten, zeigt aber, dass für Verrücktes aller Art der Optimismus bei den Männern zu suchen ist, und dass im ganz wichtigen Lebensbereich der Beziehung zwischen Mann und Frau der weibliche Optimismus eine höhere Qualität hat als der männliche. Generell und unabhängig davon, ob es ums Angurten oder Anbändeln geht, kann man somit feststellen, dass es sowohl einen geschlechtstypischen Optimismus als auch einen geschlechtstypischen Pessimismus gibt; diese Differenzierung dürfte für das Verhalten der Männer und Frauen viel wichtiger sein als die kaum beantwortbare Frage, ob das Frauen- oder das Männerlager größer ist, wenn man die ohnehin nur grob schätzbare Gesamtheit der Optimisten und der Pessimisten in Betracht zieht. Klar ist auch, dass die Frauen dem stärkeren Lager angehören; die Natur will es so. Und wer möchte sich schon mit der Natur anlegen?

Mit diesen Ausführungen dürfte hinlänglich geklärt sein, dass Optimisten auch Pessimisten sind und umgekehrt.

14.4 Fehleinschätzungen

In unserer Unvollkommenheit betreiben wir eine gigantische, unaufhaltsame Fehlermaschine im Staat, im eigenen Haushalt, im Treppenhaus, auf dem Weg zur Arbeit, während der Arbeit, auf dem Weg von der Arbeit nach Hause, beim Einkaufen, bei privaten oder öffentlichen Veranstaltungen, wenn wir unsere Hobbys pflegen und so weiter. Wir können gar nicht anders und schätzen alles unvollkommen ein – ein bisschen, etwas mehr und so weiter bis zum monströsen Irrtum. Zudem lassen wir uns auch noch täuschen, manchmal sogar gern, um ein durchaus erkanntes unliebsames Problem zu verdrängen.

In den dreißiger Jahren des zwanzigsten Jahrhunderts gab es in Deutschland Juden, die als deutsche Soldaten am Ersten Weltkrieg teilgenommen hatten. Ihre positive, manchmal ausgesprochen deutschnationale Gesinnung hinderte sie daran zu erkennen, dass Hitler für sie eine Gefahr darstellte, die sie das Leben kosten konnte. Manche wollten die schlimmer werdende und recht gut feststellbare Entwicklung einfach nicht wahrhaben. Selbst nach der Vertreibung von jüdischen Hochschulprofessoren durch Entzug der Lehrbefugnis (ab dem 6. April 1933) blieben unzählige Juden in Deutschland. Daran änderte auch die Verbrennung von Büchern jüdischer Autoren und von nichtjüdischen Gegnern des Nazi-Regimes (10. Mai bis 21. Juni 1933) nichts. Am 12. März 1938 vollzog Deutschland den Anschluss Österreichs an das Deutsche Reich, wo damals insgesamt rund 540'000 Juden lebten; im Herbst 1938 waren es noch etwa 490'000.

Über die damaligen Zustände berichtet Egon Schwarz, Jahrgang 1922 (Atheist, aber einer jüdischen Familie angehörend) in seinem ergreifenden Buch *Unfreiwillige Wanderjahre* (Verlag C. H. Beck, München, 2005); der gleiche Text erschien erstmals im Jahr 1992 unter dem Titel *Keine Zeit für Eichendorff. Chronik unfreiwilliger Wanderjahre* bei der Büchergilde Gutenberg in Frankfurt am Main. Schwarz wurde in Wien geboren. In seinem Buch behandelt er die Zeit vor, während und nach der Flucht vor den Nazis, die ihn via Südamerika in die USA führte, wo er zu einem der führenden Germanisten wurde. Im Sommer 1938 floh er mit seinem Vater aus Wien nach Bratislava zu Verwandten der Mutter, die dort zu Besuch war. Ein Onkel – ebenso zuversichtlich wie viele andere Juden, dass sich die Nazis bald wieder mäßigen würden – verhieß der Wiener Familie: »Im Herbst seid ihr wieder in Wien.« Aber daraus wurde nichts. Mit dem Zug mussten sie nach Prag und dann per Flugzeug nach Paris fliehen; in La Rochelle-Pallice bestiegen sie ein Schiff nach Bolivien. Erst 1955 war Egon Schwarz wieder in Wien und in der Folge noch mehrmals. Sein Buch ist mehr als die Beschreibung seiner Flucht; denn danach folgte der Überlebenskampf unter oft äußerst widrigen Umständen. Und auch Reflexionen über die spätere Zeit räumt er Platz ein.

Vom 9. auf den 10. November 1938 kam es zur sogenannten

Reichskristallnacht; überall wurden Synagogen und jüdische Geschäfte zerstört. Eine Ausreise aus Deutschland und Österreich war äußerst schwierig. Am 10. November 1938 wurden insgesamt etwa 30'000 männliche Juden von der Gestapo in die Konzentrationslager Buchenwald, Dachau und Sachsenhausen verbracht. Dennoch gab es anschließend immer noch eine große Zahl Juden, die überrascht waren, als die Nazis sie eines Tages an Sammelpunkte beorderten, mit beschränktem Reisegepäck und etwas Verpflegung. Das größere Gepäck mussten sie zu separaten Güterwagen bringen, die zum Beispiel in Königsberg nach dem Verladen der Personen abgehängt wurden, also gar nicht wegfuhren; anschließend bedienten sich die Schergen am Gepäck und verteilten den Rest an Bedürftige (vgl. M. Wieck, *Zeugnis vom Untergang Königsbergs*, erschienen 2005 im Verlag C.H. Beck, München). Unfassbar muss es für die Menschen gewesen sein, dass sie in Viehwagen verladen und in die Vernichtungslager transportiert wurden. Bei ihnen hatten die »Warnlampen« in Bezug auf die Gefahr, die das Nazi-Regime für sie darstellte, völlig versagt (andere erkannten plötzlich die Bedrohung und begingen in ihren Heimen Selbstmord, nachdem sie den Befehl zur Einfindung für die angebliche Umsiedlung erhalten hatten; siehe auch das Buch von M. Wieck). Auch gleich nach der Ankunft am grausamen Bestimmungsort begriffen offenbar immer noch nicht alle, dass es eben nicht um eine Umsiedlung ging. Die Zeitdokumente lassen erkennen, wie dann Brutalitäten der KZ-Wachen den Verzweifelten klarmachten, dass sie am Ende ihres Weges angekommen waren, wo sie die bestialische Willkür des Nazi-Abschaums erwartete. Und selbst dann gab es nach Berichten von Geretteten noch Ansätze von Hoffnung, irgendwie davonzukommen. Wenigen gelang tatsächlich die hochriskante Flucht aus einem der Vernichtungslager. Und kurz vor Kriegsende, als die KZ-Mörder überstürzt vor den anmarschierenden alliierten Truppen geflohen waren, erwiesen sich die kleinen

Hoffnungsschimmer bei den noch nicht ermordeten, aber völlig ausgemergelten Lagerinsassen als doch noch berechtigt. Bei Millionen anderen war der Optimismus auf Rettung aber definitiv beseitigt worden, in Gaskammern, mit Genickschüssen und weiteren Vernichtungsaktionen.

Alle Kriegshandlungen (Angriffskriege, Gegenangriffe, Verteidigung) sind mit Opfern und Zerstörungen verbunden. Offen ist nur das Ausmaß. Deshalb ist alles zu tun, um Kriege zu ächten und zu vermeiden. Es liegt an der internationalen Gemeinschaft und insbesondere an großen Staaten mit entsprechendem Potenzial, sich für das Erzwingen des Friedens und für dessen Erhaltung einzusetzen. Dabei hat dieser positive Opportunismus immer auch die Respektierung der Menschenrechte einzufordern. »So weit wie möglich«, ist aber realistischerweise beizufügen. Denn die nach wie vor verbreiteten despotischen Regime können sich unverändert auf mächtige ausländische Partner verlassen, welche es zum Teil mit den Menschenrechten selbst nicht so genau nehmen. Der Weg zu einer rechtsstaatlichen und friedlichen Welt ist jedenfalls noch weit.

Jeder Angriffskrieg ist klar Ausdruck von äußerster Brutalität und ein Zeichen der Missachtung der internationalen Friedensordnung. Für einen reinen Angriffskrieg gibt es also keine Rechtfertigung; ihm liegen negativ zu wertende Opportunitätserwägungen von Machthabern (und nahestehenden Klüngeln) zugrunde. Gegebenenfalls ist diesen so rasch und so wirksam wie möglich Einhalt zu gebieten. Vorzuziehen ist aber eine wirksame Prävention. Deshalb sollte jedes Land über eine glaubwürdige militärische Verteidigungsbereitschaft verfügen. Denn die geschichtliche Erfahrung, dass allfällige Aggressoren ein solches Land jedenfalls nicht primär als Ziel wählen, hat unvermindert Gültigkeit. Die militärische Verteidigungsbereitschaft kann auch im Rahmen der internationalen Gemeinschaft eingesetzt werden und dient so als bestes Argument, um für deren Handlungsfähigkeit Gewähr zu bieten; diese Gewähr kann in militärischen Maßnahmen zur Friedenserzwingung und in der Folge zur Friedenssicherung bestehen. Letztere lässt sich so ausgestalten, dass sie auch für neutrale Staaten eine vernünftige Option darstellt.

Seit Jahren anhaltende Probleme in Afghanistan und im Irak sowie aktuell auch die gewalttätige Entwicklung in Libyen zeigen, dass es relativ leicht war, die jeweiligen despotischen Regime zu beseitigen. Aber dann stellten sich enorme Schwierigkeiten ein, halbwegs funktionierende demokratische Staatswesen zu schaffen. Denn in diesen Ländern begegnen sich die einzelnen Volksgruppen mit ausgeprägten Vorbehalten, die bis zur offenen Feindseligkeit reichen können, und zum Teil werden religiöse Verschiedenheiten mit wahnsinnig anmutender Brutalität ausgelebt; zudem gibt es keine demokratischen Traditionen im westlichen Sinn, auf denen man aufbauen könnte. Die naheliegende Folgerung: Die Opportunität für eine rasche Intervention zwecks Änderung der misslichen Zustände war seinerzeit eigentlich klar gegeben – im Gesamtkontext war aber diese Opportunität zumindest wesentlich geringer. Und so erweist sich die Neuordnung dieser Länder unverändert als viel anspruchsvoller als angenommen; die Warnsignale in Bezug auf die Ausarbeitung und Umsetzung von entsprechenden Zielsetzungen und Maßnahmen wurden im Westen zu wenig wahrgenommen. Insbesondere ist erst sukzessive klar geworden, dass allein schon erste positive Entwicklungsschritte viel mehr Zeit brauchen als erwartet. In Afghanistan zeichnet sich ab, dass die Intervention der NATO letztlich erfolglos sein wird, weil die zahlreichen Partikularinteressen in diesem Land viel stärker sind als die an sich noblen westlichen Vorstellungen zur Befriedung des Landes. Die Einkünfte aus dem Drogengeschäft sind für die kleinen Leute lebenswichtig und für die Oberschicht entsprechend hoch. Offensichtlich sind sie deshalb für die meisten Afghanen (bei allen inneren Gegensätzen) wichtiger als menschenfreundliche

Ideen zur staatlichen Organisation, von denen niemand satt wird. Die Übung Afghanistan dürfte also, wie seinerzeit insbesondere von den Russen aufgrund eigener schmerzvoller Erfahrungen prophezeit, mit einem Fiasko enden, das viele nicht erklärbare Opfer gefordert hat. Im Irak wird es wohl noch Jahre dauern, bis die schlimmen Attentate Geschichte sind und Ruhe einkehrt, wenn überhaupt. In Libyen stand die erste Zeit nach Gaddhafi im Zeichen von Chaos und Gewalt; ein einigermaßen geordnetes Staatswesen ist nicht in Sicht.

In Syrien, wo das herrschende Regime im Inland gegen mindestens zwei unter sich verfeindete, bewaffnete Gruppierungen von Aufständischen kämpft, wäre ein internationales Eingreifen höchst problematisch. Denn unter den Aufständischen befinden sich auch vom arabischen Ausland bezahlte Kämpfer, deren Motive zweifelhaft sind. Die persönlichen Opportunitätserwägungen der Söldner und der anderen Aufständischen dürften mit rechtsstaatlichen freiheitlichen Visionen westlicher Prägung jedenfalls selten etwas zu tun haben. Schon eher hat man entweder von überwiegend materiellen Intentionen auszugehen, oder es werden destruktive, religiös untermauerte Vorstellungen ausgelebt, denen auch die Gier nach individuellen finanziellen Vorteilen nicht fremd ist. Es wäre zu riskant, auf die Aufständischen zu bauen, die in Bezug auf Waffen offenbar massiv von arabischen Ölstaaten unterstützt werden. Im Interesse der Zivilbevölkerung im Inland und der vielen Flüchtlinge müsste aber eine rasche, sehr rasche Wiederherstellung von einigermaßen geordneten Verhältnissen angestrebt werden. Mit einem Regimewechsel wäre dies kaum zu schaffen. Folglich sollte die internationale Gemeinschaft nach Kräften für eine Stabilisierung unter der aktuellen Regierung votieren, damit die im Land gebliebenen Menschen wieder einigermaßen normal leben und die Flüchtlinge bald in ihre Heimat zurückkehren können (die Zustände in den Lagern in Jordanien und in der Türkei müssen rasch ein

Ende finden). Mit den Verantwortlichen des Regimes sollte aber eine Unterstützung des Wiederaufbaus im Zeichen der Befriedung des Landes vereinbart werden. Ambitiösere andere Ziele sollten für später reserviert bleiben.

Ganz andere, nicht immer verständliche Opportunitätsbeurteilungen bewegen die Menschen im Wachstum. Man denke an den Lehrer, der allen Grund hatte, seinem widerborstigen, meist unvorbereiteten und notorisch unsorgfältigen Schüler zu prophezeien: »Aus dir wird nichts.« (Vorsichtige Pädagogen sagten oder sagen manchmal nur: »Wenn du so weitermachst, wird aus dir nichts.«) Und, erstaunlich, derjenige, der mit dieser düsteren Prognose eines Tages in die Welt hinauszog, hat sich gewandelt und ist erfolgreich geworden. Er hat erkannt, wo seine Opportunitäten liegen. Aus ihm ist ein umgänglicher Zeitgenosse geworden, der beruflich, weil stets bestens vorbereitet und konzentriert, immer gründliche Sachkenntnis an den Tag legt und besonders exakt arbeitet. Was mag der Grund für den Umschwung beim einstigen Problemschüler gewesen sein? War's die düstere Prophezeiung oder etwas anderes? Die persönlich beste Wahl zu treffen, die auch andere als vorteilhaft einstufen, ist nicht immer leicht, vor allem wenn beispielsweise die Pubertät als Störfaktor allzu virulent in Erscheinung tritt. Aber der spätere Wandel zum Besseren ist nicht immer vorhersehbar. Er bedeutet, dass sich der frühere Problemfall im Wesentlichen die Vorstellungen seines Umfelds über Verhaltensvorteile erfolgreich zu eigen gemacht hat. – In anderen Fällen jedoch ist die ungünstige Prognose zu einer unerfreulichen Wirklichkeit geworden, auch im Kreis von einstigen Mitschülern des Verfassers, die durchaus nicht unbegabt waren. Da hat die Rüge nichts genützt. Eine Besserung ist auch später ausgeblieben. Die Betreffenden konnten ihre zu einem erfüllten Leben führenden Opportunitäten nicht erkennen, verharrrten gewissermaßen auf einer negativen Schiene.

Verhaltensänderungen sind somit ausgeblieben. Und so ist es in mehreren Fällen zu einem recht frühen unrühmlichen Ende gekommen.

Alle Lebewesen und auch alle Dinge und Erscheinungen unterscheiden sich, wie dargelegt, örtlich und zeitlich, oft auch mengenmäßig und so weiter. Mit dem Zeitablauf ändern sich alle und alles; niemand und nichts ist mehr, was er beziehungsweise sie oder es vorher war. Zwei Ehepartner sind manchmal bereits nach kurzer Zeit so verändert, dass sie in der aktuellen Verfassung nie zusammengekommen wären. Aber wer konnte das ahnen? Bei der Eheschließung waren sie (wie so viele) von der erfreulichen Opportunität des gemeinsamen Weges überzeugt; für sie war es also die beste Wahl, die einen optimistischen Blick in die Zukunft rechtfertigte. Aber bereits nach einem Jahr oder so ist diese Zuversicht verflogen. Der Optimismus kann sich nur noch auf eine möglichst einvernehmliche Trennung beziehen, um den Irrtum ihrer Heirat zu korrigieren, so gut es halt geht.

Wenn's um die Seele, um Haltung und Einstellung geht, sind Fremd- und Selbstbeurteilung unterschiedlich. Zudem ist die Fremdbeurteilung weder einheitlich noch absolut korrekt, kann es gar nicht sein; ebenso ist die Selbstbeurteilung dauernd im Wandel, ein Ergebnis von Stimmungen, Erfahrung und Defiziten aller Art. Manchmal kommt die Selbstbeurteilung den tatsächlichen Gegebenheiten recht nahe, manchmal tendiert sie zur Beschönigung des eigenen Fehlverhaltens, vertuscht Mängel und steht einer Besserung durch Einsicht entgegen oder fördert sie zumindest nicht. Da die Opportunitäten sich ebenfalls dauernd ändern, ist es oft gar nicht so leicht zu erkennen, welche die günstigste sein könnte. Und nach einem Fehlentscheid greift unter Umständen Verunsicherung um sich, was die Entscheidung für das subjektiv Beste zusätzlich erschwert. Aber selbstverständlich verlangt der Gang des Lebens dennoch laufend, dass man sich festlegt. Von Dispensation kann also nicht die Rede sein. Auch wenn man sich auf Fremdurteile und -empfehlungen stützt, bleibt die Wahl der am besten erscheinenden Verhaltensvariante in ganz persönlicher Verantwortung, zumal man die Konsequenzen in ihrer vollen Tragweite selber zu übernehmen hat. In der Folge wird manchmal die Rückkehr zur inneren Stabilisierung zu einem unheimlich steilen Weg, den die Menschen aus eigener Kraft nicht bewältigen können.

So viele Mängel, so viele Fehlerquellen? Wie soll man da noch mit sich und der Welt fertig werden? Da es irgendwie weitergehen muss, gibt es immer wieder Ratschläge, von den Eltern, von Lehrern, von Freunden und weniger wohlgesinnten Mitmenschen, vom sogenannten Volksmund, der Sprichwörter erfunden hat, ohne den Autor beim Namen zu nennen, und vor allem von Dichtern. Ja, die Dichter mit ihren poetischen Ratschlägen, die uns weiterhelfen möchten. Aber tun sie das wirklich immer? Aufschlussreich kann diesbezüglich das VIII. Kapitel sein, wo die Aussage eines berühmten Vertreters der Dichterzunft hinterfragt wird.

15. Dialog über Optimismus und Pessimismus

Der nachstehende Dialog zwischen A und B soll die in diesem Buch vertretene Auffassung veranschaulichen, dass der Optimismus – in Verbindung mit dem Opportunismus – weitgehend das Verhalten der Menschheit bestimmt hat, es heute bestimmt und auch künftig bestimmen wird, allerdings eben nur weitgehend. Denn die dritte entscheidende Verhaltensgrundlage in der Triade, die alle Lebewesen und insbesondere die Menschen konditioniert, ist der Pessimismus. Seine Rolle ist ebenfalls wichtig; denn auf ihm ruht, wie im Dialog noch erläutert wird, der Schutz des Menschen vor sich selbst und natürlich auch der Schutz der übrigen Natur, nicht zuletzt vor dem Menschen.

Dialog zwischen A und B

A: Ich glaube an nichts.
B: An nichts?
A: An gar nichts.
B: Das geht nicht.
A: Klar geht das. So wie du an etwas glaubst, glaube ich an nichts.
B: Glauben – ja, das kann man. Aber nichts glauben, das kann man nicht.
A: Wie das? Das wäre ja eine schön einseitige Geschichte.
B: Ist es auch. Der eine glaubt; das ist mein Fall. Und der andere glaubt auch etwas, nicht nichts; der andere, der bist du.
A: Aber ich weiß doch, dass ich nichts glaube.
B: Überschätze dein Wissen nicht. Mit dem Verb ›glauben‹ fährst du nicht nur besser, sondern es lässt auch zu, dass selbst du nicht allwissend bist.
A: Aber bei einer solch simplen Tatsache ist das doch anders. Ich weiß wirklich, dass ich nichts glaube.
B: Irgendeine Vorstellung von der Entstehung des Lebens und eventuell auch von dessen Ende und vom Kosmos hast auch du. Und irgendwo hört das Wissen auf, weil wir in unserer Beschränktheit nicht alles erfassen können. Das ist der Moment, wo Annahmen an die Stelle von Wissen treten, wo wir uns etwas vorstellen. Und diese Annahmen oder Vorstellungen basieren auf Vermutungen, die man auch als eine Form des Glaubens bezeichnen kann, natürlich nicht im religiösen Sinn.
Sogar berühmten Astronomen geht bei ihren Schilderungen

vom Urknall und über ein mögliches Ende unseres Sonnensystems immer wieder das Wort ›glauben‹ über die Lippen (die Amerikaner verwenden natürlich das Verb *believe*).
A: So gesehen wären wir alle Gläubige, und zwar in einem generellen Sinn, immer von dem Punkt an, wo das gesicherte Wissen nicht vorliegt oder uns verlässt, wenn beispielsweise eine bisherige Weisheit sich in Luft auflöst.
B: Ja, das meine ich. Deshalb gilt: Weil du nicht alles wissen kannst, wirst auch du immer wieder zu einem Gläubigen. Und deshalb kannst du nicht an nichts glauben.
A: Einverstanden. Aber wahrscheinlich glauben sogar die Leute, welche die gleiche Religion haben, nicht exakt dasselbe. Wir sind, wegen unserer individuell mehr oder weniger unterschiedlichen Interpretation aller Begriffe und Gefühle, wohl eine Spezies mit individuell unterschiedlichem Glauben in all seinen Bedeutungen.
B: Genau.
A: Wo lassen sich da die Optimisten und die Pessimisten unterbringen?
B: Also Optimisten sind wir doch alle, ob wir nun glauben oder wissen.
A: Alle? Auch der permanente Schwarzmaler?
B: Ja, natürlich. Die Optimisten sind überzeugt, dass alles oder fast alles, das sie ins Auge fassen, bestens gelingen wird. Aber auch Pessimisten, ehrliche Pessimisten, sind zuversichtlich, dass ihre Vision, also eine bestimmte Zielvorstellung, in wesentlichem Ausmaß Wirklichkeit wird. Die Erwartungshaltung beider ist optimistisch in Bezug auf einen prognostizierten Zustand. Aber Letzterer ist entweder vorteilhaft oder gegenüber vorher im Plus beziehungsweise ungünstig oder vergleichsweise im Minus. Wer an der Börse auf eine Hausse spekuliert, ist optimistisch, dass einzelne oder viele Kur-

se steigen werden; wer auf eine Baisse setzt, ist optimistisch, dass einzelne oder viele Kurse sinken werden.
Pessimisten erwarten in der Regel nicht, dass ihre Ahnung sich keinesfalls verwirklichen wird. Sonst würden sie diese persönlich nicht berücksichtigen. Und wo es sich um Dinge handelt, die andere betreffen oder involvieren, würden sie ihre Prognose oder Zielsetzung garantiert für sich behalten, um nicht irgendwie öffentlich auf eine selbst fabrizierte Blamage hinzusteuern. Pessimisten sind Bedenkenträger aller Schattierungen, sie sind die geistigen Stirnrunzler. Aber sie müssen nicht unrecht haben.
A: Da ist was dran. Auch Pessimisten sind optimistisch, aber bei ihnen geht es um etwas Unerfreuliches. Sie rechnen damit, dass das, wovor sie gewarnt haben oder was sie befürchten, eintreten wird. Da müsste man auch die Masochisten zu den Optimisten zählen, ja sogar die Sadisten. Sie alle gehen davon aus, dass ihre Bestrebungen zum erwarteten Ergebnis führen, einem Erfolg, wie sie ihn sehen.
B: Klar. Beide Gruppen erwarten, dass ihre Vorhersagen genau oder ziemlich genau der künftigen Wirklichkeit entsprechen, ob nun erfreulich oder nicht.
A: Somit liegt der Unterschied zwischen Optimisten und Pessimisten im prognostizierten Ergebnis, das einmal positiv ist und einmal negativ. Optimisten (inklusive Träumer und Phantasten) sind optimistisch, dass ein erfreuliches Resultat eintritt; Pessimisten, auch Albträumer, sind auch optimistisch, aber dahingehend, dass ein unerfreuliches Ergebnis Tatsache wird.
B: Und das ist der Grund, weshalb fast alle Leute die Welt falsch beurteilen. Sie verstehen den Optimismus, der alle Erwartungshaltungen umfasst, einseitig, exklusiv auf Erfreuliches und ähnliche Ereignisse ausgerichtet. Es ist beim Opti-

mismus ähnlich wie mit dem falsch verstandenen Begriff des Opportunismus.

A: Kann man sich auf den geäußerten Optimismus oder Pessimismus verlassen?

B: Nun, man kann zwar nur auf geäußerten Optimismus und Pessimismus abstellen, aber es ist schon klar, dass beide manchmal unaufrichtig eingesetzt werden, weil die Erklärungen recht häufig dem Umfeld angepasst werden, d. h. aus negativem Opportunismus unehrlich sind. Es bleibt also bei heiklen Themen nichts anderes übrig, als etwas »gläubig« zu sein, oder Aussagen zu hinterfragen oder halt auf Personen abzustellen, die man kennt beziehungsweise zu kennen meint. Zudem äußern sich Optimismus und Pessimismus gelegentlich nur durch das Verhalten; da heißt es gut beobachten. Und schließlich kann jede Äußerung auf Irrtum oder Täuschung beruhen, was sie zweifelhaft macht; wird der Irrtum oder die Täuschung vom Betroffenen erkannt, resultiert daraus eine neue Situation. Aber welche?

A: Zudem muss es Unterschiede in der Erwartungshaltung geben, weil doch alle Leute unterschiedlich optimistisch sind, minimal oder vielleicht stark.

B: Natürlich. Das Verbindende ist, dass alle Optimisten und Pessimisten optimistisch sind, aber alle divergieren in ihrer speziellen Erwartungshaltung. Wer in den beiden Lagern diesbezüglich den geringeren, den etwa gleich großen oder den größeren Optimismus an den Tag legt, ist nur im Einzelfall feststellbar.

A: Und dann bleibt noch das Problem der Unentschiedenen, der vermutlich primär nach außen Unentschiedenen. Im stillen Kämmerlein haben diese Leute wohl auch eine Meinung, eine Hoffnung oder Befürchtung. Immerhin wissen alle, auch diejenigen, die von einem Thema nicht viel verstehen, dass es beispielsweise wegen eines Fusionsentscheids (etwa Gemeinden oder Unternehmen betreffend) zu einer Entwicklung kommen muss, die anders verlaufen wird als bei einem Festhalten am Bisherigen.

B: Klar. Je nach geistig-seelischer Prägung und Umständen werden auch die nach außen Indifferenten, soweit das Thema für sie überhaupt relevant ist, entweder auf eine gute Zukunft setzen, weil doch der gescheite und ernsthafte X positiv darüber gesprochen hat, oder sie werden eher Bedenken haben, weil sie dem immer etwas wichtigtuerischen Y nicht so ganz trauen.

A: Möglich wäre auch, dass ein Optimist immer dann, wenn er zum Pessimismus neigt, eine Indifferenz vortäuscht; so bliebe er ein Optimist mit einer angeblich zusätzlichen indifferenten Haltung in speziellen Fällen. Und der Pessimist könnte gelegentlich ins Indifferente ausweichen, um sich nicht im Licht des Optimismus zeigen zu müssen.

B: Ja, aber Indifferenz ist meines Erachtens, wenn es für die betreffende Person tatsächlich um Relevantes geht, nicht möglich, also nur vorgetäuscht, ein Ausweichmanöver, um sich einer Meinungsäußerung zu entziehen. Nur mit Blick auf Letzteres sollte man die Indifferenz berücksichtigen; sie sagt etwas aus über die Zivilcourage und Opportunitätsabwägungen der betreffenden Person.

Ein anderer Fall scheint mir wichtiger: Es kann durchaus auch Gemeinsamkeiten von Optimisten und Pessimisten geben, etwa wenn sie einen bestimmten Sachverhalt fast genau gleich beurteilen, ähnlich optimistisch oder ähnlich pessimistisch sehen oder, wegen großer Distanz zum Problem, die Rubrik »Weiß ich nicht« wählen. Das ist nicht dasselbe wie die sogenannte Indifferenz. Denn etwas, das man nicht kennt, kann man, Korrektheit vorausgesetzt, nicht beurteilen, weder optimistisch noch pessimistisch.

A: Somit gibt es weder den reinen Optimisten noch den reinen Pessimisten.
B: So ist es. Denn auch Optimisten sind nicht exklusiv optimistisch und rechnen in Teilbereichen mit einer leicht oder eventuell sogar ausgesprochen ungünstigen Entwicklung. Auch sie sind also kleine oder möglicherweise sogar große Pessimisten, in Bezug auf Einzelthemen halt. Aber sie sind es nur zu einem solchen Teil ihrer Haltung, der weniger ins Gewicht fällt als ihre optimistische Seite. Und dies gestattet es eben, sie dennoch als ›Optimisten‹ zu bezeichnen, zumindest tendenziell. Und als Gegenstück gibt es bei den Pessimisten immer wieder Themen, die sie optimistisch einstufen; sie bleiben aber aufs Ganze gesehen trotzdem Pessimisten.
A: Demnach muss man wohl folgende drei Fälle unterscheiden: Erstens haben Optimisten und Pessimisten eine optimistische Erwartung in Bezug auf die Verwirklichung ihrer Prognosen. Zweitens werden auch Optimisten irgendwo und irgendwann zu kleinen oder größeren Pessimisten. Und drittens können Pessimisten in Bezug auf einzelne Fragen, mit denen sie konfrontiert sind, nicht ausschließlich pessimistisch sein, sondern haben auch etwas Optimistisches an sich, das ihre Erwartung zu einem kleinen oder größeren Thema betrifft.
B: So ist es. Aber bei der Erwartung geht es selbstverständlich nicht nur um eine neue Lage, sondern oft zuerst um Maßnahmen, die zu einer neuen Lage führen sollen. Auch diesbezüglich sind verschiedene Konstellationen denkbar, beispielsweise: Die Optimisten vertreten die Ansicht, dass alle oder die entscheidenden Schritte sinnvoll sind und deshalb den angestrebten Erfolg bringen werden; und die Pessimisten sind der Auffassung, dass man mit dem Vorgehen so, wie geplant, das Ziel nicht erreichen wird. Hinzu kommt, dass das Ziel an sich unterschiedlich beurteilt werden kann;

ein Optimist kann das Ziel für gut halten, ein Pessimist für schlecht. Auch ein Pessimist kann folglich der Ansicht sein, die Maßnahmen seien durchaus geeignet, das Ziel zu erreichen, das er aber für nicht sinnvoll hält.
A: Wer bestimmte Maßnahmen pessimistisch beurteilt, wird wohl auch die Wahrscheinlichkeit gering beurteilen, dass das Ziel erreicht werden kann, auch wenn er es als durchaus erstrebenswert bezeichnet. Individuell, auf sich selbst bezogen, sieht das aber wohl anders aus. Man hat sich doch zuerst einmal optimistisch auf etwas, eine Maßnahme und ein Ziel, festgelegt. Hinterher stellt man fest, dass der Entscheid in Bezug auf das Ziel nicht gut ist. Da interessieren die spezifischen Maßnahmen natürlich auch nicht mehr. Findet man nur die ursprünglich von einem selbst ins Auge gefassten Maßnahmen eher ungünstig, dann braucht es diesbezüglich einen neuen Entscheid.
B: Das ist klar. Optimismus und Pessimismus spielen auch hinterher eine wichtige Rolle. Wenn man später die eigene Meinung vor sich oder anderen revidiert, ist das die Folge einer nachträglichen neuen Beurteilung, was ja immer wieder vorkommt. In vielen Situationen handelt es sich um nachträgliche Reparaturmaßnahmen, in Anführungszeichen. In jedem Fall geht das Rückgängigmachen aber nicht. Der Lebensretter, der in den Fluss gesprungen ist und plötzlich mit der starken Strömung kämpfen muss, um selber zu überleben, kann von seinem Sprung-Entscheid nicht mehr absehen. Und ich erinnere mich an den Fall eines von Natur aus stets etwas ungestümen Offiziersschülers. Es war um das Jahr 1960 herum. Während eines nächtlichen Orientierungslaufs rannte er vor seiner Gruppe im Dunkel derart unvorsichtig in die falsche Richtung, dass er über eine hohe Felswand stürzte und unten tot liegen blieb. Sein unüberlegter Optimismus kostete ihn das Leben.

A: Wie siehst du das Thema Optimismus und Pessimismus in Bezug auf den Rückblick und die Beurteilung der aktuellen Lage?
B: Da gibt es selbstverständlich keine Erwartungshaltung, also keinen Optimismus und keinen Pessimismus. Der Grund liegt auf der Hand: Alles ist schon geschehen oder präsentiert sich aktuell in einer bestimmten Verfassung, steht also fest. Im Rückblick oder beim direkten Anblick bleiben somit nur positive, negative, unglaubwürdige indifferente Beurteilungen und die Aussage »Weiß nicht«. Aber: Pessimisten, die eine ungünstige Entwicklung erwarten, stufen allenfalls die aktuelle Situation und etwas Vergangenes als halbwegs oder recht gut ein; und Optimisten, die mit wesentlichen Verbesserungen rechnen, beurteilen die gegenwärtige Lage unter Umständen als eher schlecht. Die Indifferenten schließlich, sie sind primär ein Unsicherheitsfaktor, weil man nichts Genaues über ihre effektive Einstellung weiß, was beispielsweise vor Abstimmungen unerwünscht ist.
A: All dies wirbelt die Welt der Optimisten und Pessimisten aber ganz gehörig durcheinander.
B: So ist es. Es gibt halt stets vier Lager. In Bezug auf Vergangenes urteilen gewisse Leute positiv, andere negativ, noch andere haben angeblich keine Meinung, und dann sind da noch die Leute, die von etwas tatsächlich keine Ahnung haben. Und von den vier Gruppen hat jede hinsichtlich der Gegenwart auch vier Möglichkeiten zu urteilen, nämlich positiv, negativ oder nach außen indifferent sowie mit der Aussage »Weiß nicht«. Somit sind, wenn Vergangenheit und Gegenwart in Betracht gezogen werden, 16 Kombination denkbar. Und aus diesen sechzehn möglichen Kombinationen rekrutieren sich dann mit Blick auf die Zukunft die Optimisten, die Pessimisten, diejenigen, die angeblich ohne Meinung sind, sowie die Gruppe »Weiß nicht«. Somit sind maximal

64 Varianten möglich. Eine entsprechende Darstellung habe ich aber noch nie gesehen. Das ist wohl allen zu kompliziert. Deshalb lässt man mindestens die Vergangenheit in der Regel weg, oft auch die Gegenwart. Reduziert man das Thema auf die Zukunft, sind es vier Gruppen; kombiniert man Gegenwart und Zukunft, resultieren sechzehn mögliche Varianten, was schon nicht mehr wirklich überschaubar ist, weshalb man meist darauf verzichtet.

A: Ganz schön kompliziert. Schon bei vier Varianten wird der Durchblick nicht immer einfach sein.

B: Den vollständigen Durchblick hat man sowieso nie. Man kann sich nur Rechenschaft über die vielfältigen Erscheinungen und Einstellungen geben. Das kann schon helfen. Oft gehen die Demoskopen hin und schließen die angeblich Indifferenten und die Gruppe »Weiß nicht« aus; dann bleiben noch zwei, von denen man etwa in Zeitungsberichten so tut, als wären sie die Gesamtheit, also hundert Prozent. Sauber ist das natürlich nicht. Besser ist es, von Befürwortern, Gegnern und Unentschlossenen zu sprechen, wobei Letztere vielleicht nur nicht sagen wollten, wie sie wählen oder stimmen werden. – Und ein Problem bleibt immer.

A: Noch eines?

B: Ja. Denn es ist doch nur relevant, was diejenigen von einem politischen Vorschlag halten, die an einer Wahl oder Abstimmung teilnehmen. Die übrigen mögen zwar auch eine Meinung äußern oder unentschlossen sein, aber entscheidend für den Wahlausgang oder das Abstimmungsresultat sind sie nicht. Analog ist es bei einem Thema, das bestimmte Bevölkerungsgruppen betrifft und andere nicht.

A: Da fallen mir spontan die Religionen ein, wenn man etwa an den Optimismus denkt.

B: Ganz meine Meinung. Die großen Weltreligionen sind insofern optimistische Bekenntnisse, als sie eine Erlösung im Jenseits und ein Paradies oder einen paradiesähnlichen Endzustand prophezeien. Allerdings gibt es auch einen pessimistischen Teil, wo die Hölle angedroht wird oder wo mit einer Seelenwanderung gerechnet werden muss, auf welcher Sündige schrecklich unten durch müssen, bevor sie dem paradiesischen Endzustand näherkommen können.

A: Aber seit jeher wird das Diesseits gern als ›Jammertal‹ bezeichnet, was ein gegen die Lebensfreude gerichtetes Weltverständnis ist. Dabei haben alle Pfarrer, ob katholisch oder protestantisch, oder buddhistische Klostervorsteher, ganz besonders aber Inhaber höherer Kirchenfunktionen recht komfortable Wohnsitze im angeblichen Jammertal. Manchmal verfügen sie sogar über ein größeres Auto samt Chauffeur.

B: Das zeigt, dass es nicht nur im Paradies verlockend schön ist. Aber der Anblick der Unterkünfte und die schlechte Behandlung von Leprösen der untersten Hindukaste sind schon extrem negativ in Bezug auf das Diesseits. Man kann somit nur feststellen, dass es alles gibt.

A: Nachdem wir so viel besprochen haben, doch noch eine Frage: Was soll man eigentlich, also nicht nur in der Übersetzung, unter Optimismus verstehen, der ja auch die Pessimisten beseelt?

B: Das ist wirklich eine ganz wichtige Frage. Ich würde Folgendes sagen: Optimismus ist im Zusammenhang mit dem Opportunismus zu sehen, der uns ein Leben lang auf Schritt und Tritt beim Entscheiden begleitet. Dabei kommt dem Optimismus die Aufgabe zu, den Opportunismus zu steuern und in dessen Intensität zu bestimmen. Der Optimismus ist an das einzelne Leben gebunden, also individuell verschieden, veränderlich und endlich, bei allen Lebewesen, ob Pflanze, Tier oder Mensch.

A. Dann ist der Optimismus auch schon am Lebensbeginn vorhanden.

B: Mehr noch, er bestimmt sogar, ob es den Lebensanfang überhaupt gibt. Jeder Samen geht ja nicht auf.
A: Und woher kommt der Optimismus selbst, deiner Meinung nach?
B: Der Optimismus gehört zu den kleinsten Zellen, die zum Leben befähigen; er ist unerlässlich für alles Weitere. Der chemische Prozess, der Leben ermöglichte und weiterhin ermöglicht, hat als Voraussetzung den Optimismus, natürlich eine bestimmte Form von Optimismus, je nach Lebewesen. Letztlich kann man den »Anfang des Anfangs«, der sich selbstverständlich nicht wiederholen lässt, als einen chemischen Zufall ansehen. Religiöse Menschen, auch in Naturvölkern, müssten da wohl den göttlichem Hauch vermuten.
A: Gleich nach dem Optimismus, der zur opportunistischen Wahl veranlasste, muss aber die Erfahrung gekommen sein, dass er nicht oder nicht immer gerechtfertigt ist. Und damit kommt auch der Pessimismus ins Spiel, der doch ohne Optimismus nicht existieren kann.
B: So kann man es sagen. Der Pessimismus kommt nach dem Optimismus, der auch heute noch die Existenz jedes Lebewesens ermöglicht. Der Pessimismus gehört einzig zur Erwartungshaltung in Bezug auf Maßnahmen und Ziele sowie die Zielerreichung. Und diese Maßnahmen, Ziele und Ansichten über die Zielerreichung werden vorerst stets im Zeichen des Optimismus formuliert, das heißt man stellt sie sich jeweils als bestmöglich vor und präsentiert sie entsprechend.
A: Wer?
B: Wenn man selber die Wahl trifft, hat man auch die Vorstellung persönlich entwickelt, manchmal innert ganz kurzer Zeit, reflexartig. Oft sind andere die Wählenden und begründen ihre Wahl entsprechend optimistisch. Niemand wählt ein Vorgehen, das ihn zu einem unerwünschten Ziel führt; auch Leiden des Masochisten oder der Suizid sind gewünschte

Ziele. Selbstverständlich kommt es vor, dass man, wie schon gesagt, ein Ziel ins Auge fasst oder Maßnahmen vorschlägt beziehungsweise ergreift, die man hinterher kritisch hinterfragt und dann pessimistisch einstuft (siehe das Lebensretter-Beispiel). Der Pessimismus lenkt nicht; er ist abgeleitet. Das ist ein wichtiger Punkt. Ohne Optimismus funktioniert das Leben nicht, ohne Pessimismus ginge es schon, aber vermutlich in den meisten Fällen nicht lange.

A: Was soll das heißen?

B: Der Pessimismus ist ein Kind der Meinungsverschiedenheit. Er kommt hinterher, ist ebenfalls individuell und zeitgebunden, aber er ist nicht generell konstitutiv für die Lebensspanne des Individuums. Der Grund: Ein sehr zurückhaltender Optimismus enthält indirekt schon Pessimismus, der zur Vorsicht anhält. Er zeigt Gefahren auf; er ist die Warnlampe, kann also lebensrettend sein und verhütet mehr oder weniger schwere Fehler.

A: Aber es gibt doch auch die Miesmacher.

B: Klar. Der Pessimismus lässt sich auch destruktiv nutzen, wenn jemand alles von anderen Vorgebrachte mit negativen Prognosen versieht, vielleicht, um die anderen einfach fertigzumachen. Aber den völlig von der Wirklichkeit losgelösten Optimisten gibt es auch; das sind die maßlosen Übertreiber, die Spinner und gefährlichen Unternehmensleiter; siehe ABB zur Zeit von Barnevik.

A: Könnte man folglich sagen, dass Optimismus und Pessimismus unterschiedlich bedeutsam sind?

B: Selbstverständlich. Der Optimismus ist für die Entstehung des Lebens verantwortlich ist. Und hinsichtlich der Erhaltung des Lebens, auch des Wachstums, spielt der Optimismus in Form der optimistischen Erwartungshaltung die entscheidende Rolle. Fällt jemand den Entscheid zur Selbsttötung, ist die betreffende Person optimistisch, dass ihre Absicht sich verwirklichen lässt, eine Absicht, die sie positiv beurteilt. Wird ein Soldat in den Krieg geschickt, ist er optimistisch, dass er davonkommen wird beziehungsweise dass die mögliche pessimistische Folge bei ihm nicht eintreten wird. Überall, wo Gefahren lauern, ist der Pessimismus sehr wichtig. Da es nur wenige Situationen im Leben gibt, wo kaum Gefahren bestehen, darf man den Nutzen des Pessimismus nicht unterschätzen. Er kann helfen, Leben zu retten, Unfälle zu verhüten, Verschwendung zu verhindern, Enttäuschungen zu vermeiden.

A: Und dennoch kommt eines Tages der Schluss des Lebens.

B: Am Schluss erwartet alle Lebewesen bekanntlich unausweichlich der Tod. Ob das prognostizierte Ende im konkreten Fall und aus ganz persönlicher Warte von Optimismus oder Pessimismus gekennzeichnet ist (wann, Umstände), muss offen bleiben. Die betreffende Erwartungshaltung in Bezug auf das unvermeidliche Eintreten des Todes an sich kann logischerweise nur bejahend, also optimistisch sein.

Der Tod ist der einzige Fall, wo man weiß, dass die Erwartungshaltung absolut gerechtfertigt ist, weil das Eintreten der Prognose gesichert ist. Während in allen anderen Fällen Optimismus und Pessimismus nichts anderes sind als unsichere Einschätzungen, denen man, je nach eigener Auffassung, eine größere Wahrscheinlichkeit des Eintretens zuordnet als der Möglichkeit des Nicht-Eintretens, ist der Tod gewissermaßen die letzte Opportunität aller Lebewesen, und zwar unterschiedslos.

A: Klar, wenn es nichts mehr zu wählen gibt, besteht keine Grundlage mehr für optimistische Erwartungshaltungen und die Warnfunktion des Pessimismus. Bei der Weitergabe des Lebens und in Bezug auf die Evolution kann man sich die beiden lebenslänglichen Impulsgeber Optimismus und Pessimismus recht gut vorstellen. Aber wie war es wohl bei der Entstehung des *ersten* Lebens? Alles »Chemie«?

B: Darüber könnte man bei Bedarf diskutieren.

IV. Kapitel

Mündliches und Schriftliches im Licht von Opportunismus, Optimismus und Pessimismus

16. Von der warmen Luft zum Beharrungsvermögen

Es ist bekanntlich nicht dasselbe, ob man etwas sagt, allenfalls so dahersagt, oder ob man etwas schriftlich festhält, allenfalls leichtfertig schreibt oder sogar unterschreibt. Zudem denke man beim Reden und Schreiben an die enorme Vielfalt des Lebens: Jede und jeder ist auf die eigene Art manchmal optimistisch, manchmal pessimistisch und stets opportunistisch. Und - auch das noch – jede und jeder beurteilt bei jeder einzelnen anderen Person den gelegentlichen Optimismus, den gelegentlichen Pessimismus und den allzeit vorhandenen Opportunismus unterschiedlich. Daraus würde ein belastender Mordssalat resultieren, wenn wir nicht mit viel Abstraktionsvermögen und durch Vereinfachungen alles irgendwie geistig und sprachlich unterbringen könnten. Und es funktioniert. Natürlich fehlerhaft. Aber was soll's.

16.1 Was gilt, was ist echt?

Optimisten rechnen bei allem, was sie tun oder was andere tun sollen, mit dem besten Fall. Vorsichtige Optimisten sind zusätzlich etwas pessimistisch. Und wer möglichst gut abgesichert sein möchte, rechnet mit dem schlechtesten Fall, ist also ein Pessimist und regelt Wichtiges entsprechend behutsam und umsichtig. Hieraus ergeben sich unterschiedliche Verhaltensformen der Menschen, auch unter Berücksichtigung der mündlichen oder schriftlichen Vorgehensweisen.

Schriftliches ist viel schwieriger abzustreiten als Mündliches (auch wenn Ohrenzeugen zugegen waren), weil jeder Zuhörer in der Regel etwas anderes vernommen hat, außer natürlich ein kurzes Nein oder einen einzigen unschönen Ausdruck. Was schriftlich vorliegt, kann man aufbewahren, kopieren, verbreiten, nochmals durchlesen, weiterleiten, auch entsorgen lässt es sich.

Ein schriftlicher Text ist stumm und klingt nicht wie beispielsweise ein vorgetragenes Schubert-Lied, aber wer den Autor oder die Autorin einer Schrift oder eines Briefs kennt, hört vielleicht trotzdem beim Lesen manchmal seine oder ihre Stimme.

Viele Politiker, von denen die Journalisten häufig schon vor einem Auftritt einen Redetext anfordern, sind zur Abgabe schriftlicher Unterlagen ungern bereit. Händigen sie trotzdem einen Text aus, steht dort in der Regel recht prominent: »Es gilt das gesprochene Wort.« So kann man hinterher, wenn es opportun erscheint, immer noch Heikles weglassen oder auf eine Aktualität zu sprechen kommen; und der Journalist, der aus dem Papier Nicht-Gesagtes zitiert (vielleicht, weil der die Veranstaltung schwänzte), muss sich den Vorwurf gefallen lassen, die ausbedungene Regelung missachtet zu haben.

Das schriftliche Festhalten einer Aussage, Beobachtung, Verpflichtung und so weiter unterscheidet sich erheblich vom meistens unmittelbar verhallenden mündlichen Ausdruck (wenn keine simultane Aufzeichnung erfolgt, entweder elektronisch oder halt doch schriftlich, beispielsweise stenografisch). Bei mündlichen Regelungen wird gelegentlich die sogenannte Handschlag-Qualität eines Gegenübers ins Feld geführt. Hierzu ist aber Folgendes zu beachten: Sie ist eine nicht allzu häufige und zudem eine vergängliche Erscheinung. Voraussetzung sind die individuelle Existenz und die vereinbarungsbezogene konstante loyale Haltung der involvierten Personen. Stirbt eine von ihnen, nimmt sie auch ihre Handschlag-Qualität mit; ob die Nachfolger den Handschlag weiterhin gelten lassen, ist jedenfalls offen. So ehrenhaft die Handschlag-Qualität auch klingen mag, vor allem für typische Optimisten, einer schriftlichen Regelung kann sie selbst unter weiterhin Lebenden das Wasser nur ausnahmsweise reichen. Der große Schweizer Dichter Jeremias Gotthelf (eigentlich Albert Bitzius, 1797 – 1854) schildert in seinem Roman *Ueli der Pächter* einen Kuhhandel, bei dem ein armer Kleinbauer mit dem bei solchen Geschäften üblichen Handschlag betrogen und ins Elend gestürzt wird. Das zeigt, dass der Handschlag schon in alten Zeiten nicht immer eine gute Sache war. Pessimisten, welche die Warnglocken läuten hören und schriftliche Garantien fordern, sind vor allem bei relevanten Handelsgeschäften besser dran. Mit dem Schriftstück in der Hand können auch sie wieder ins Lager der Optimisten wechseln.

Bei Schriftstücken ist aber auch nicht alles so einfach. Zu differenzieren ist, ob sie aktuell verfasst und allenfalls notariell beglaubigt wurden, oder ob sie später aus der Erinnerung notierte Aussagen enthalten. Besonders Letztere sind mit Vorsicht zu genießen. Etwa wenn es sich um Texte handelt, die für viele nicht nur im Gesamteindruck, sondern Wort für Wort bedeutsam sein können, beispielsweise Berichte über Äußerungen von Glaubensgründern. Authentizität und Nacherzählung sind zwei verschiedene Dinge; wenn jedes Wort wichtig ist, kann nicht einmal der Autor einer Aussage in seiner späteren, möglichst korrekten Niederschrift den genauen ursprünglichen Wortlaut festhalten, sondern nur das, was er im Moment des Schreibens zum Thema für inhaltlich zutreffend hält. Wenn aber andere über seine Darlegungen berichten, womöglich erst Jahrzehnte später, dann sind es deren Worte und allenfalls auch Interpretationen; sie erfüllen sicher nicht das Erfordernis der Unmittelbarkeit und sind mit Mängeln behaftet, die auf Missverständnisse und durchaus entschuldbare Gedächtnislücken zurückzuführen sind. Noch problematischer sind Notizen von Verfassern, die über Aussagen berichten, die sie nicht persönlich gehört haben. Zudem kommt bei weniger redlich bemühten späteren Schreibern noch die Gefahr der bewussten Fälschung hinzu. Natürlich lässt sich großzügig über alle Vorbehalte hinwegsehen, zumal auch spätere Dokumente einen tiefen Gehalt aufweisen können, aber am Sachverhalt der Nicht-Authentizität ändert dies nichts. Ist in solchen Fällen der Gehalt das Wesentliche und überzeugt er dermaßen, dass man ihn für maßgeblich erachtet, müsste man dies halt entsprechend klarstellen. In Bezug auf die Bibel und den Koran sollte sich insofern kein Problem ergeben, als ohnehin bekannt ist, wann ungefähr, nämlich in einer eindeutig späteren Phase, die Aufzeichnungen der Evangelisten und der Anhänger Mohammeds erfolgt sind.

16.2 Durchlöcherte Geheimnisse

Schriftliches präsentiert sich allen inhaltlich gleich. Das kann wichtig sein, vor allem wenn man damit rechnen muss, dass auch andere die angeblich bedeutsame Nachricht oder die massiven Vorwürfe gelesen oder sogar kopiert haben (allenfalls auf CD). Schriftliche Unterlagen sind auch für Erpressungsversuche besser geeignet; deshalb will wohlbedacht sein, was in einem speziellen Papier drinsteht, wem es zugeleitet werden soll und mit welchem Vertraulichkeitsvermerk. Perverse Lebenserfahrung des Verfassers aus dem pessimistischen Bereich und wohl auch vieler seiner Mitmenschen: Steht auf einem Papier nichts über die Vertraulichkeit, denken viele, dass es sich um ein Schriftstück wie tausend andere handelt, also relativ banal ist. Folglich schenkt man ihm in der Regel nur die normale Beachtung, sicher aber keine spezielle. Steht hingegen ›vertraulich‹ oder sogar ›streng vertraulich‹ drauf, elektrisiert das die Leute, von denen dann einige einen günstigen Moment abwarten, um sich davon schnell und heimlich eine persönliche Kopie anzufertigen. Wenn das Schriftstück den Vermerk trägt ›darf nicht kopiert werden‹, gilt dies für manche erst recht als Einladung, die Anordnung zu missachten.

Im Fall von klassifizierten Papieren ist deshalb der sogenannte Verteiler sehr wichtig und muss möglichst restriktiv sein; er sollte sowohl präventiv gegen Geheimnisverrat wirken als auch das Aufspüren der undichten Stelle erleichtern. Oft gelingt dies aber nicht, etwa in Ämtern, meist weil der Empfängerkreis viel zu groß ist. Wenn ein Papier inhaltlich sehr brisant ist, weil es besonders wichtige Forschungs-, Entwicklungs- oder Fabrikationsgeheimnisse enthält oder einzelne Personen äußerst kritisch erwähnt, sollte es nur persönlich und gegen Unterschrift abgegeben werden, mit besonderem Hinweis auf strenge Aufbewahrungsregeln, für deren Einhaltung der Empfänger zu haften habe.

Offensichtlich waren die internen Vorkehrungen in jenen schweizerischen Banken nicht ausreichend, die es Datendieben ermöglichten, CDs mit Kundendaten zu erstellen und an Steuerbehörden im Ausland zu verkaufen. Das war vorerst zum finanziellen Vorteil des CD-Lieferanten. Die betreffenden Steuerbehörden, die für die CDs ziemlich viel Geld ausgaben, erwarteten aber auch, rasch Kasse machen zu können, entweder durch Überführen von Steuersündern oder aufgrund von Selbstanzeigen verängstigter Steuerflüchtlinge. Hätte ein Bankangestellter die CD-Daten gratis an die ausländischen Steuerbehörden geliefert, könnte man, trotz Gesetzesverstoßes durch Verrat von Geschäftsgeheimnissen, in einem gewissen Sinn von einer guten Tat sprechen. Immerhin deckte dieser Angestellte einen anderen Gesetzesverstoß auf. Aber der Datenlieferant war wohl nur am Geldmachen interessiert. Trotzdem ist klar: Alle Steuerpflichtigen sollen den ihnen angemessenen Obulus entrichten; und wohlsituierten Leuten müsste dies eigentlich viel leichter fallen als der großen Masse der Bevölkerung, die zu wenig Mittel hat, um via Steuerflucht Geld sparen zu können. Die Bekanntgabe der Daten auf den CDs liegt also im Interesse der Solidarität, auf die jedes Staatswesen angewiesen ist. Dass diese Frage für die geldgierigen und rein opportunistischen CD-Lieferanten nicht von Belang war, wirft ein schiefes Licht auf ihre Grundhaltung.

Mehr als ein Schönheitsfehler war die maßlose Entschädigung, die sich der frühere CEO von Novartis für eine absurde Unterlassung sichern wollte. Unter seiner Federführung war, wie Anfang 2013 bekannt wurde, nämlich etwas Verrücktes vereinbart worden. Demnach sollte er, nach seinem Ausscheiden aus der Firma im ersten Semester 2013, laut dieser Vereinbarung die enorme Summe von 72 Millionen Franken erhalten, und zwar für eine Unterlassung seinerseits. Wofür genau? Nun, für seinen späteren Nicht-Verstoß gegen die gesetzlich geregelte und mit dem Arbeitsverhältnis nicht endende Pflicht zur Verschwiegenheit über Geschäftsgeheimnisse (eine Regelung, die für alle unselbständig Erwerbenden gilt, selbstverständlich auch außerhalb von Novartis). Der betreffende CEO wollte also wahnsinnig viel Geld für das Nicht-Begehen einer Gesetzwidrigkeit. Ein CEO! Einer Weltfirma! Darauf muss man erst einmal kommen. Dazu brauchte es eine besonders gierige Phantasie, ein gestörtes Verhältnis zu Recht und Ordnung, zumindest im betreffenden Fall, und die Möglichkeit, eine solche irrwitzige Vereinbarung überhaupt treffen zu können. Zur Klarstellung: Aufgrund einer entsprechenden Klage und eines Urteils oder Vergleichs wäre im Fall des Verrats von Geschäftsgeheimnissen eine Zahlung in Form von Schadenersatz zu leisten; aber zu zahlen hätte gemäß Gesetz selbstverständlich nicht die frühere Arbeitgeberin, sondern die zuwiderhandelnde Person. Da erstaunt es schon, dass dem CEO und dem damaligen Verwaltungsrat von Novartis die eigentlich allgemein bekannte Gesetzesbestimmung nicht geläufig gewesen sein soll und dass ein derart maßloser Vertrag überhaupt zu Papier gebracht wurde. Nun, irgendjemand aus dem kleinen Kreis, der bei Novartis über die absurde Vereinbarung vertraulich informiert war, fand offenbar, dass der Bogen überspannt wurde. Nach entsprechender vertraulicher Benachrichtigung der Medien wurde die Angelegenheit in der breiten Öffentlichkeit bekannt; aufgebrachte Reaktionen konnten nicht ausbleiben. Dies veranlasste dann den Verwaltungsrat von Novartis, die ominöse Regelung rasch zurückzuziehen und für ungültig zu erklären. Das sagt eigentlich alles.

Seit Juni 2013 beschäftigen unzählige vertrauliche Dokumente der USA die ganze Welt. Ein gewisser Edward Snowden wirkt als Quelle für Enthüllungen des Spähprogramms *Prism* der NSA (*National Security Agency*). Er tauchte zuerst in Hongkong unter, um sich anschließend in Russland dem Zugriff der USA, die ihm schweren Geheimnisverrat vorwerfen, zu entziehen. Das Spähprogramm diente und dient weiterhin (Stand Februar 2014) der weltweiten Überwachung von E-Mails und von Internetnutzern, offenbar von allen und von jedem noch so unbedeutenden Käse. Angeblich hat beispielsweise das deutsche Bundeskriminalamt (BKA) vor den Enthüllungen durch die *Washington Post* und den britischen *Guardian* nichts über die Existenz des *Prism*-Programms der NSA gewusst. Na, ja, wer's glauben möchte. Der Präsident des BKA erklärte am 13. Juni 2013, er könne sich schlichtweg nicht vorstellen, »dass all diese Informationen irgendwer nutzbringend auswertet«. Das dürfte eher den Tatsachen entsprechen. Die Auswertung der wahnsinnigen Datenmenge ist auch aus Sicht anderer Fachleute ein Problem. Amerikanische Geheimdienstler (aktive und ehemalige) sollen, so berichtete die *Neue Zürcher Zeitung* vom 12. Juni 2013, auf die erhebliche Erweiterung des Kreises der Eingeweihten hingewiesen haben. Vor den Anschlägen vom 11. September 2001 habe man aufgrund des Prinzips *need to know* gearbeitet, sich für die Selektion der zu Informierenden also gefragt, ob eine Person von etwas unbedingt Kenntnis haben müsse. Danach sei man zu *need to share* (dt. *sollte etwas auch wissen*) übergegangen. Man habe immer mehr private Firmen beigezogen, mit dem Resultat, dass aktuell rund eineinhalb Millionen Personen, davon ein Drittel aus der Privatwirtschaft, die Zulassung zur höchsten Geheimhaltungsstufe hätten. In der Firma, für die Snowden zuletzt arbeitete, soll die Hälfte der Angestellten die höchste *Security Clearance* (dt. *Zulassung als Geheimnisträger*) besitzen. – Bei solchen Zahlen wird jede minutiöse Personenkontrolle zur Illusion. Und vermutlich ist auch eine effektive Datensichtung nicht zu schaffen. Vielleicht kann eine Selektion nach Stichwörtern die Einsichtnahme erleichtern. Im Oktober 2013 wurde via Snowden bekannt, dass die NSA sogar die Handy-Gespräche der deutschen Bundeskanzlerin abhörte. Unerfreulich sind die Auswirkungen bedenkenloser Datensammlung und -speicherung in elektronischen Systemen für die USA allemal. War man dort und bei den Betroffenen so weltfremd, also ohne jeglichen Pessimismus beziehungsweise ohne Warnsignal, dass man an ein solches elektronisches Ausspionieren und an ein späteres Ausplaudern gar nicht dachte?

Jedes Bekanntwerden problematischer Schriftstücke oder anderweitig festgehaltener Informationen, die keine persönlichen Erinnerungsnotizen sind, setzt voraus, dass jemand sie weiterleitet. Und dieser Jemand muss in der Lage sein, den Inhalt

– Injurien, heikle Informationen, bedenkliche Zusagen und so weiter – zu bestätigen beziehungsweise zumindest einfach weiterzugeben, etwa anhand einer Kopie oder durch Tastendruck am PC. Dabei kann die Informationsquelle soweit möglich anonym bleiben. Die sogenannten *Whistleblower* (›Verpfeifer‹, auch ›Ausplauderer von Interna‹ genannt) bleiben folglich meistens unbekannt, aber nicht immer. Wird ihr Name zur Kenntnis gebracht, kann die Situation für sie sehr unangenehm werden, zumal man ihnen einen Mangel an Loyalität, also einen Verstoß gegen das in einer Firma oder im Interesse der Staatssicherheit unerlässliche Vertrauensverhältnis vorwerfen kann. Meistens führt dies dann zu einer raschen Entlassung; im Weiteren kann es zum Prozess kommen, der für die mitteilungsfreudige Person in der Regel ungünstig endet, auch wenn ihre Motive menschlich wenigstens zum Teil verständlich sein können. Da ist Optimismus unangebracht. Denn wer etwas ausplaudert, wenn auch aus überwiegend achtenswerten Gründen (im Interesse der Freiheit oder der Demokratie), muss entweder gar nicht auf die Stelle angewiesen oder ein Masochist sein. Es gibt natürlich auch den »Verpfeifer«, dem es um die Schädigung des Ansehens einer bestimmten Person oder der Firma oder einer Institution geht (etwa nach einer Entlassung) und der sich die Gelegenheit zu seinem Rachefeldzug nicht entgehen lässt. Das ist ein wichtiger zusätzlicher Grund, bei der Selektion der Mitarbeiter sorgfältig zu sein und spezielle Dokumente nur in einem überschaubaren und vertrauten Kreis zu verteilen oder den Zugang zu elektronischen Daten speziell abzusichern. Man muss sich auch immer wieder fragen, ob man bei der täglichen Arbeit bestimmte Dinge tun oder sagen darf. Im Zweifelsfall sollte man sich Zeit nehmen, um die Frage vorgängig juristisch sauber klären zu lassen; es ist auf Dauer zum Vorteil aller Beteiligten. Dabei ist ebenfalls an rachsüchtig Veranlagte zu denken; wenn sie für das Ausleben ihrer unguten Neigung keinen relevanten Anlass haben, ist dies auch für sie besser.

16.3 Der Vorzug des Mündlichen

Für ganz heikle Kurzinformationen ist die mündliche Version sicher das Beste. Da kann nur noch beim Ausplaudern durch einen der handverlesenen Geheimnisträger etwas passieren.

Im Notfall sollte aber die Möglichkeit bestehen, eine unzulässigerweise an Außenstehende gerichtete Information als Falschaussage zu qualifizieren. Natürlich dürfen anschließende Nachforschungen durch die Medien nicht dazu führen, dass sich die Richtigkeit der publik gewordenen Aussage bestätigt.

Mündliches eignet sich auch bei weniger brisanten Kommunikationsinhalten, etwa für Erklärungen, die gleichzeitig an mehrere Personen abgegeben werden, wo man auch etwas abschweifen oder einen Weckruf einbauen kann, etwa in der Schule oder bei einem Vortrag. Die Ohrenzeugen sind hinterher meist besser informiert, wenn sie die Ausführungen auch anhand einiger (nicht unzähliger) Grafiken oder sonstiger bildlicher Darstellungen zur Kenntnis nehmen können (ein Bild sagt bekanntlich manchmal mehr als tausend Worte).

Das bloße Vorlesen von schriftlichen Texten, etwa aus Büchern, hat stets gewisse Grenzen. Der Text sollte jedenfalls sorgfältig ausgewählt und nicht zu lang sein, damit die Zuhörer bis zum Schluss interessiert bleiben. Man denke an einen guten Theatertext; dort geht es ja primär ums Anhören. Nur ein Teil der Besucher dürfte sich vorher durch Lektüre mit dem Text vertraut gemacht haben. Die Dramaturgie bei mündlichen Präsentationen ist also recht bedeutsam, um gut ›anzukommen‹. Es spielt natürlich auch eine Rolle, wer einen Text vorliest, ein bekannter Autor, eine sonstige Berühmtheit oder ein guter, mitreißender

Sprecher, beispielsweise bei der Konzert-Aufführung von *Peter und der Wolf.*

Anlässlich von Massenveranstaltungen werden gelegentlich große Reden gehalten. Berühmt sind die Fotos mit Lenin, wo er in St. Petersburg, auf einem Podest stehend, zu einer Menschenmenge sprach. Die insbesondere von ihm ausgelöste sogenannte Oktoberrevolution (nach dem in Russland damals noch geltenden julianischen Kalender) fand nach dem gregorianischem Kalender am 7. November 1917 statt. Was er in seinen Reden genau gesagt hat, weiß aber niemand. Wer für die Revolution war, musste auch gar nicht so genau hinhören im Menschengetümmel, sondern nur losschreien in dem Moment, wo alle losschrien. – Der Kubaner Fidel Castro hat in seinen besten Zeiten offenbar gut vierstündige Reden gehalten. Wer da auf die Toilette musste, machte sich möglicherweise unbeliebt; ob Personen, die sich einen solchen kurzen Rückzug erlaubten, auch etwas inhaltlich Wertvolles von Fidel verpassten, bleibe dahingestellt. Nur Höhepunkte liegen in vierstündigen Ausführungen so oder so nicht drin. – Auch Hitler und Goebbels setzten auf die Rede als Kommunikationsinstrument, das die Massen ergreifen sollte. Am wirksamsten waren öffentliche Auftritte. Die fanatisierten Zuhörer brachen immer wieder in Beifallsstürme aus. Als heutiger Betrachter von Filmausschnitten hat man den Eindruck, es sei alles wie bei einer Claque auf Kommando geschehen; aber es ist unklar, ob jemand, den man auf den Aufnahmen nicht sieht, dem Auditorium das Zeichen hierzu gab. Die Inszenierungen machten auch auf die Radiohörer offenbar viel Eindruck. Die schlimmen politischen Opportunisten sind lange sehr erfolgreich geblieben, viel zu lange.

Hitler und Goebbels hatten erkannt, dass man nur dann ein Idol im Zeichen der totalen Vereinnahmung sein kann, wenn man sich zeigt, zu den Leuten spricht, quasi von Angesicht zu Angesicht (in den erhalten gebliebenen Film-Wochenschauen waren die Auftritte ein großes Thema, mit zahlreichen Nahaufnahmen der Redner und ergriffener oder begeisterter Zuhörer). Wenn man sich heute die Reden beziehungsweise die Tiraden anhört, staunt man, dass es damals so viele Leute gab, welche die über weite Strecken wahnsinnig wirkenden Poltereien und Phrasendreschereien, eigentliche Verbal-Exzesse, derart frenetisch bejubeln konnten. Nun, mündlich konnte man offenbar vieles »rauslassen«, vor allem im Kreis kritikloser Anhänger, die von Natur aus zum Überschwang neigten und praktisch nur an Schlagworten und Gestik interessiert waren. Schriftlich wäre der gleiche Wortlaut unter Umständen zu einer grausamen Pleite, zu einer Selbstdisqualifikation geworden. Deshalb wurden die Reden in den Zeitungen journalistisch aufbereitet, quasi optimiert, um nicht die beabsichtigte Wirkung zu verfehlen und den Verfasser (oder angeblichen Verfasser) bloßzustellen.

Mündliche Mitteilungen machen auch Leute, die keine demagogischen Ziele verfolgen. Viele ziehen das gesprochene Wort vor. Denn dabei muss man nicht so genau formulieren und die leidige Rechtschreibung spielt überhaupt keine Rolle. Sogar Menschen, die weder lesen noch schreiben können, sind in der Lage, über etwas zu berichten, nicht selten in einem schwierigen Dialekt oder unter Weglassung fast aller grammatikalischen Regeln. Es kann trotzdem verständlich sein, sogar recht gut, wenn man den Dialekt und seine Eigenarten kennt sowie Gestik und Gesichtsausdruck zu interpretieren versteht. Vielen ist gedient, wenn sie zum Telefon greifen können und sich so dem für sie mühevollen Unterfangen entziehen können, ein Gesuch oder einen Beschwerdebrief zu schreiben. Ein Entgegenkommen für Personen, die dem gepflegten Schreiben eher abgeneigt sind, stellt die SMS-Übermittlung dar, weil man sich um die Sprache nur so weit zu kümmern braucht, als die Mitteilung für den Empfänger verständlich zu sein hat.

16.4 Wenn nur geredet wird

Der deutsche Politiker Konrad Adenauer (1876 – 1967) soll einmal gesagt haben: »Was interessiert mich mein Geschwätz von gestern!« Er war keine Ausnahme, auch viele seiner Nachfolger halten sich an die Aussage, nicht nur in Deutschland.

Stellt man nämlich abends den Fernseher ein, erfährt man immer wieder, wie riskant Politiker leben, die ihre Verlautbarungen nicht vorher aufgeschrieben haben oder von einem der unzähligen Informationsbeauftragten verkünden lassen wollen. Wenn sie spontan etwas vortragen, das ihnen gerade durch den Kopf geht, kann dies leicht zu einem selbstproduzierten Ansehensverlust führen. Neben Unsinnigem oder Verwickeltem, das niemand, selbst bei viel Wohlwollen, versteht, zeigt sich immer wieder, dass Politiker auch nur Menschen sind. Nicht der Inhalt, sondern auch die Relativpronomen und der Singular beziehungsweise Plural bereiten häufig Mühe. So kommt man oft in den Genuss von Aussagen wie »Das Problem des Straßenverkehrs, der so nicht zu lösen ist« oder »Eine Reihe von Personen haben zu Recht festgestellt, dass ...« oder »Die Vielfalt der unerfreulichen Erscheinungen sind uns schon lange ein Dorn im Auge«. Man kann natürlich mitfühlend und verständnisvoll bleiben und für sich denken: ›Solange sie nichts Dümmeres anstellen.‹

Ob sich die Wetterfrösche in der deutschen Schweiz einmal den von ihnen verbreiteten Text aufschreiben ließen, um zu sehen, was sie den Leuten so mitteilen? Vermutlich nicht. Sie sind ungebremste Optimisten bei jeder Wetterlage. Im Anschluss an die Abendnachrichten des Deutschschweizer Fernsehens folgen nämlich keine wirklichen Wetterprognosen, sondern in erster Linie Wettergeschichten, in Form von verbalen Wetterorgien. Die aufs Wetter ausgerichteten Informationen beginnen manchmal am Vortag oder noch früher, verharren dann unendlich lang beim Wetterverlauf am Vormittag des Sendetages. Dann wird die Entwicklung der meteorologischen Situation bis zum Abend abgehandelt, oft garniert mit Einschüben über das Wetter im näheren und fernen Ausland. Und dann, ja dann, endlich, kommt das, was der Sendung den Namen gegeben hat: Die Wetterprognose. Ob nach dem riesigen Anlauf noch alle aufnahmefähig sind, ist nicht sicher, spielt aber keine Rolle. Denn erstens gibt es bald wieder eine solche Sendung und zweitens haben Mitmenschen, die im Wortschwall übers Wetter quasi untergegangen sind, die Möglichkeit, den Teletext zu nutzen. Dort kann man in wenigen Sekunden alles Wesentliche über die Prognose erfahren. Aber es ist halt schriftlich, das heißt, dass man lesen muss. Und das ist nicht jedermanns Sache. Zur Ehrenrettung der Wetterfrosch-Zunft: Vor allem im ZDF (auch bei der BBC) wird kurz und bündig berichtet, eingängig, mit Schwung und doch sehr freundlich, sogar bei Schlechtwetter. Aber wer wird da auf die anderen hören, oder ihnen etwas abgucken, wenn sie doch keine wirkliche Konkurrenz beim schweizerischen Inlandwetter darstellen?

In der Schweiz gibt es sogar noch eine verrückte Besonderheit: Das Deutschschweizer Fernsehen (ein staatliches Quasi-Monopol) beachtet nicht einmal, wie es die betreffenden Schweizer Sender in der französisch- oder der italienischsprachigen Schweiz machen. So sendet das Deutschschweizer Fernsehen seine langweilig langen Wetter-Abhandlungen in zum Teil grausamen Dialektversionen. Da wird keine Rücksicht genommen auf deutsche und andere Feriengäste (die Tourismus-Branche lässt grüßen) sowie weitere Ausländer, die nicht oder über nur mangelhafte Kenntnisse der vielfältigen Dialekte in der Deutschschweiz verfügen und nur Hochdeutsch verstehen. Nur Hochdeutsch verstehen die. Selber schuld! Demgegenüber wird am Fernsehen der Französischen Schweiz wie auch beim Sender der Italienischen Schweiz die betreffende Schriftsprache gepflegt, das heißt absolut korrekt praktiziert. Und wichtig: Man kommt dort viel rascher zur Prognose; ein nicht enden wollendes Ausschweifen in die nähere und weitere Wettervergangenheit überlässt man offenbar großzügig den schwerblütigeren Fernsehleuten aus der Deutschschweiz, die gar nicht zu merken scheinen, was sie da aufführen. Man kann also selbst in der mündlichen Wetterkommunikation Gefahr laufen, sich zu blamieren, auch wenn die Prognose sich ausnahmsweise als hundertprozentig zutreffend erweisen sollte.

16.5 Risiken der Schreiberlinge

Unendlich viel größer ist das Risiko einer sprachlichen Bauchlandung, wenn man gewissermaßen zur Feder greift und vor einem schriftlichen Eigenprodukt nicht zurückscheut. Dass Zeitungsleute jeden Tag, wirklich jeden Tag, in der Hitze ihres Schreibgefechts faule Spracheier legen, mag noch angehen. Da kommt oft Tempo vor Sprachschliff, um aktuell zu sein. Und über die Feinheiten von allen Themen kann man halt nicht so detailliert im Bild sein, dass der Inhalt makellos in die Zeitungsspalten gerät, trotz Einschaltung des Lektorats. Optimistisch geht man von trotzdem positiven Leserreaktionen aus. Und das genügt. Am 15. Juni 2013 konnte man in der Wiener Zeitung *Die Presse* die Überschrift lesen: »Inflation um 2,3 % gestiegen.« Das war natürlich ein Unsinn, weil es bedeutet hätte, dass die bisherige Inflationsrate per April von 2 % auf 2,046 % im Mai gestiegen wäre (Anstieg um 2,3 %, ausgehend von 2 %); sie wäre also eigentlich gar nicht gestiegen, sondern praktisch gleich geblieben. Da die Rate im Mai effektiv auf 2,3 % gestiegen war, hätte es eben heißen müssen: »Inflation auf 2,3 % gestiegen.« Der prozentuale Anstieg war bei dieser Sachlage 15 %, nämlich 15 % von 2 %, also 0,3 %. Da *Die Presse* eine gute Zeitung ist, muss das ›um‹ anstelle von ›auf‹ dem Zeitdruck zugeschrieben werden; gemerkt haben den Fehler wahrscheinlich sowieso nur wenige.

Problemlos müsste sich eigentlich die Schreiberei bei Geschäftsbriefen und -berichten abspielen. Da tummeln sich doch alle Firmenangehörigen auf dem Gebiet ihres individuellen Broterwerbs. Und dennoch – wer eine Firma oder einen größeren Bereich von innen kennt, hat dies oft genug erfahren müssen – beginnt es schon am Morgen mit ungeschickten Formulierungen in falschem Deutsch oder Englisch und so weiter, auch von Leuten, die lange, sehr lange in die Schule gegangen sind. Nach vielen Jahren im Berufsleben nimmt man auch das nicht mehr so ernst wie am Anfang und weiß, dass man stets gut aufpassen muss, damit nicht allzu Blamables via Post an Außenstehende geht. Am Telefon ist auch das Geschäftsleben meistens einfacher.

Das Fernsehen hat wiederholt über die Bemühungen einzelner Menschen berichtet, sich durch den Doktortitel von der großen Masse abzuheben. So wurde kundgetan, dass ein ungarischer Staatspräsident, ein deutscher Bundesminister, auch eine deutsche Bundesministerin und ebenfalls einzelne deutsche Parlamentarier Doktorarbeiten verfasst hatten. Das ist an sich nichts Besonderes, weil diese Arbeiten nur wenige lesen, wenn die Promotion vorbei ist. Doch Doktorarbeiten führen in Ungarn und Deutschland dazu, dass die Verfasser sich die persönliche Namens-Kennzeichnung ›Dr.‹ zulegen. Dies erfordert aber, damit alles seine Ordnung hat, dass die Doktorarbeiten in den betreffenden Universitäten gelagert werden. Als schriftliche Ergüsse weisen sie folglich ein gewisses Beharrungsvermögen in mehr oder weniger finsteren Archiven auf. Und dort kann man sie aufspüren und bei entsprechend penibler Recherche nachweisen, dass 50 % oder 80 % oder mehr als 90 % des eigentlichen Textes, der angeblich selbständig verfasst wurde, Plagiate waren. Und zwar ohne Quellenangabe, was die Kontrollinstanzen in den Universitäten seinerzeit wohl zur irrigen Annahme verleitete, es handle sich tatsächlich um Selbst-Erhirntes der auf die Doktorwürde aspirierenden Kandidaten. Wird so etwas entdeckt, ist es mit dem besonderen Namenszusatz vorbei. Ein Absinken in die Masse der anderen Hochschulabsolventen wird dann unvermeidlich. Zudem sorgen die peniblen Nachforscher, meist nicht wohlgesinnte Journalisten, dafür, dass solche Aneignungsvorkommnisse in Bezug auf fremdes geistiges Eigentum publik werden, im Fernsehen, im Radio und in den Zeitungen. Die Abschreiber werden also quasi an den medialen Pranger gestellt. Da können die österreichischen Juristen und die slowakischen Mediziner (es gibt sicher noch andere) nur froh sein, dass in ihren Heimatländern in den betreffenden Disziplinen gar nichts geschrieben wird, um das Doktorat zu ergattern (die Welt ist eben ungerecht). Eine bloße mündliche Prüfung oder ein Zusatzgespräch (in Österreich) war jedenfalls vor Jahren völlig ausreichend. Erfreuliches Fazit: Wo nichts geschrieben wird, kann man auch nichts abschreiben. Ein mündlich erworbenes Doktorat bleibt also ungefährdet, während über jedem, der etwas geschrieben hat (was ja sogar bei bloßem Abschreiben mehr Energie als ein kurzes Gespräch erfordert) lebenslänglich das Damoklesschwert schwebt. Dieses Schwert, von dem man nie weiß, ob es runterfällt, kann zwar bei Doktorarbeiten nicht das Leben kosten, aber in der deutschsprachigen Welt zwei Buchstaben und einen Punkt hinwegfegen und auch sonst ganz ordentlich zusetzen. Im französisch sprechenden Europa, auch im betreffenden Teil der Schweiz, ist die Gefahrenlage eine ganz andere. Denn den Doktortitel erwähnt man nur im Sinn von ›Arzt‹ oder ›Zahnarzt‹; der Anwalt heißt *Maître* (dt. *Meister*). Alle anderen sind *Madame* oder *Monsieur* und müssen sich sonstwie zu differenzieren versuchen, wenn sie das unbedingt wollen.

Nicht unter großem Druck stehen die Verfasser von Getränke- und Speisekarten. Alle ihre Gäste greifen gerne danach und freuen sich über die Lektüre, der dann fast in hundert Prozent der Fälle eine Bestellung folgt. Von einer solchen Erfolgsquote können andere nur träumen. Zum Beispiel bei Buchautorinnen und -autoren, die noch nie etwas veröffentlicht haben, liegen die Dinge ganz anders. Sie sind eigentlich keine Buchautoren, sondern Manuskriptautoren. Und in ihrer großen Mehrheit sind sie nichts anderes als hoffnungslose Kämpfer an der Schriftfront und stehen gewaltig unter selbst erzeugtem Druck; denn sie müssen mit einer Ausfallquote von konstant mehr als neunzig Prozent rechnen. Wenn man ihnen lausiges Deutsch und so weiter vorwerfen würde, könnten sie nicht wie die Journalisten den ungeheuren Zeitdruck ins Feld führen; denn die Zeitfrage stellt sich nur in Bezug auf ihre physische Existenz. Und mit Abschreiben ginge sowieso nichts; denn Verfasser des Originaltextes würden rasch reagieren und ein Einstampfen des Teil- oder Total-Plagiats in seiner Gesamtauflage verlangen, wenn, ja wenn man von davon überhaupt Notiz nehmen würde.

Das Schicksal der weitaus meisten Verfasserinnen und Verfasser von Buchmanuskripten ist nämlich die totale Nichtbeachtung. Ein Schriftsteller soll einmal ein Salamibrot und leere Seiten zwecks Gewichtserhöhung in eine Innenschachtel verpackt haben; auf dieser brachte er sein Begleitschreiben an und verpackte dann das Ganze für den Versand an einen Verlag. Nach einer Weile gelangte das innere Paket an ihn zurück, mit einem sehr kurzen Begleitschreiben, dem zu entnehmen war, dass man sein Manuskript geprüft habe, aber leider keine Verwendungsmöglichkeit sehe. Der Schriftsteller durfte dann feststellen, dass das innere Paket mit dem Salamibrot und den leeren Seiten völlig unversehrt war. So hart kann ein Salamibrot werden, und so hart kann es für Autoren sein, die noch nichts in Buchform herausgebracht haben. Kein noch so kurzes Blättern fremder Hände in ihrem Werk, für das sie sich doch so viel Mühe gegeben haben, wird je stattfinden. Kein Kritiker wird sich in einigen Zeilen dazu äußern, ganz zu schweigen von einem Totalverriss oder wenigstens einem literarischen Kürzest-Todesurteil samt Schlussqualifikation wie »schrecklich« oder »unlesbar«. Kein Buchclub, keine Dorfbibliothek, einfach niemand behandelt das Buch. Und der Grund ist ganz einfach: Es wird gar nicht gedruckt. Was nicht gedruckt wird, existiert nicht als Buch. Manuskripte sind bloß Erzeugnisse für das eigene Lager oder ein Regal zu Hause, um nicht auch noch den letzten Rest an Selbstachtung zu verlieren.

Was gedruckt wird, bestimmen die Verlage, und diese wollen nicht publizieren, sondern mit Büchern Geld machen, was an sich verständlich ist. Sie müssen ja leben und in der heutigen schwierigen Zeit insbesondere überleben, um weiterhin verlegerisch tätig zu sein. Vom Nicht-Verkauf von Büchern kann man beides nicht (siehe das bittere Schicksal von Brockhaus vom Juni 2013). Wenn die Verlage die Chance für eine ihnen angemessen erscheinende Rendite als gering oder um null einstufen, wird ein Buch nicht gedruckt. Das ist für fast alle plausibel, außer für den Autor mit seinem Erstling; er rechnet nicht in ökonomischen Kategorien, sondern in sentimentalen. Denn er hängt doch so an seinem Werk. Seine Chancen, eine Veröffentlichung zu erreichen, würden indes gewaltig steigen, wenn er auf einem anderen Gebiet als der Schriftstellerei etwas Publikumwirksames geleistet hätte, sodass eine gewisse Anzahl von Leuten findet: »Was der X (oder die Y) geschrieben hat, möchte ich unbedingt lesen, wenigstens die ersten dreißig Seiten oder so.« Nachhelfen könnte man der Druckbereitschaft des Verlags, indem man unangenehm auffällt, öffentlich natürlich, aber bitte, wenn immer möglich, sehr unangenehm. Das zeigen sogenannte Autobiografien von Bankräubern oder noch schlimmeren Gesetzesbrechern, über welche die Zeitungen, vielleicht auch Radio und Fernsehen, zur Zeit der Straftat groß aufgemacht berichtet haben. Jetzt, weil das Buch des X vorliegt, beginnt die Zeit des Aufwärmens und der Kapitalisierung des miserablen Rufs. Die Öffentlichkeit soll sich rasch wieder an den Unhold erinnern. Und was dieser verrückte Kerl so in Buchform zu bieten hat, das muss man doch lesen.

Klar ist also, dass im Zentrum der Verlagstätigkeit die eigenen Erfolgsautoren stehen, eingerahmt von einigen weniger oder völlig unbekannten Verfassern, die ein selten glücklicher Stern begleitet, zumal sie meistens nicht medienwirksam straffällig geworden sind. Als Zugabe, zu ihrer Einrahmung, kommen dann gelegentlich noch einige Fälle, die in anderen Lebensbereichen für Sensationelles oder bloß Kriminelles stehen, was ihnen Medienaufmerksamkeit bescherte und den Weg zur Publikation ihres Werks ebnete (fast immer waren aber auch noch verlagseigene oder andere Schreiber unterstützend im Einsatz, um eine einigermaßen lesbare Story hinzukriegen).

Man erkennt: Ein Manuskript ist nur ein Rohbau, der mit größter Wahrscheinlichkeit ein Rohbau bleibt. Ein Buch dagegen ist etwas Schriftliches, das gedruckt vorliegt und eindeutig mehr Seiten hat als ein dickes Heft. Aber mit der Bereitstellung so eines Buchs ist es noch nicht getan; erst wenn es, über kurz oder lang, ausreichenden Zuspruch findet, ist es wirklich ein Buch. Bis dann ist es ein Druckerzeugnis in Buchform mit ungewissem Schicksal. Viele Neuautoren von Manuskripten möchten das aber weder hören noch lesen. Sie bleiben unverbesserliche Optimisten. Die spätere demotivierende Wirklichkeit kommt für viele dann noch früh genug.

16.6 Leserbriefe als Jungbrunnen für sie und ihn

Zum Schluss dieser Thematik seien noch spezielle Vertreterinnen und Vertreter der schreibenden Spezies erwähnt: Die Leserbrief-Schreiber. – »Leserbrief-Schreiber? Das sind doch Leute, die sich bloß profilieren wollen, die ihre Neurose den betreffenden Zeitungsspalten anvertrauen möchten!« Etwa so könnte es tönen, wenn das Stichwort fällt.

Gewisse Zeitgenossen meinen, dass so ein Leserbrief sowieso nichts bringe, reine Selbstbefriedigung sei. Aber es gibt auch andere, die positive Meinungen zu dem einen oder anderen Leserbrief haben. Wie soll man das Ganze beurteilen und bewerten? Beginnen wir am Anfang. Wer einen Leserbrief schreibt, ist meistens nicht mehr ganz jung beziehungsweise eher bei den Älteren, bei den ziemlich Älteren. Und sie oder er muss sich beim Leserbriefschreiben ganz ordentlich zusammenreißen. Denn erstens hat der Leserbrief sachlich zu bleiben (bei angesehenen Blättern jedenfalls), was gar nicht so einfach ist, wenn man sich über ein Ereignis oder eine Berichterstattung maßlos ärgert. Unflätiges im Klein- oder Großformat kann einem da schon einmal einfallen; aber es würde doch gehörig zur Selbsterniedrigung beitragen, wenn man es auch noch schreiben würde. Da ist also Zurückhaltung geboten, im eigenen Interesse. Zweitens sollte der Leserbrief klar und sprachlich in Ordnung sein. Das ist besonders deshalb recht anspruchsvoll, weil, drittens, der Leserbrief so kurz wie möglich sein sollte. Denn es geht nicht um einen weiteren Bericht oder einen Gegenartikel, sondern um eine möglichst prägnante, aber nicht bloß stichwortartige Stellungnahme aus einem speziellen Blickwinkel, allenfalls mit einer relevant erscheinenden Zusatzinformation. All dies in relativ wenigen Zeilen zu beherzigen und unterzubringen, das erfordert einiges.

Blaise Pascal (1623 – 1662), französischer Mathematiker, Physiker und Religionsphilosoph, hat in seinen *Lettres Provinciales* den denkwürdigen Satz geschrieben: »Entschuldigen Sie den langen Brief; ich hatte keine Zeit, einen kurzen zu schreiben.« Sinngemäß äußerte sich Goethe; auch Karl Marx und Mark Twain sollen sich die Aussage des Franzosen zu eigen gemacht haben, wissentlich oder weil die Redewendung sich zu einer gehobenen Aussage entwickelt hatte, deren Urheberschaft vielleicht nicht alle kannten. Der kluge Kopf Pascal hatte also allein in Sachen Briefeschreiben eine beträchtliche Langzeitwirkung und hat sie, angesichts dieser Zeilen, immer noch. – Jeder Leserbrief-Schreiber, dessen Zuschriften publiziert worden sind, weiß aus Erfahrung: Es braucht einiges an Hirnschmalz, um die gleiche Mitteilung, die man auf einigen Seiten ausführlich abhandeln könnte, auf wenig Raum sprachlich korrekt und verständlich zusammenzufassen, ohne Einbuße an wichtigen Inhalten. Die ersten Leserbriefe sollen im deutschen Wolfenbüttel am 1. November 1786 in der *Zeitung für Städte, Flecken und Dörfer, insonderheit für die lieben Landsleute alt und jung* publiziert worden sein; ein evangelischer Pastor namens Hermann Bräss war der Herausgeber des Blattes mit dem langen Titel und der großen Neuheit.

Nicht-Leserbrief-Schreiber haben vom Verfassen einer gelungenen Zuschrift keine Ahnung. Ein guter Leserbrief ist fast ein kleines Kunststück. Der Autor dieses Buchs meint zu wissen, worüber er hier schreibt. Denn wie alle Kunststücke lassen sich auch Leserbriefe nicht aus dem Ärmel schütteln, wollen überdacht sein, möglichst nach einem Überschlafen der Angelegenheit. Am nächsten Tag sieht oft alles anders aus und führt eventuell zu größeren Änderungen. Manchmal kommt es zum gar nicht leicht fallenden, ja schmerzlichen Verzicht auf Zustellung des hart erarbeiteten Ergusses an die Leserbrief-Stelle einer Zeitung, weil die innere Stimme dringend dazu rät. Leserbrief-Schreiber machen also jedenfalls einen gehörigen Effort, ob sie den Text absenden oder ihre Leistung schubladisieren. Ob ihre Zuschrift publiziert wird, bleibt aber im Ermessen der betreffenden Zeitungen, die darüber generell keine Korrespondenz führen. Die relativ wenigen Zeilen pro Verfasser, die zur Publikation gelangen, haben es jedenfalls in sich.

Man beachte auch, dass eine Veröffentlichung selbst dann

unterbleiben kann, wenn der Leserbrief recht gut ist. Vielleicht landet er rasch mit einem ärgerlichen Wurf in einem Papierkorb, was sein Verfasser zum Glück nie erfahren wird. So kann er sich seinen Träumen hingeben und sich vorstellen, der Empfänger habe die Mitteilung lange durchgesehen und mit Redaktions-Kollegen eingehend besprochen. Schließlich sei, einzig wegen Platzmangels, auf den Abdruck verzichtet worden, quasi im Rahmen einer gehobenen Güterabwägung.

Aber Leserbrief-Autoren können die Nicht-Veröffentlichung auch verkraften, wenn sie nicht zu lange darüber nachdenken und sich anderen Neuigkeiten oder auch einem weiteren Leserbrief zuwenden. Zudem ist es üblich, dass mindestens ein Journalist des Blattes, das den Leserbrief erhält, diesen durchsieht. Wer weiß, vielleicht mag er den Inhalt nicht, weil er ihn ärgert oder ihm zu pointiert erscheint. Dennoch besteht wenigstens die Chance, dass der Leserbrief sich in den Gedanken des Empfängers einnistet, auch wenn dieser sich dagegen sträubt. Und eines Tages wird sich der einstige ungeliebte Leserbrief aus dem Unterbewusstsein ins Bewusstsein des Journalisten schmuggeln und dem damals etwas verärgerten Mitmenschen signalisieren, dass er da noch einen Aspekt vertiefen könnte, der sich im Nachhinein als gar nicht so abwegig herausgestellt hat. Ein Leserbrief mit Langzeitwirkung, ein hehres Gefühl.

Im Zeitalter des E-Mail-Versands ist es zudem kein Problem, einen Leserbrief nicht nur einer Zeitung zu senden, wo sein Schicksal, wie dargelegt, recht ungewiss ist. Man kann auch den näheren oder weiteren Bekanntenkreis damit beglücken; und einzelne Bekannte leiten möglicherweise die Zuschrift ihren Freunden zu, weil sie diese für gut oder provokativ oder für etwas Anregendes halten. So kann eine ganz ordentliche Breitenwirkung erzielt werden, ohne Zutun der Zeitung, für welche der Leserbrief verfasst wurde. Der Elektronik sei Dank.

Was beseelt die Leserbriefschreiber bei ihrer Arbeit? Was

treibt sie an, die Zuschrift zu verfassen, mit viel Einsatz und Herzblut? Ist es wirklich eine Neurose oder nur eine teilweise Neurose, also eine Kleinneurose, die im Zeichen der Profilierungssucht ausgelebt wird? Das kann doch nicht alles sein.

Aus persönlicher Sicht lautet die Antwort wie folgt: Eine größere Neurose ist es kaum, eine kleine vielleicht schon. Für den Leserbrief-Schreiber, der seine Zuschriften mehrmals pro Jahr an führende Blätter zu senden pflegte und sich über die Jahre oft darüber freuen konnte, dass viele seiner Darlegungen publiziert wurden, stand etwas anderes im Vordergrund: Es war der Optimismus, etwas mit dem Leserbrief zu bewirken, und zwar nicht allein beim Journalisten, der ihn erhielt. Wenn auch nur einige wenige Personen den Leserbrief durchsahen, beeinflusste dies, gewollt oder ungewollt, ihr Denken und ihre späteren Äußerungen, sogar wenn sie den Inhalt des Leserbriefs größtenteils abgelehnt haben sollten. Und aus jedem weiteren Diskussionsbeitrag der betreffenden Personen wird wieder etwas Neues, ein kleiner Zusatzgedanke, eine Anregung. Diese mögliche Tiefenwirkung ist natürlich ein gewaltiger Ansporn weiterzumachen.

Um nicht Gefahr zu laufen, vermessen zu sein, sollten Leserbrief-Schreiber immer davon ausgehen, dass ihre Zeilen wahrscheinlich eine geringe Wirkung haben, aber die haben sie sicher. Und zudem: Beim Verfassen der Zuschrift hat man die Chance, über ein Thema intensiv nachzudenken und dann möglichst griffige Gedanken darüber zu formulieren. Diese Herausforderung ist vermutlich eines der besten und günstigsten geistigen Frischhaltemittel, die es gibt. Und der Geist ist ja so wichtig, hilft, über das leichte Stechen im Knie und gelegentliche andere, noch weniger angenehme, aber rein physische Defizit-Erscheinungen hinwegzukommen. Ja der Geist, der immer noch voll da ist, wie einst, wenn nicht noch regsamer. Folglich spricht alles für den persönlichen Nutzen, einen Leserbrief zu schreiben.

Vom Leserbrief zu unterscheiden ist der Brief eines Lesers

oder einer Leserin. Dabei handelt es sich um eine Zuschrift an einen Journalisten oder an die gesamte Redaktion eines Blattes, um etwas zu loben, zu bemängeln oder einfach anzuregen, ein bestimmtes Thema zu vertiefen. Selbstverständlich ist dabei die Form zu wahren, aber spritzig und bei Bedarf etwas anstachelnd darf die Zuschrift schon sein. Man erhält auf solche Mitteilungen nicht immer eine Antwort; aber es kann durchaus vorkommen, dass eine Rückäußerung nicht ausbleibt, sowohl bei Lob als auch bei Tadel. Dabei gilt natürlich für alle, dass man die Toleranz aufbringen muss, abweichende Meinungen zu akzeptieren. Auch diese können lehrreich sein. So ist der Brief eines Lesers oder einer Leserin geeignet, sowohl bei der Formulierung als auch im Fall einer Antwort geistig anzuregen und damit Teil der persönlichen linguistischen Frischetherapie zu werden. Deshalb steht selbstverständlich auch der Brief eines Lesers oder einer Leserin, der an die Redaktion geht, ganz im Zeichen des Optimismus.

16.7 Cyberkriminalität

Die *Neue Zürcher Zeitung* vom 12.11.2013 hat über einen am Vortag stattgefundenen internationalen *Cyber Security Summit* in München berichtet. Auf dieser Tagung haben Fachleute über den aktuellen Stand folgendermaßen informiert: Die Mehrheit der Unternehmen war schon Opfer von Angriffen auf ihre IT-Infrastruktur. In Deutschland sollen nur 13 % aller Unternehmen noch nie eine Cyberattacke erlitten haben. Allein das Frühwarnsystem der Deutschen Telekom entdeckt pro Tag bis zu 800'000 Hackerangriffe. Die Cyberkriminalität hat sich zu einem lukrativen Geschäft entwickelt. Man spricht von jährlichen Schäden, die dreistellige Milliardenbeträge erreichen können. (Anmerkung des Verfassers: die im Zeitungsbericht genannten 750 Mrd. Dollar p.a. erstaunen aber; ob sie global zutreffen, ist im Moment schwer überprüfbar.) Der entscheidende Schwachpunkt, welcher die Cyberkriminalität begünstigt, ist der Mangel an Vorsicht bei den Systemnutzern in den Firmen. Noch sind viele von ihnen eindeutig weniger aufmerksam beim vertraulichen Umgang mit IT-Daten als im analogen Bereich, das heißt als beim Aufbewahren von Papieren. Offenbar ist auf dem IT-Gebiet noch ein längerer Lernprozess angesagt. Zusätzlich müssen die organisatorischen Vorkehrungen laufend verbessert werden, zumal nicht alle Mitarbeiter der raschen technischen Entwicklung gewachsen sein dürften.

Einmal mehr wird klar, dass der kriminellen Energie kaum Grenzen gesetzt sind. Alles, was leichte und relativ große Gewinne verspricht, wird rasch zur Opportunität für das organisierte Verbrechen. Dessen Optimismus, einträgliche Ziele durch Cyberkriminalität zu erreichen, scheint aufgrund der bisherigen »Erfolge« groß zu sein. Zur Abbremsung der schädlichen Aktivitäten müssen leistungsfähige Warnlampen der Nutzer laufend aktiviert sein (Stichwort: Pessimismus).

V. Kapitel

Erkenntnisse zu den Fundamentalkräften Opportunismus, Optimismus und Pessimismus im Überblick

17. Zusammenfassung zu Opportunismus, Optimismus und Pessimismus

An dieser Stelle erscheint es sinnvoll, die wesentlichen Erkenntnisse aus den vorstehenden Kapiteln zusammenzufassen. Die bisherigen Aussagen verdeutlichen ja, dass ein besseres Verständnis aller Geschehnisse auf der Welt ein mehr oder weniger großes begriffliches Umdenken erfordert.

17.1 Opportunismus

Der Begriff ›Opportunismus‹ ist im aktuellen Sprachgebrauch negativ besetzt, was mit der Begriffserklärung in den Wörterbüchern nicht zu begründen ist. Denn dort heißt es, dass es beim Opportunismus um eine passende, günstige oder vorteilhafte Gelegenheit geht. Dass die Wahrnehmung einer passenden Gelegenheit nicht zwingend mit einer Charakterlosigkeit einhergeht, wissen alle, die schon einmal einen Kauf auf dem Flohmarkt getätigt haben.

Die Wörterbücher zeigen jedenfalls klar, dass Opportunismus und eine miese Lebenshaltung nicht immer zusammengehören. Natürlich kann es vorkommen, dass das Verfolgen einer vorteilhaften Option nur möglich ist, wenn ein ungebührliches Verhalten gewählt wird. Aber auch der Entscheid, vom steilen Berg nicht hinunterzusteigen, sondern mit der Schwebebahn zu Tal zu fahren und seine Beine und vielleicht den ganzen, schon etwas älteren Körper zu schonen, ist als Wahrnehmung eines Vorteils zu deuten. Eine Charakterlosigkeit ist dies aber nach gängigen Vorstellungen nicht.

Einige entscheidende Mängel weisen die Wörterbücher allerdings trotzdem auf: Sie sprechen von passender, günstiger, vorteilhafter Gelegenheit. Und das ist falsch, wenn mehrere Optionen vorliegen. Denn es handelt sich meistens entweder um eine passendere Variante als alle anderen (also den Komparativ) oder, was zum gleichen Ergebnis führt, um die passendste Wahlmöglichkeit von mehreren (das heißt einen Superlativ). Zudem geht es um die jeweils am passendsten, günstigsten oder vorteilhaftesten erscheinende Gelegenheit, und zwar rein subjektiv. Das bedeutet, dass Frau P. auf dem Flohmarkt sich zum nach ihrer Meinung nach günstigsten Kauf entschließt, während Frau S., die zufälligerweise neben ihr steht, findet, dass das Angebot alles andere als günstig ist. Ob etwas besser oder am besten erscheint, ist also eine Frage der persönlichen Einschätzung. Und am Tag nach dem Flohmarkt ist auch Frau P. möglicherweise nicht mehr der Ansicht, ihr Kauf sei besonders vorteilhaft gewesen. Die Einstufung ist folglich zeitgebunden und kann sich auch bei Frau P. ändern, im Extremfall bis zum Gegenteil, das sie zu der Ansicht führen würde, der Erwerb der alten Kaffeemühle sei völlig unvorteilhaft gewesen.

Zeitlebens sehen wir uns Opportunitäten gegenüber. Wir werden dabei stets bestrebt sein, die bestmöglich erscheinende Wahl unter den verfügbaren Varianten zu treffen, sicher nicht die schlechteste (für Masochisten ist es die bestmögliche Wahl, um zu leiden, und für sogenannte Selbstmörder, um sich umzubringen). Dabei irren wir uns häufig oder lassen uns täuschen. Unsere Unvollkommenheit hindert uns, die bestmögliche Wahl ohne Einschränkungen zu treffen. Das erklärt, weshalb beispielsweise Selbstmordversuche manchmal misslingen. Im Geschäftsleben entpuppen sich ursprünglich als quasi ideal angesehene Strategien gelegentlich als existenzgefährdende Fehler.

Der Opportunismus ist die allgemeine Lebensmaxime schlechthin. Er beginnt mit dem Entstehungsprozess des betreffenden Lebens und endet mit dem Tod. Der Opportunismus betrifft also alle Lebensvorgänge.

Wer gute Absichten verfolgt, handelt opportunistisch im positiven Sinn; wer Böses oder Widerwärtiges im Schilde führt, ist ein Opportunist im negativen Sinn.

Opportunistisch ist unser laufendes Anpassungsverhalten in Bezug auf die Umwelt (Kälte, Wärme, Luftqualität, steile Wege, Lärm, scharfes Essen, eiskaltes Getränk und anderes mehr). Es begleitet uns lebenslänglich. Dabei kann die Anpassung positiv sein, etwa zum Schutz der Person bei Bedrohung, oder sich negativ darstellen, beispielsweise wenn es um Unaufrichtigkeit zum Zweck des Wohlgelittenseins geht.

Wer zu seiner Meinung steht und sich deshalb im Widerspruch zu einer stark verbreiteten Auffassung befindet, ist im eigentlichen Sinn ebenso ein Opportunist wie der bedenkenlose Mitmarschierer, dem jedes Mittel recht ist, um einen (vermeintlich) möglichst leichten Erfolg zu erzielen. Wer sich um einen Verletzten, der auf der Straße liegt, kümmert, handelt opportunistisch. Er hält seine Hilfe für das Beste, was er tun kann, bis ein Arzt eintrifft. Wer nur rasch weitergeht, handelt auch aus opportunistischen Erwägungen; aber solchen, bei denen im Vordergrund steht, für sich persönlich unangenehme Begleiterscheinungen zu vermeiden.

Der Opportunismus durchdringt alle Lebensbereiche; im Staat ist er die Resultante der Einfluss nehmenden Kräfte. Auch die Religionen sind ohne Opportunismus undenkbar, tun die Gläubigen doch alles (oder halt soviel sie können), um der Verheißungen teilhaftig zu werden.

Opportunismus kann also positiv oder negativ sein; eine exklusive Einordnung im Schlechten und Bösen ist unzulässig. Angesichts der Missverständnisse wird es folglich Zeit, dass die Begriffe ›Opportunismus‹, ›Opportunist‹ und ›opportunistisch‹ wieder ihre ursprüngliche Bedeutung erhalten und im konkreten Fall bei Bedarf präzisiert werden.

Das Fazit ist jedenfalls eindeutig: Opportunisten sind wir alle, solange wir leben.

17.2 Optimismus und Pessimismus

Der Philosoph Gottfried Wilhelm Leibniz (1646 – 1716) sprach von der »besten aller möglichen Welten«; ein späterer Philosoph, Arthur Schopenhauer (1788 – 1860), vertrat die gegenteilige Auffassung und sagte, dass es eine schlechtere Welt überhaupt nicht geben könne. Beide sprachen offenbar nur von Zuständen. Dass sie dabei gehörig übertrieben, jeder in seine Richtung, liegt auf der Hand. Denn die unvollkommene Natur ist zu Extremleistungen nicht fähig, sondern höchstens zu Annäherungen an Extreme. Zudem ist es unmöglich, die Welt in allen ihren Erscheinungen zu erfassen, dann die Zustände auch noch objektiv zu qualifizieren, um schließlich eine allgemeingültige Einstufung vorzunehmen.

Dass die Bewertung sozialer Gegebenheiten nur subjektiv sein kann, ist offensichtlich – jede Qualifikation als das Beste oder das Schlechteste ist abhängig von der Person, welche die Einstufung vornimmt, und vom Lauf der Zeit. Schon morgen kann meine Beurteilung oder die des Nachbarn ein bisschen oder total anders ausfallen. Somit dürfen die Überlegungen von Leibniz und Schopenhauer keine Wissenschaftlichkeit für sich beanspruchen; aber sie regen zur Vertiefung des Themas an.

Leibniz erwähnte das Optimum. Daraus entstanden mit nicht genau bekannter Urheberschaft im 18. Jahrhundert die Begriffe ›Optimismus‹ und ›optimistisch‹; etwa gleichzeitig kamen auch ›Pessimismus‹ und ›pessimistisch‹ hinzu. Beide Richtungen beziehen sich auf Erwartungshaltungen, das heißt auf etwas Ungewisses (mit einer einzigen Ausnahme; davon später).

Die Verwendung der Begriffe ›Optimismus‹ und ›Pessimismus‹ ist in Bezug auf Vergangenes und die Gegenwart nicht möglich. Denn dabei geht es um aktuelle Beurteilungen tatsächlicher Ereignisse, über die keine Unsicherheit im Blick darauf besteht, wie es herauskommen könnte. Fragen hierzu kann man folglich positiv, negativ, indifferent oder mit »Weiß nicht« beantworten. Indifferenz bei Themen, die einer Person nahegehen, ist aber nur vorgetäuscht und fällt im stillen Kämmerlein sicher anders aus; und wenn man etwas nicht weiß, sollte man dies auch zugeben. Bei vielen aktuellen Gegebenheiten (ein geplanter Tunnelbau, ein Konkurs) kann man aber mit Blick auf die Auswirkung in der nahen oder fernen Zukunft optimistisch oder pessimistisch sein.

Das Leben als ununterbrochene Folge von Opportunitäten fordert eine ebenso ununterbrochene Folge von subjektiv optimistischen Entscheiden. Das beginnt mit dem Entstehungsprozess, der zum individuellen Leben führen kann, aber bekanntlich nicht immer dazu führt. Es geht also um Wahlvorgänge, die ein zukünftiges Ergebnis betreffen und subjektiv als bestmöglich eingestuft werden. Alle Lebewesen (Pflanzen, Tiere, inklusive Menschen als Angehörige der Primaten) treffen stets die ihnen am besten oder vorteilhaftesten erscheinende Wahl. Die eher seltenen Masochisten wählen die beste Lösung für ihren merkwürdigen Wunsch, lustvolles Leiden zu verwirklichen, und insofern sind auch sie optimistisch.

Die Pessimisten kommen bei allen Zukunftsfragen ins Spiel. Sie halten einen Entscheid, also eine gegebene Zielsetzung oder die vorgesehenen Mittel zur Zielerreichung für schlecht, meist mit Unterschieden von Person zu Person. Dabei sind sie aber optimistisch, dass ihre Auffassung in Bezug auf das ungünstige Ziel an sich oder hinsichtlich der schlechten Wahl der Mittel und der deshalb nicht zu schaffenden Zielerreichung sich bewahrheiten wird. Der Optimismus in Form einer optimistischen Erwartungshaltung ist also auch bei ihnen und somit ausnahmslos bei allen vorhanden. Deshalb sind wir alle Optimisten.

Pessimisten, die beispielsweise das Scheitern eines Militäreinsatzes erwarten, haben also eine optimistische Erwartungshaltung; diese betrifft aber nicht einen Erfolg, sondern eine Pleite. Sie sind optimistisch, dass das unerfreuliche Ergebnis Tatsache wird. Zugleich sind sie pessimistisch in Bezug auf die staatliche Zielsetzung und/oder die zur Zielerreichung eingesetzten Mittel.

Auch Optimisten sind zu irgendeinem Thema und in einem individuellen Ausmaß pessimistisch. Wir sind folglich auch alle Pessimisten.

Pessimisten sind aber in Bezug auf Ziele oder Maßnahmen keine reine Pessimisten; in irgendeinem Lebensbereich sind auch sie Optimisten hinsichtlich der Mittel und/oder der erwarteten Ergebnisse. In Bezug auf ihre Körperfunktionen sind sie dies sowieso.

Der Optimismus ist konstitutiv für das Leben vom Anfang bis zum Ende. Der Pessimismus hat die wichtige Funktion, vor kleinen und großen Gefahren zu warnen und so zum Schutz des Lebens beizutragen. Leider lassen sich Optimismus und Pessimismus zu Lasten anderer missbrauchen, der Optimismus bei Irreführung Gutgläubiger (höhere Zinsen beim Finanzberater Q. als bei der Bank), der Pessimismus als Heruntermacher von Andersdenkenden (etwa die Aussage »Wer die allgemeine Wehrpflicht bejaht, ist ein übler Militarist und stellt sich gegen eine Politik, die auf den Frieden ausgerichtet ist«).

Es ist klar, dass der individuelle Optimismus und Pessimismus keine festen Größen sind, im Zeitablauf also graduelle Unterschiede aufweisen. Man muss daher in Bezug auf eine bestimmte Person immer noch etwas zu ihrem Optimismus und Pessimismus sagen, nämlich das konkrete Thema, das jeweilige Ausmaß und das Datum.

Im Staat oder in Unternehmen bestehen stets unzählige Optionen für den Fortgang. Bei Entscheiden setzt sich stets eine optimistische Wahl durch (auch im Fall einer negativen Zielsetzung wie dem Austritt aus einem Verband oder der Aufgabe eines Produktionsstandorts). Im Grunde geht es um die Resultante aus optimistischen und pessimistischen Erwägungen. Nimmt das Volk (genau gesagt: das an der Abstimmung teilnehmende Volk) in der direkten Demokratie einen politischen Vorschlag an, überwiegen die optimistischen Überlegungen, die sich mit einem Ja verbinden. Wird der Vorschlag abgelehnt, beurteilen die Leute ein Festhalten an der aktuellen Regelung mehrheitlich günstiger als die Annahme des Vorschlags.

In der parlamentarischen Demokratie ist der Wahlkampf eine Auseinandersetzung zwischen Optimisten, die sich ein gutes Resultat oder gar einen Sieg ihrer Partei ausmalen. Manchmal wird den Wählern dargelegt, dass die Wahl einer anderen Partei höchst ungünstige Folgen hätte, also Anlass zum Pessimismus gäbe. Liegen die Wahlergebnisse vor, kommt es zu einer Gegenwarts- und einer Zukunftsbeurteilung. Die Erfolgreichen geben sich positiv zum Ergebnis und äußern sich besonders optimistisch zur Zukunft. Die Verlierer zeigen ihre Enttäuschung über das betrübliche Resultat; oft signalisieren sie aber Optimismus, dass mit ihnen bald wieder zu rechnen sein werde.

Hinsichtlich des individuellen Lebensendes gibt es keinen Zweifel; es ist der einzige Fall, der sicher eines Tages eintritt. Und es ist der Fall, wo der Körper, der nicht mehr kann, die für ihn optimistische letzte Wahl trifft.

17.3 Hofierter Optimismus, unterschätzter Pessimismus

Wer optimistisch ist, weckt Sympathie. Das Strahlen des Optimisten wirkt ansteckend und großzügig, tut allen gut und wird meist gerne erwidert. Der Optimismus setzt Menschen freudig in Bewegung. Der Optimist sagt Ja, schreitet energisch vorwärts, beseitigt Zweifel und bewegt sich generell im Positiven. Mit Optimismus geht es in der Wirtschaft aufwärts. Der Optimist ist gut gelaunt und entspannt; er begegnet den Mitmenschen offen, ermunternd, löst allgemein eine gute Stimmung aus und hat auch bei Prüfungen in der Schule und im Alltag günstige Voraussetzungen. Optimisitisch muss man sein. Das ist die richtige Einstellung. Warum sind wir eigentlich nicht alle ausschließlich optimistisch, wo doch der Optimismus rundum so positiv ist? Könnte man auch zu optimistisch sein?

Wer pessimistisch ist, sagt etwas Negatives, wirkt eher missmutig, ja sogar manchmal depressiv. Mit richtigen Pessimisten haben viele Menschen ungern zu tun, weil der Pessimismus auf den Magen schlägt, viel Kleinliches in sich trägt, alles kaputtmachen kann. Denn Pessimismus bedeutet ein Nein, also Ablehnung, manchmal auch, dass der nicht gern gesehene Rückwärtsgang eingelegt werden soll; Pessimismus klingt gelegentlich nach Resignation und gilt als pedantisches Herumstochern im Negativen, das auch mit Argwohn zu tun hat. Viele meinen, mit Pessimismus sei wirtschaftlich nichts Neues zu erreichen. Der Pessimist begegnet seinen Mitmenschen mit offensichtlicher

Zurückhaltung, eher unfreundlich, und bewirkt meistens eine angespannte Atmosphäre; für Prüfungskandidaten ist Pessimismus eine denkbar schlechte Einstellung, weil er stimmungsmäßig im Minus ist und das Selbstvertrauen beeinträchtigt. – Wozu braucht es also den Pessimismus? Oder hat er doch etwas Gutes an sich? Immerhin gibt es ihn schon seit Längerem.

Der Optimismus hingegen ist die Steuerkraft des Lebens. Bei allen Vorteilen (es ist ja alles bestens) hat er das Problem, dass er, aufgrund seiner Neigung zur Maßlosigkeit, bisweilen wie ein Fahrzeug ohne Bremsen ist, selbst vor einem steilen Abhang. Alle Angriffskriege werden ausschließlich mit der Überzeugung geführt, man werde siegen. Wer über viele Nahrungsmittel und einen vollen Weinkeller verfügt, könnte sich überfressen und dauernd volllaufen lassen. Wer als Selbstmordattentäter von seinem unmittelbar nach dem Anschlag erfolgenden Einzug ins Paradies überzeugt ist, kann freudig hingehen und möglichst viele Leute umbringen, indem er die um seinen Leib angebrachte Bombe zündet.

Weil der Optimismus auch zum Überborden und zur völligen Maß- und Hemmungslosigkeit führen kann, muss es im Interesse des individuellen und generellen Überlebens eine Gegenkraft geben. Diese Gegenkraft hat die Aufgabe, zum Beschreiten eines wie auch immer definierten goldenen Mittelwegs anzuhalten, das heißt zu einem maßvollen Umgang mit sich, den Mitmenschen und der übrigen Natur, ohne eine positive Entwicklung infrage zu stellen. Und diese Gegenkraft ist der Pessimismus in seiner moderaten und üblichen Form. Er ist gewissermaßen zuständig für den Ordnungsruf, der als innere Stimme und als öffentlicher Appell im Dienst der Besonnenheit, Toleranz und Zurückhaltung steht. Der Pessimist ist also nicht nur ein gelegentlich als Miesmacher empfundener Zauderer und Bedenkenverbreiter. Er ist nur in seiner unbrauchbaren Gestalt ein Dauerablehner. Der Pessimist, der wie Schopenhauer oder der Ethnologe Claude

Lévi-Strauss (1908 – 2009) im Dasein keinen Sinn sieht, müsste sich konsequenterweise kurz nach Erlangen dieser Erkenntnis aus dem Leben verabschieden. Erstaunlich, dass Schopenhauer und Lévi-Strauss alt oder sehr alt wurden. Letzterer hat offenbar auch gerne viele Ehrungen entgegengenommen. Wollten die beiden Vertreter der Sinnlosigkeit des Lebens etwa nur auf ihre Art originell sein?

Der wohldosierte Pessimismus sichert das längerfristige Überleben. Er mahnt und warnt vor Ungestüm und macht auf mögliche ungünstige Folgen aufmerksam; er weist den Optimismus in die Schranken, zügelt ihn, will veranlassen, dass Alternativen geprüft werden, und möchte ein allfälliges Umdenken nicht ausschließen. Der Pessimismus ist nicht die Kehrseite des Optimismus, sondern dessen unerlässliches Korrektiv.

Nur wer stets die relevanten ungünstigen und ungünstigsten Konsequenzen (den sogenannten *worst case*) seines Handelns im Auge behält, ist auf unvorteilhafte Eventualitäten vorbereitet und kann rechtzeitig ausweichen oder Abhilfe schaffen.

Da wir unvollkommen sind, nehmen wir die wichtigen Signale des Pessimismus nicht immer wahr und machen dauernd kleine und größere Fehler, vom Fauxpas bis zum Verbrechen. Deshalb gibt es nicht nur Übergewichtige, Kettenraucher, Alkoholiker, sondern auch Streit und Krieg, Kriminelles bis zum Attentat, grobe Fahrlässigkeiten bei der Arbeit oder im Straßenverkehr, wirtschaftliche Fehleinschätzungen, Finanzabenteuer mit katastrophalen Folgen und so weiter.

Es ist also eine glückliche Fügung, dass wir stets von Optimismus und von Pessimismus beseelt werden. Die besonders Leichtfertigen sind Ober-Optimisten und Minimal-Pessimisten. Sie heben leicht ab und verlieren deshalb den Bezug zu wichtigen Lebensgrundlagen; sie sind Top-Kandidaten für den Verlust der wirtschaftlichen oder physischen Existenz. Sie verlieren auch sonst recht häufig, manchmal ihre Stelle, bisweilen das Leben.

Auf die Personen, die dem Optimismus zugeordnet werden können, wurde bereits hingewiesen. Daraus war Folgendes ersichtlich: Theoretisch reicht die Bandbreite der Optimisten von minimal optimistisch (mathematisch: plus 0,000…1 %) bis zu fast total optimistisch (mathematisch 100 % minus 0,000…1 %). Theoretisch. Analog ist es bei den Pessimisten. Pessimisten sind, bei allem Pessimismus, in einzelnen Nebenbereichen optimistisch. Optimisten sind meistens positiv, beurteilen aber (vermeintlich) weniger Bedeutendes zum Teil negativ. Einen Null-Optimisten oder Null-Pessimisten gibt es nicht. Es sind zudem unendlich viele Unterschiede bei beiden Typen in Betracht zu ziehen, in Bezug auf Fehler in der Selbsteinschätzung ebenso wie bei der Einschätzung anderer Menschen, Dinge, Gegebenheiten oder Situationen. Das bedeutet, dass wir immer mindestens ein bisschen falsch liegen, aber zugleich auch mindestens ein bisschen richtig. Und daraus ist sowohl eine Mahnung zur Vorsicht als auch ein kleiner kräftigender Trost abzuleiten.

Die Ober-Pessimisten und Mini-Optimisten weisen zwar dauernd auf Probleme hin, laufen aber Gefahr, vor lauter Bäumen den Wald nicht mehr zu sehen, und könnten im Zustand der Dauer-Depression versinken, weil nahezu alles ein Minuszeichen hat.

Man erkennt: Im eigentlichen Sinn lebensfähig und lebensfreundlich ist eine Einstellung zwischen diesen Verhaltensweisen, also dort, wo der Optimismus den Ton angibt, aber immer auf den Pessimismus hört.

VI. Kapitel

Spielarten von Opportunismus, Optimismus und Pessimismus

18. Beispiele, die das Leben schrieb

18.1 Mögliche Priorität: Wahrung der eigenen Auffassung

Der aus Wien stammende Felix Somary (1881 – 1956) war schon in jungen Jahren internationaler Finanz- und Politikberater. Früh gelangte er zu großem Ansehen bei führenden Exponenten und Institutionen in Großbritannien, Deutschland, den USA und in seiner Heimat, dem Vielvölkerstaat Österreich-Ungarn, der bis Ende 1918 bestand. Seine zweite Heimat wurde später die Schweiz, deren Bürgerrecht er erwarb. Oft zeigte Somary früh die Gefahren auf, die ein bestimmtes Vorgehen mit sich bringen könnten, und lag in der Regel richtig. Mit seinen Warnungen schaffte er sich aber nicht nur Sympathien. Traten die von ihm prognostizierten ungünstigen Entwicklungen ein, vergrößerte sich zwar sein Ansehen, nicht aber sein Freundeskreis. Denn vorweg gab es immer prestigebewusste Leute, deren Ansichten nicht mit einer Prognose von Somary übereinstimmten; und anschließend mussten sie zur Kenntnis nehmen, dass die Wirklichkeit die Auffassung des Warners bestätigte. In seinem Buch *Erinnerungen aus meinem Leben*, Verlag Neue Zürcher Zeitung 2013, berichtet Felix Somary von einem Seminar im Jahr 1901 an der Universität Wien, damals die Hochburg der Nationalökonomie: Hier hatte sich angesichts einer langen Friedenszeit der Optimismus durchsetzt, man könne nur von regelmäßigen Konjunkturschwankungen sprechen, Krisen hingegen gehörten der Vergangenheit an. Er, der Student Somary, habe die Meinung der Optimisten-Mehrheit, die Stabilität der Wirtschaft wie des Geldes sei für immer gesichert, nicht geteilt, sich aber kein Gehör verschaffen können. (Anmerkung des Verfassers: Zu den Optimisten gehörten viele in Österreich und in Deutschland, die dann, im Jahrzehnt nach dem Ersten Weltkrieg, ihr ganzes Geldvermögen verloren.) Zum Thema der Unvermeidbarkeit großer Krisen hält Somary in seiner Schrift des Weiteren fest, dass er noch fünfzig Jahre später, im April 1956, dem gleichen Optimismus, der die Krise für überwunden hielt, im Harvarder Kreis habe entgegentreten müssen; und wiederum sei es ihm nicht gelungen, die Mehrheit der Anwesenden vom Irrtum abzubringen.

Was Somary nicht sagte: In guten Zeiten, im landläufigen Sinn, ist es viel einfacher und bequemer, optimistisch zu sein, als kritische Überlegungen zu möglichen weniger guten Entwicklungen vorzutragen. Dabei ist der Hinweis auf denkbare ungünstige spätere Ereignisse und das Treffen von entsprechenden Vorkehrungen ein Teil der Aufgabe all derjenigen, die in der Verantwortung stehen. Die Evolution müsste dies eigentlich gelehrt haben. Aber viele haben die Botschaft nicht mitbekommen oder verdrängen, dass der Schutz vor unerfreulichen Überraschungen eigentlich immer das Wichtigste im Leben ist, nicht nur im militärischen Bereich. Nach der Lektüre seines Buches hat man den Eindruck, dass Somary ein positiver Opportunismus ein Leben lang bewegte. Aber er scheute sich auch nicht, seine ungünstige Prognose zu bestimmten Fragen selbst dann zu vertreten, wenn die große Mehrheit oder mächtige Personen anderer

Meinung waren. Dabei darf natürlich nicht unerwähnt bleiben, dass er sich sein Verhalten nicht zuletzt durch seine finanzielle Unabhängigkeit erlauben konnte, was er in seinem Buch auch deutlich macht.

Somary gestattete sich also, konsequent seine unverfälschte persönliche Auffassung zu äußern, selbstverständlich nach gründlichem Studium der Fakten. Deshalb verwundert es nicht, dass er im Jahr 1916 zusammen mit seinem Freund, dem berühmten Soziologen Max Weber, zu Händen des deutschen Kaisers ein Papier verfasste, in welchem dringend vom unbeschränkten U-Boot-Krieg abgeraten wurde. Begründung: Weil dies den Verlust des Kriegs bedeuten würde (der nicht leicht lesbare Text vom Februar/März 1916 findet sich im Anhang des erwähnten Buches). Darauf wurde Somary nicht zu Kaiser Wilhelm II., sondern zur Privataudienz bei Kaiser Franz Joseph nach Schönbrunn eingeladen, der von der Schrift Kenntnis erhalten hatte. Somary erläuterte dem Kaiser von Österreich, dass ein solcher Krieg von größerer Tragweite als alle Schlachten wäre, weil Amerika in den Krieg eintreten würde. In diesem Fall wäre jedenfalls Österreich-Ungarn verloren. Der Kaiser teilte offenbar seine Auffassung, denn er soll gesagt haben: »Ja, wir haben jetzt schon mehr Feinde, als wir ertragen können.« Doch bald darauf ließ der deutsche Vizekanzler Karl Helfferich an Somary berichten, dass General Ludendorff von der Obersten deutschen Heeresleitung der Ansicht sei, Deutschland könne sich den Krieg mit Amerika leisten. Somary soll den Abgesandten Helfferichs daraufhin gefragt haben, ob Ludendorff wahnsinnig sei. Und der Abgesandte habe geantwortet, dies sei wahrscheinlich; aber niemand wage es, ihm zu widersprechen. Der Rest dieser schlimmen Angelegenheit darf als bekannt vorausgesetzt werden. Man hörte nicht auf Weber und Somary. Und in der Folge hat der verrückte, gegen die USA gerichtete Entscheid die Geschichte des zwanzigsten Jahrhunderts in unvorstellbarem Ausmaß beeinflusst.

Zu den Personen, die den Ökonomen, Staatswissenschafter und Bankteilhaber Somary sehr schätzten und seine Beratungs- sowie Verhandlungsdienste in Anspruch nahmen, gehörten bekannte Bankiers in Wien und London, der ehemalige US-Präsident Herbert Hoover als späterer Leiter verschiedener amerikanischer Institutionen sowie der Schweizerische Bundesrat vor und während des Zweiten Weltkriegs.

Somary war ein mittlerer Optimist mit einem starken Hang, die möglichen Gefahren zu ermitteln und genau abzuwägen. Er zog es vor, fand es also persönlich vorteilhafter, stets seine Meinung zu vertreten. Ob er mit seiner Auffassung allein war oder nur wenige überzeugen konnte und sogar aneckte, war für ihn von untergeordneter Bedeutung. Sein Opportunismus orientierte sich am aus seiner Sicht objektiven Befund und der daraus resultierenden Prognose. Als Vizekanzler Helfferich ihm Anfang 1916 nahelegen ließ, die Schrift über die Risiken des unbeschränkten U-Boot-Kriegs abzuändern und in einer positiven Empfehlung zu enden, lehnte Somary dieses Ansinnen rundweg ab. Das Beste aus seiner Sicht war stets, zu seiner Meinung zu stehen, auch wenn dies in einflussreichen Kreisen zu Unbeliebtheit führte. Sein Optimismus stimulierte ihn auch, neue Ideen in die Tat umzusetzen (beispielsweise Verträge für die Versorgung der Schweiz mit lebensnotwendigen Gütern im Krieg); und sein Pessimismus ließ ihn frühzeitig erkennen, welche Klippen er für ein gutes Verhandlungsergebnis zu umschiffen hatte. Da er auch seine Bankgeschäfte entsprechend betreute, war er darin gemäß seiner Biografie offenbar ebenfalls sehr erfolgreich.

18.2 Mögliche Priorität: Wahrung des eigenen Vorteils

Es versteht sich, dass das Beste bezogen auf eine Person nicht das Beste im Rahmen unserer Gesellschaft sein muss. Und Auswüchse sind leider an der Tagesordnung. So hat die Großbank UBS im Vergütungsbericht für das Jahr 2012 am unbestreitbaren Verlust von immerhin 2,5 Milliarden Franken derart fleißig herumgerechnet, bis ein *Gewinn* von 2,5 Milliarden Franken entstanden ist! Einziger Sinn und Zweck der abstrusen Verschönerungsübung: Für die Ermittlung der Bonifikation des obersten Managements brauchte es eine möglichst hohe Zahl mit einem Plus davor. In einer Spezialrechnung ließ sich dies erreichen durch Weglassen von unerfreulichen finanziellen Belastungen. Und so resultierte dank besagter Rechenkünste eine Jahresvergütung pro 2012 für den CEO von rund 8,5 Mio. Franken. Das war das Optimum für ihn und zugleich ein Maximum an Anmaßung. Denn der Verlust im 2012 erreichte trotzdem 2,5 Milliarden Franken. Und die weggelassenen unerfreulichen Positionen gehörten genauso zum Geschäftsjahr wie die angenehmen Daten. Ob die zahlenmäßigen Auswirkungen vom Management zu verantworten sind oder auf unkontrollierbare Außeneinflüsse zurückgeführt werden können, ist lediglich eine Differenzierung nach Ursachen, hat aber mit dem Ergebnis im stets wechselvollen Umfeld nichts zu tun. Rein rechtlich kann man in einer Konzernrechnung nicht Dinge weglassen, nur weil sie das Gesamtbild verdüstern und Bonifikationswünschen abträglich sind. In einer nur für die Aktionäre bestimmten, rechtlich nicht relevanten Rechenübung zur Begründung übertriebener Saläre geht das schon.

Die von der UBS-Leitung praktizierte und sehr fragwürdige Saläroptimierung hätte auch gleich mit den 8,5 Mio. Fr. beginnen können, im Sinne einer als wünschenswert erachteten Jahresvergütung für den CEO (vielleicht war es sogar so). Daraus wäre ersichtlich gewesen, dass die diesbezügliche Grundlage, also der »zu konstruierende Pseudo-Gewinn«, rund 2,5 Milliarden Fr. zu betragen hat. Und, um dies rein rechnerisch zu erreichen, wäre der effektive Verlust von den erwähnten 2,5 Milliarden Fr. um satte 5 Milliarden Fr. ins Positive zu korrigieren gewesen. Zu diesem Zweck hätte man dann Aufwandposten von 5 Milliarden Fr. zusammentragen müssen, und zwar solche, von denen man später bei Bedarf behaupten könnte, sie seien vom Management nicht oder kaum beeinflussbar gewesen. Deshalb müsse man sie für Gehalts-Zwecke ausklammern. Und nach dem letzten arithmetischen Klimmzug wäre auch das geschafft gewesen. Alles O. K., alles bestens.

Was werden die Leute eines Tages tun, wenn aus unerwarteten Gründen staatliche oder andere Gutschriften in Milliardenhöhe anfallen? Werden diese dann vom rechnerischen Gewinn abgezogen, da nicht vom Management zu verantworten?

18.3 Überbordender Optimismus

Ein Ziel kann man mit Optimismus in Angriff nehmen, muss aber gelegentlich am Schluss der diesbezüglichen Anstrengungen deprimiert ein Scheitern feststellen. Der deutsche Russlandfeldzug im 2. Weltkrieg, das sogenannte *Unternehmen Barbarossa*, begann am 22. Juni 1941 um 03:15 Uhr (mit Hinterher-Kriegserklärung an die Sowjetunion um 04:00 Uhr). Mit uneingeschränktem Optimismus wurde ungestüm und logistisch unüberlegt losgeschlagen. Voreilig hat der damalige deutsche Generalstabschef des Heeres, Generaloberst Halder (1884 – 1972), am 3. Juli 1941 in seinem Kriegstagebuch festgehalten: »Es ist wohl nicht zuviel gesagt, wenn ich behaupte, dass der Feldzug gegen Russland innerhalb vierzehn Tagen gewonnen wurde.« Nach vierzehn Tagen war er aber nicht vorbei. Es folgten ungeheuer opferreiche Schlachten, dann der Rückzug. Das Ende des Feldzugs fiel mit dem Kriegsende zusammen. Am 9. Mai 1945, exakt um 00:16 Uhr in Berlin-Karlshorst, erfolgte die bedingungslose Kapitulation Deutschlands gegenüber der Sowjetunion. Es war der Moment des Zusammenbruchs, aber auch der Moment eines Starts ins Ungewisse. Die Kapitulation stand bei den Deutschen im Zeichen der Zerstörung und eines tiefen Pessimismus. Bestenfalls einen zaghaften Optimismus konnten damals einige wenige mit der Vorstellung verbinden, dass man eine neue Chance habe, es besser zu machen.

Von einer speziellen Finanzkatastrophe berichtete die *Neue Zürcher Zeitung* am 13. September 2013 unter dem Titel »Wenn Priester sich verzocken«, Untertitel »In Slowenien ist die Erzdiözese Maribor nach Fehlspekulationen vom finanziellen Ruin bedroht«. Dem Bericht war zu entnehmen, dass die Höhe des Schuldenbergs noch nicht genau feststehe, aber quasi zur Insolvenz geführt habe. Man schätze die über diverse Beteiligungen aufgetürmten Verbindlichkeiten auf rund 800 Millionen Euro (etwa 1 Mrd. Franken). Im mehrheitlich römisch-katholischen Slowenien habe die Erzdiözese seit 1991, als sie im Zug der Unabhängigkeit Sloweniens viele frühere Besitztümer zurückerhielt, versucht, ein eigentliches Wirtschaftsimperium zu schaffen. Dabei sei man offenbar recht offensiv vorgegangen: Es wurde in Baukonzerne, Verlagshäuser, Brauereien, Finanzinstitute, Einzelhändler, Fluggesellschaften und sogar in ein Fernsehunternehmen investiert, das pornografische Programme ausstrahlt (die Erzdiözese habe zwar protestiert, aber erfolglos).

Die Anlagen waren äußerst verlustreich, zumal drei größere Beteiligungsfirmen Insolvenz anmelden mussten. In der Folge entließ der Vatikan die Erzbischöfe von Ljubljana und Maribor, die gemeinsam für die Spekulationen verantwortlich gewesen sein sollen. Die Spekulationsgeschäfte haben offenbar auch die öffentlichen Finanzen Sloweniens in Mitleidenschaft gezogen. Größte Gläubigerin der Erzdiözese Maribor ist nämlich die landesweit wichtigste, staatlich kontrollierte Nova Ljubljanska Banka (NLB). Die finanzielle Rettung der Erzdiözese muss daher aus dem Ausland kommen (die Rede ist von der reichen österreichischen Diözese Graz-Seckau). Die slowenische Wochenzeitung *Mladina* habe die Vorgänge wie folgt kommentiert: »Schadenfreude ist fehl am Platz. Denn letztlich ist das Verhalten der slowenischen römisch-katholischen Kirche ja bloß eine Reflexion der Gesellschaft, eine Reflexion des exzessiven Hungers nach hoher Rendite, der bekanntlich auch das weltliche Slowenien zu Fall gebracht hat.« – Man kann also feststellen, dass die vermeintlichen Opportunitäten im Finanzbereich sich als höchst ungünstig für die betreffenden kirchlichen Verantwortungsträger erwiesen haben. In diesem Fall muss man auch beifügen, dass Spekulationen für Profis immer mit irgendwelchen Risiken verbunden sind; für Laien in Finanzfragen wäre dies schon Grund genug gewesen, die Finger von Finanzabenteuern zu lassen, abgesehen von der ganz anders ausgerichteten Aufgabe, die den kirchlichen Personen bis zu ihrer Entlassung zugedacht war.

18.4 Zweck-Optimismus und Zweck-Pessimismus im Wechselspiel

Als die Alliierten am 6. Juni 1944, dem sogenannten »längsten Tag« in der Militärgeschichte, über den Kanal zur Invasion Frankreichs aufbrachen, lag dem Vorhaben, ›*Unternehmen Overlord*‹ genannt, eine optimistische Vorwärtsstrategie zugrunde. Zugleich schwang aber viel Pessimistisches mit, weil große eigene Verluste wahrscheinlich schienen. Diese Befürchtung bestätigte sich dann auch in einzelnen Frontabschnitten. Groß waren die Verluste zum Beispiel im Normandie-Abschnitt, den die Alliierten mit ›*Omaha-Beach*‹ bezeichnet hatten. Wie so oft, erkannte man erst hinterher, wie man das Ziel besser hätte erreichen können. Auch in diesem Fall ließ sich das Rad der Zeit aber nicht zurückdrehen. Zum Glück war *Overlord* insgesamt erfolgreich.

Im Buch über die SS, *Der Orden unter dem Totenkopf* von Heinz Höhne (Verlag Mohn 1967), heißt es über den Reichsführer SS Heinrich Himmler nach dem misslungenen Attentat auf Hitler vom 20. Juli 1944: »Mit schaurig-groteskem Optimismus tötete er (Anmerkung des Verfassers: gemeint ist Himmler) in sich jeden Zweifel an dem Diktator ab.« Diese Aussage muss nicht zutreffen. Himmler könnte es auch für ratsam gehalten haben, anderen gegenüber eine solche Haltung möglichst überzeugend vorzutäuschen. Er wusste wohl nur zu gut, dass er Hitler ausgeliefert war und dass sein Schicksal mit demjenigen des »Führers« eng verknüpft blieb. Ginge der Diktator unter, ginge auch er bald unter.

Die positive Prognose für die Sanierung einer Firma kann individuell Negatives beinhalten. Erscheint eine Reduktion der Belegschaft unumgänglich, ist dies für manche der entlassenen Mitarbeiter, vor allem ältere, äußerst schmerzlich. Das Überleben des Unternehmens, ein positiver Akt, interessiert die Gekündigten nicht besonders, weil sie dort keine Zukunft haben. Entweder finden sie eine Stelle anderswo, was erfreulich wäre, oder sie müssen ihre existenzielle Rettung bei der Sozialbehörde beantragen. Letzteres treibt die Leute meist in einen tiefen Pessimismus, weil sie unerwartet abhängig geworden sind und aufgrund ihres Lebensalters daran selten etwas ändern können.

Und weiterhin kann vieles, je nach Lesart, optimistisch oder pessimistisch sein. Die *Basler Zeitung* vom 7. Mai 2013 berichtete über die personelle Änderung in der Leitung des Ressorts Schauspiel am Theater Basel, wo sich die Misserfolge in der Spielzeit 2012/13 gehäuft hatten, weil allzu viele Inszenierungen im Zeichen des Regietheaters »verunglückt« waren, also vom Publikum weitgehend abgelehnt wurden: »Auf das Basler Schauspielpublikum warten zwei Übergangsspielzeiten. Im schlechtesten Fall springen die Leistungsträger vorzeitig ab, erstarrt die Inspiration. Im besten Fall gibt es ein befreites Aufspielen, ein Schaufenster für die Zukunft. Bleiben wir Optimisten.« Man spürt's: Der Schlusssatz muss nicht zwingend optimistisch gemeint sein, sondern könnte im Kontext auch bedeuten, dass Pessimismus durchaus angebracht erscheint, auch wenn man nicht ausschließen möchte, dass sich alles auf wundersame Weise doch noch zum Besseren wendet.

Nicht nur beim Basler Schauspiel des Frühjahrs 2013 greift man in ziemlich aussichtsloser Lage gerne zum sogenannten Zweck-Optimismus, der nichts anderes ist als ein verbal zum Optimismus umfunktionierter Pessimismus. Denn die Realität präsentiert sich oft so, dass eigentlich kein unmittelbarer Anlass zu einer optimistischen Prognose besteht. Bereits am 22. Mai 2013 sprach die *Basler Zeitung* erneut von Optimismus, der auch in diesem Fall keine uneingeschränkt positive Erwartung ausdrückte. Im Wirtschaftsteil konnte man die Überschrift lesen: »Swissmem bleibt optimistisch« (zur Information: Bei Swissmem handelt es sich um den Branchenverband der Schweizer Maschinen-, Elektro- und Metallindustrie). Und im dazugehörigen Artikel hieß es dann: »Trotz rezessiver Stimmung in Europa (wichtigster Absatzmarkt) und der schwierigen Wettbewerbsposition aufgrund der Frankenstärke ist man bei Swissmem immer noch optimistisch, dass es bald wieder aufwärts gehe. Man macht sich also Mut, zumal die Auftragseingänge aus dem Ausland im 1. Quartal 2013 nur geringfügig unter dem Ergebnis des Vorjahresquartals blieben (minus 0,8 %).« – Man kann also feststellen, dass auch im Fall von Swissmem der Optimismus recht gesucht ist, aber bei weitem nicht so stark von der Realität abweicht wie im vorstehenden Theaterbeispiel. Es gibt also Zweck-Optimismus, der noch vertretbar sein kann, und solchen, der eine positive Stimmung verbreiten soll, auch wenn es dazu wenig Grund gibt.

Über einen Optimismus, der eindeutig fehl am Platz war, schrieb die *Neue Zürcher Zeitung* am 25. Mai 2013 am Anfang eines Artikels mit dem Titel »Griechenland als Sündenfall«. Dort hieß es: »Der Währungsfonds (Anmerkung des Verfassers: gemeint ist der Internationale Währungsfonds oder IWF) habe die Schuldensituation in Krisenländern zu optimistisch eingeschätzt, schreiben seine Ökonomen selbstkritisch. Umschuldungen würden oft verschleppt, und sie genügten meist nicht, um die Situation zu entschärfen.« – Eigentlich ging es nicht darum, dass der IWF von sich aus allzu optimistische Einschätzungen vorgenommen hatte. Denn diese waren nicht das Ergebnis einer ernsthaften Prüfung durch Fachleute, deren Arbeit man nicht in Zweifel ziehen sollte. Hinter den zu optimistischen Einschätzungen standen von Anfang an und ohne Analyse die Weisungen der Politik, Opportunismus von der windigen Sorte. Intern dürfte es zum schon vorweg feststehenden Abklärungsresultat etwa geheißen haben: »Euer Bericht muss positiv klingen, damit die Leute uns trotz allem glauben und wir den Griechen beziehungsweise den Gläubigern der Griechen weitere Mittel zur Verfügung stellen können.« Und nun, da offensichtlich ist, dass man für die Ohren der Öffentlichkeit maßlos übertrieben, ja die Wahrheit verdreht hatte, müssen die Aussagen erneut frisiert werden, mit den IWF-Ökonomen als Tätern. Solche Tricks sind selbstverständlich nur eines: schädlich für die Trickser aus der Politik.

In der gleichen Ausgabe vom 25. Mai 2013 der *Neuen Zürcher Zeitung* konnte man den nicht so seltenen Komparativ von ›optimistisch‹, also ›optimistischer‹, zur Kenntnis nehmen, wobei sicher alle Leser froh waren, dass sie ihn nach Gutdünken für sich »übersetzen« konnten. – Noch ist der Superlativ ›am optimistischsten‹ eine pendente Erscheinung und wartet vermutlich in einer Journalisten-Schublade auf seinen großen Debütauftritt. Dieser wird ihm sicher eines Tages beschert sein. Und so darf dann auch dieser Superlativ sich in einer Zeitungsspalte der geneigten Leserschaft als absurde Neukreation offenbaren.

Nun zum Text mit dem Komparativ, der in diesem Fall Deutschland betroffen hat. Vor dem Satz mit dem Komparativ hieß es, man gehe im 2013 von einer Zunahme des BIP (des Bruttoinlandsprodukts, also der nationalen Wirtschaftsleistung) zwischen 0,3 % und 0,8 % aus. Dann folgte der Wortlaut mit dem Komparativ: »Für 2014 ist man mit Werten von rund 2 % optimistischer.« – Im Nachhinein wird man vielleicht feststellen, dass die Prognose überzogen oder viel zu bescheiden war oder praktisch genau der späteren Wirklichkeit entsprochen hat. Dass die Zeitung bei so viel Unsicherheit aber überhaupt eine Qualifikation vorgenommen hat und dann gleich noch mit einem solchen Komparativ, ist ein Zeichen für die Vielseitigkeit des Adjektivs ›optimistisch‹, relativiert aber je nach Fall dessen Aussagekraft.

Es gibt auch pessimistische Aussagen, die ein positives Ergebnis quasi entschuldigen, wie etwa die französische Redewendung *On ne fait pas d'omelette sans casser des oeufs* (dt. *Man kann kein Omelett machen, ohne Eier zu zerschlagen*; Anmerkung: in Österreich und in der Schweiz heißt es ›*die* Omelette‹). Dies besagt, dass man nur etwas bekommen kann, wenn man auch ein Opfer bringt. Auf Deutsch klingt der analoge Spruch um einiges brutaler. Die übliche Version ist: »Wo gehobelt wird, da fallen Späne.« Die Aussage soll der Lieblingsspruch von NS-Reichsmarschall Hermann Göring gewesen sein, ab 1933 höchst zweifelhafter Initiator der Gestapo und der Konzentrationslager, die dann beide unter die grausame Leitung von Himmler gelangten.

Die nähere Umschreibung eines Sachverhalts sagt unter Umständen einiges aus über die Haltung, die sich mit dem Ausdruck ›Optimist‹ verbindet, und darüber, inwiefern dieser geeignet ist, eine Person zu qualifizieren. Mitte Mai 2013 berichteten österreichische Zeitungen, dass einem Arbeiter in der Nähe von Wien durch eine Maschine der rechte Arm etwa in der Mitte des Oberarms abgetrennt worden sei. Der Mann habe den nicht mehr mit ihm verbundenen Armteil in sein Auto gelegt und sei mit hohem Tempo ins nahe Spital gefahren. Dort wurde er notversorgt. Dann transportierte man ihn mit dem Helikopter ins Wiener Allgemeine Krankenhaus, ein riesiges Spital, wo viele Spezialärzte im Einsatz sind. In einer langen und komplizierten Operation wurde der rechte Arm wieder zusammengefügt. Leider kam es aber in der Folge zu einer Infektion, die lebensbedrohlich war und eine rasche Amputation erforderlich machte. Dann, am 31. Mai 2013, konnte man im Österreichischen Fernsehen den Mann sehen, der die schlimme Geschichte mit dem abgetrennten Arm hatte durchmachen müssen. Er war relativ guter Dinge, obwohl ihm der rechte Arm fehlte. Im Interview erklärte er, dass er insofern noch Glück gehabt habe, weil er Linkshänder sei und deshalb mit der verbliebenen »besseren« Hand weiterhin normal schreiben und andere Tätigkeiten vornehmen könne. Er fügte hinzu: »Ich hoffe, dass ich auch wieder eine Arbeit finde. In meiner jetzigen Lage kann alles nur besser werden. Insofern bin ich Optimist.« Die Zuschauer waren von den tapferen Worten des Mannes tief beeindruckt. Unter seinem Optimismus verstand er wohl, dass er sich nicht unterkriegen lassen und kämpfen will, weil dies für ihn die beste Einstellung ist, um mit den Folgen des schrecklichen Unfalls so gut wie möglich fertigzuwerden.

18.5 Optimismus in der Kunstszene

Ein Kunstwerk ist Ausdruck des Inneren, das heißt von Gefühlen, Einstellungen, Trieben und Gedanken. Es ist auch eine Darstellung des Äußeren, wenn auch nicht immer leicht erkennbar. Ob ein Kunstwerk überhaupt ein solches ist, kann wohl nicht mit Sicherheit gesagt werden. Es gibt Menschen, die finden, etwas sei Kunst, während andere sich nur uninteressiert oder vor Ekel abwenden. Angesichts der unzähligen individuellen Vorstellungen über Kunst kann man es sich mit J. Beuys (1921 – 1986) einfach machen und optimistisch sagen: »Alles ist Kunst.« In dieser schlauen Definition haben alle und alles Platz. Da kann nichts passieren, wenn man den Vorwurf der gar schwammigen Verallgemeinerung ertragen kann. Aber klar ist auch, dass eine engere Kunst-Umschreibung nur für eine Einzelperson und allenfalls wenige Gesinnungsfreundinnen und -freunde akzeptabel ist. Das je nach Künstler und Kunstwerk auch finanziell bedeutsame Thema ist also heikel. Wer, aus welchen Gründen auch immer, als anerkannter Künstler gilt, kann viel Geld machen, was durchaus optimistisch stimmt. Manchmal beginnt das große Geschäft erst nach dem Ableben eines Künstlers; in diesem Fall verlagert sich der Optimismus auf die Nachwelt, soweit sie als Eigentümer oder Händler in das Geschehen um Werke des betreffenden Künstlers involviert ist.

Künstler müssen Optimisten sein. Sonst würden sie keine Kunst schaffen, ob sie nun in einem Atelier steht, in einem Lager oder einer Schublade liegen bleibt oder öffentlich präsentiert wird.

Ein Künstler, dem diese Bezeichnung nach Auffassung einer größeren Zahl von Personen zu Recht zukommt, ist Paul Jackson Pollock (1912 – 1956), genannt Jackson Pollock. Aus Sicht der Freunde seiner Kreationen war er sogar ein *bedeutender* Künstler, und zwar auf dem Gebiet des *Action Painting*. Andere gingen eher auf Distanz zu Pollock, was dem Verfasser dieses Buches durchaus einleuchtet. Diese Verherrlichung von Pollock durch die offenbar vorbehaltlose Anhängerschaft verlangt von vielen Andersdenkenden einiges an Toleranz.

Anfänglich durchtränkte Pollock den Pinsel mit Farbe (häufig verwendete er nur Schwarz) und warf ihn aus mehreren Metern Distanz auf eine meistens recht große Leinwand. Manchmal kam es noch zu einem zweiten Wurf oder sogar zu weiteren Würfen, und fertig war das Gemälde im Wesentlichen. Da das Wort ›Gemälde‹ vom Verb ›malen‹ kommt, ist die Bezeichnung ›Gemälde‹ für ein Werk von Pollock falsch. Er hat nicht gemalt, sondern geworfen, was im Wort ›*Action*‹ ungenügend zum Ausdruck kommt; immerhin ist auch richtiges Malen eine Aktion. So oder so hat eine Kreation von Pollock schon zu dessen Lebzeiten mehrere zehntausend Dollar eingebracht.

In einer zweiten Schaffensphase, ab 1946, wandte Pollock die *Dripping*-Technik an (das englische Verb *to drip* bedeutet *tropfen*). Dabei bohrte er in die einzelnen Farbkessel-Böden (mindestens) ein Loch und schwenkte die Kessel dann über einer Materialfläche hin und her. In Anlehnung an den Killer Jack the Ripper wurde Pollock gelegentlich sogar »*Jack the Dripper*« genannt.

Ausgedrückt in konstanten Dollarbeträgen ist das Pollock-Werk *No. 5 1948* weltweit auf Platz drei der teuersten »Gemälde«. Ein Privatsammler soll dafür die enorme Summe von 140 Millionen Dollar bezahlt haben. Das Pollock-Werk hat die beachtlichen Maße von 2,44 m mal 1,22 m und wurde auf Faserplatte erstellt, in mehreren Farben. Vor *No. 5 1948* rangieren das Bild *Die Kartenspieler* von Cézanne, gemalt 1892/1893 (250 Millionen Dollar, Privatverkauf), gefolgt von *Three Studies of Lucian Freud* von Francis Bacon aus dem Jahr 1969 (142,4 Millionen Dollar). Letzteres wurde Mitte November 2013 zum genannten Preis an einer Auktion verkauft; da der Preis die Kommission des Auktionshauses Christie's enthält, wäre es *netto* wohl auf Platz drei und *No. 5 1948* auf dem zweiten Platz.

Angebot und Nachfrage werden bestimmen, ob in Bezug auf die weitere Preisentwicklung von *No. 5 1948* (und anderen

Werken) ungebrochener Optimismus angesagt ist, oder ob ein gelegentlicher Verkauf es lediglich gestatten würde, vom Kaufpreis zu retten, was noch zu retten ist. Wer gute Nerven (und Reserven) hat, kann solchen Pessimismus vergessen. Aber das ist nicht nur in der Kunst und bei sogenannter Kunst so. Übrigens wäre durchaus denkbar, dass die genannten 140 Millionen Dollar eine Finte waren, um den Preis für andere Pollock-Werke in die Höhe zu treiben und potenziellen Käufern zu signalisieren, dass es durchaus opportun wäre, für irgendeinen Pinselwurf oder eine Farbtropferei einen stolzen Preis zu zahlen. Gerade im Bereich Kunst sind viele Erzeugnisse preislich nur dann hochzujubeln, wenn dem zahlungskräftigen Publikum die seltenen Opportunitäten publizitätswirksam, also auch prestigeträchtig beigebracht werden. Geltungssüchtige Vertreter großer Vermögen sind dabei die bevorzugte Zielgruppe. Offenbar gibt es immer wieder Händler, die deren Optimismus sehr gut zu pflegen verstehen. Meistens natürlich und für potenzielle Profiteure bedauerlicherweise für Beträge unter dem *No. 5*-Preis.

VII. Kapitel

Erfolg und Misserfolg

19. Spiel, Verhandlungsführung, Strategie

Man ist nur so gut, wie man sich gibt und wie andere sowie die Umstände es zulassen. Vor einem Spiel und auch vor einer geschäftlichen Verhandlung oder einer politischen Auseinandersetzung muss man sich so gut wie möglich vorbereiten. Dazu gehört auch, dass man in Form ist, konzentriert und doch so gelöst, um rasch und wirksam auf das Verhalten der anderen Seite reagieren zu können. Das ist nichts für Verklemmte und ebenfalls nichts für Leichtfertige. Skifahrer kennen die Situation bei einer Abfahrt in steilem Gelände mit plötzlich auftauchenden Bodenwellen. Da muss man konzentriert und doch locker sein, in dem Hang angepasster Vorlage und jeden Moment bereit, noch etwas tiefer in die Hocke zu gehen, damit man unter Beibehaltung der Skiführung die Körperbeherrschung bewahren kann.

19.1 Vom Spiel

Alle Fußballfreunde, die ein bisschen etwas von diesem Spiel verstehen (angeblich gibt es nur Experten), wissen, dass es voll von Unwägbarkeiten ist. Sie tippen nämlich sehr selten auf das richtige Resultat eines Spiels, wenn die Stärken der Gegner nicht Welten auseinander liegen. Im Pokalendspiel in Österreich, das am 31. Mai 2013 stattfand, besiegte die unspektakuläre Mannschaft von Pasching (bei Linz gelegen) das Bundesliga-Team von Austria Wien, das zwei Spielklassen höher spielt und wenige Tage zuvor Österreichischer Meister geworden war. Die »Wiener Austria« (Reportersprache) hätte vom Papier her das Spiel eindeutig gewinnen müssen. Aber an diesem Tag war die gut besetzte Mannschaft seltsam unbeholfen, wirkte verkrampft und erzielte nur eine nennenswerte Torchance. Die Mannschaft von Pasching tat ihr Bestes und kämpfte mit Herz. Sie hatte allerdings auch nur eine wirklich gute Chance, ein Tor zu erzielen, die sie aber zu nutzen verstand. Nach einem sehr schönen Spielzug gelang Pasching ein Tor, das jeder Spitzenmannschaft zur Ehre gereicht hätte. Dann verteidigte Pasching mit viel Einsatz und Glück seinen Mini-Vorsprung bis zum Schlusspfiff und war Cup- oder Pokal-Sieger. Damit war die Sensation perfekt. Beide Mannschaften hatten in ihrer damaligen Tagesform so gespielt, wie es der Gegner, das Fußballglück und das Wetter zuließen.

Gespielt wird schon lange. Es soll Höhlenzeichnungen mit urzeitlichen Spielszenen geben; vor etwa 4000 Jahren habe es in Ägypten, China und auch Irland ein Art Mühlespiel gegeben, im Jahr 776 v. Chr. fanden die ersten Olympischen Spiele statt. Die alten Griechen und Römer pflegten das Würfelspiel, das viel später auch die Landsknechte in Mitteleuropa gerne praktizierten. Im 5. Jahrhundert n. Chr. sei in Indien das Schachspiel entstanden, Kreuzworträtsel sollen erstmals in London um 1900 in der *Times* publiziert worden sein und im Jahr 1907 habe man in Deutschland *Mensch ärgere dich nicht* erstmals als Spiel propagiert (heute kann man den Spruch auch bei sogenannten Einarmigen Banditen lesen). Um 1620 sei in Italien das Lotto erfunden worden, und viel später wurde es eine willkommene staatliche Einnahmequelle, die bis heute kräftig sprudelt. Auch der Betrieb von Spiel-Casinos kennt keine Flaute. Autorennen sowie unzählige Einzel- und Mannschaftssportarten erfreuen die Aktiven, die Zuschauer und die Berufsgattung der Berichterstatter aus der Medienwelt mit ihrer häufig grauenhaft pervertierten Sprache (zum Beispiel »die deutsche Abwehr«, »der gnadenlose Dribbler«, »Untergang mit Mann und Maus«). Auch der Staat geht bei vielen Sportarten nicht leer aus, weil er eine Vergnügungssteuer oder ähnliche Abgaben erhebt.

Irgendwann kamen Philosophen und Kulturanthropologen auf die Idee, sich mit dem Wesen des Spiels zu befassen. Da ist vom Sport im Allgemeinen und im Besonderen, von Freude, Spannung und Entspannung, aber auch von Berufsspielern die Rede, ebenfalls vom Theaterspielen, vom Musizieren und so weiter. Und zu einem Spiel gehören Regeln sowie der Wettbewerb, auch die Ungewissheit über dessen Ausgang, der Zufall (siehe Fußballtor oder Schuss auf die Torumrandung, Zahlen beim Würfeln). Es gibt auch den Spielrausch, wo Spieler in eine Art Trance verfallen, nicht nur am Spieltisch im Casino. Auch in einem Mannschaftssport kann es zu etwas Ähnlichem kommen, wenn beispielsweise die Handballer plötzlich traumhaft und wie nie zuvor zu kombinieren beginnen. Beim Spielen gewinnt nicht zwingend der Bessere oder Klügere. Zum Spielen gehört der Optimismus, zumindest anfänglich, manchmal bis die Taschen leer sind und alles verpfändet ist. Deshalb beginnt ein Spiel mit der Vorfreude auf einen Gewinn oder Sieg, die aber, wenn das Glück einem nicht hold ist, manchmal rasch verfliegt.

Zuerst denken meistens nur wenige an die Möglichkeit, dass sie verlieren könnten. Sonst müssten sie entweder auf das Spiel verzichten oder von Anfang an bestrebt sein, die Niederlage so erträglich wie möglich zu gestalten. Das wäre dann auch eine Art von Erfolg. In einzelnen Sportarten, aber lange nicht in allen, kann man bewusst auf Unentschieden spielen. Im Fußball geht das, beim Schwimmen oder Skifahren nicht. Das Verlieren fällt vielen interessanterweise recht schwer, obwohl es genauso zu jedem Spiel gehört wie das Gewinnen (und je nach Sportart auch das Unentschieden). Einen Spezialfall bilden die Väter, die ihre Tochter oder den Sohn gewinnen lassen, weil sie wissen, wie schön das Gewinnen ist und wie sehr dies das Selbstvertrauen fördert. Bei dieser Gelegenheit gewinnen auch die Väter etwas.

Beim Spielen kann man manchmal etwas lernen, aber auch süchtig werden. Das Spiel stellt auch eine Abbildung der menschlichen Hoffnungen dar. So gilt beispielsweise: Wer spielt, ist optimistisch. Wer spielt, möchte etwas für sein Glücksgefühl tun, auch wenn es nur die Minimierung eines Zeitabstandes im Schnelllauf ist. Aber wer spielt, hofft auch, dass ihn das Glück begünstigt, ihm allenfalls zu Unrecht lacht. Es soll ihm helfen, sogar wenn er nicht gut spielt oder nicht in Form ist, etwa beim Hammerwurf, wenn andere am Wettkampftag auch nicht ihre Normalleistung erbringen. Wer spielt, denkt vielleicht insgeheim, dass der Sieg ausnahmsweise dem »Kleinen« zufallen sollte, der ihn dringender braucht als der »Große«, der schon so viel gewonnen hat.

Wer spielt, will sich behaupten und, etwa in einer Nationalmannschaft, die Anhänger an seinem Sieg und Glücksgefühl teilhaben lassen. Wer spielt, weiß, dass ihm die Fans für den Sieg unendlich dankbar sind. Wer spielt, hat bei einer Niederlage das Problem, dass andere, die auf ihn gesetzt haben, enttäuscht und traurig sind, obwohl es nur ein Spiel war und er sich doch wirklich angestrengt hat. Wer spielt, muss vor allem im Fußball leider damit rechnen, dass sich pöbelnde Anhänger der Sieger- und der Verlierermannschaft nach dem Spiel bekämpfen und Schäden anrichten; manchmal beginnen die Auseinandersetzungen schon vor dem Spiel. Wer einem Spiel zusieht, will sich daran erfreuen; es gibt wohl niemanden, der einem Spiel beiwohnt in der Absicht, sich möglichst viel Ärger zu verschaffen (die Masochisten kann man beim Spiel vergessen). Viele Zuschauer haben während und nach dem Spiel, sogar bei einer Niederlage, die Möglichkeit, eigentlich Wichtigeres in ihrem Leben, insbesondere Belastendes, zu verdrängen und sich so eine temporäre Erleichterung der Gefühlswelt zu verschaffen. Das Spiel als große Ablenkungsveranstaltung. Im alten Rom war von »Brot und Spiele« die Rede (*panem et circenses*); man war sich im Klaren, dass einigermaßen gesättigte und durch Spiele abgelenkte Leute kaum zu politischen Unruhen neigen. Das ist im Wesentlichen bis heute so geblieben.

Wer spielt, muss insbesondere mit der Niederlage auch deshalb umgehen können, weil bald wieder ein Spiel stattfindet, in das man frohgemut und nicht mit einer Restdepression einsteigen sollte; Letztere würde nämlich in der Regel einer neuerlichen Pleite Vorschub leisten. Eine Trotzreaktion nach einer Niederlage kann hingegen Kräfte freisetzen, die dem nächsten Gegner zu schaffen machen.

Wer spielt, ist ein Spieler, obwohl das im Deutschen gar nicht ernsthaft klingt, weil darunter auch ein Hasardeur (ein Glücksspieler) und höchst oberflächlicher Geist verstanden werden kann. Das Wort ›Spieler‹ bedeutet natürlich auch ›Teilnehmer am Spiel‹ und ist nicht generell negativ zu verstehen. Die Bezeichnung ›Spieler‹ ist eben für alle zutreffend, die spielen. Wer spielt, möchte jedenfalls möglichst zufrieden aus dem Spiel hervorgehen, also gut davonkommen. Und das wollen eigentlich alle Menschen im Leben. Deshalb ist es nicht unrealistisch festzustellen: In einem individuell unterschiedlichen Sinn und Maß sind wir alle Spieler. Denn das Leben ist voller Unwägbarkeiten, nichts läuft uneingeschränkt gerecht ab. Manchmal zählt die Leistung und manchmal nur teilweise oder gar nicht. Gelegentlich geschieht auch Unrecht wie bei einem krassen Fehlentscheid des Fußballschiedsrichters, der eine Mannschaft um den Sieg bringt oder sogar aus einem lukrativen Wettbewerb eliminiert. Und mit allem muss man fertigwerden, bis das Spiel des Lebens fertig ist.

19.2 Über die Verhandlungsführung

Im Geschäftsleben kommt es immer wieder vor, dass ein Kontrahent aus Gründen, die mit seinem aktuellen Verhandlungspartner nichts zu tun haben, in Bedrängnis ist, beispielsweise nachdem seine Firma keinen guten Jahresabschluss erzielt hat. In solchen Situationen fällt es ihm schwer oder zumindest weniger leicht, besondere Konzessionen zu machen. Und sein Gegenüber muss sich in der Folge mit einem eher bescheidenen Verhandlungsresultat zufriedengeben, wenn es überhaupt dazu kommt. Ganz anders ist die Lage, wenn die andere Seite eine erfreuliche Entwicklung verzeichnet. Da bestehen viel bessere Chancen, in Verhandlungen etwas Substanzielles herauszuholen. Natürlich beeinflusst auch anderes das Verhalten der Kontrahenten, etwa die Frage, ob es vernünftige und möglicherweise bessere Alternativen als die anvisierte Zusammenarbeit gibt. Eine wichtige Rolle spielen auch die Konkurrenzsituation (eigene neue oder abgelaufene Patente etc.) sowie die allgemeine Wirtschaftslage. So wirken interne und externe Faktoren (auch ›endogene‹ und ›exogene‹ genannt) auf die Verhandlung und ihr Ergebnis ein. Ein kleiner Erfolg unter schwierigen Bedingungen ist deshalb nicht *a priori* tiefer einzustufen als ein deutlich besseres neues Verhandlungsergebnis in erfreulichen Zeiten. Aber es ist schon klar, dass man sich wünscht, Letzteres möge zum Dauerzustand werden.

Wichtig bei Verhandlungen ist stets, dass man sich selbst in eine Lage versetzt, die Anlass gibt, optimistisch zu sein. Pessimisten haben von Anfang an verloren. Sie erreichen weder im Sport noch im Geschäftsleben noch in der Politik etwas Nennenswertes. Denn sie haben die falsche Erwartungshaltung, die überwiegend Risiken und die Angst vor Rückschlägen beinhaltet. Damit kann man nicht ins Plus geraten. Sie benehmen sich bewusst oder unbewusst so, dass das Resultat nur negativ, also ein nachteiliges Ergebnis oder ein Scheitern sein kann.

Wie dargelegt, müssen zum Erfolg die allgemeinen Umstände passen; es gibt Sportler, welche die Hitze mögen und davon profitieren; wenn dann die Gegner unter der Wärme leiden, sind sie klar im Vorteil. Es gibt auch Wirtschaftslagen, die ungünstig erscheinen, aber trotzdem Vorteile erkennen lassen, die dem geschickt Disponierenden einen Wettbewerbsvorsprung bieten, der sich bald lohnen kann. Auch in relativ schlechten Zeiten kann man gute Geschäfte machen.

In geschäftlichen und politischen Beziehungen ist neben dem Aspekt der Stärkeverhältnisse auch die Frage wichtig, ob sich die Verhandler persönlich gut verstehen und ob sie bemüht sind, aufeinander einzugehen. Zudem wird oft übersehen, dass die längerfristige Verlässlichkeit eine große Rolle spielt, wenn die Partner ihren Vertrag über Jahre, möglicherweise über Jahrzehnte abzuwickeln haben. Solche Geschäfte setzen voraus, dass beide Seiten von der Sinnhaftigkeit ihrer Zusammenarbeit überzeugt sind, was natürlich eine entsprechend günstige Beurteilung der wirtschaftlichen Auswirkungen voraussetzt. Auch vernünftige Klauseln, die Wiederverhandlungen bei geänderten Verhältnissen ermöglichen, erleichtern den Konsens zum Vertragsabschluss. Demgegenüber können Antipathie und Sprunghaftigkeit nur schaden. Bei langfristiger Bindung haben Schlaumeiereien ganz kurze Beine und diskreditieren diejenigen, die darauf setzen.

Gegenseitige Wertschätzung kann generell und vor allem in schwierigen Lagen viel bewegen und zu Lösungen führen, die rein technokratisch schwerlich oder gar nicht zu bewerkstelligen sind. Wertschätzung entsteht nicht über Nacht; sie braucht also Zeit und ist nicht zu erreichen, wenn die Verhandlungspartner dauernd wechseln. Deshalb sollte bei Gesprächen über langfristig ausgerichtete Beziehungen diesem Punkt große Bedeutung beigemessen werden. Er hängt natürlich insbesondere von der Persönlichkeit der Verhandlungsleiter ab. Aber auch die übrigen Teilnehmer sollten auf ihrer Stufe die Zusammenarbeit und ihr Gegenüber so positiv wie möglich auffassen; sehr oft sind sie bei der späteren Vertragsabwicklung, wo es immer wieder gegenseitige Abstimmungen im Interesse des Ganzen braucht, mehr involviert als ihre Vorgesetzten. Der Geschäftsalltag gehört dem mittleren Kader, dessen Bedeutung man nie unterschätzen darf und das man entsprechend honorieren sollte. Erfahrungen aus dem Militärdienst, wo es selbstverständlich nicht um Honorierung, aber um Verantwortung und die Fähigkeit zu Entscheiden im Sinne des Chefs geht, können diesbezüglich hilfreich sein.

Unter dem Begriff ›Persönlichkeit‹ ist eine Vielzahl von Kräften zu verstehen, die im Denken, Benehmen und allgemeinen Erscheinungsbild Ausdruck finden. Bei allen Verschiedenheiten der Menschen ist in soliden Geschäftsbeziehungen letztlich entscheidend, dass man sich gegenseitig Vertrauen entgegenbringt, in dem Bewusstsein, dass jede Seite ihre Interessen zu wahren hat, aber zugleich auf eine optimale Kooperation angewiesen ist. Ein Vertragsverhältnis lässt sich am besten verwirklichen, wenn die Partner zielstrebig und kompetent sind und wenn eine freundliche, bisweilen auch erheiternde Note zum Verhandlungsklima gehört. Ernsthaftigkeit ist selbstverständlich stets erforderlich, aber nicht mit unergiebiger Humorlosigkeit und abstoßender Sturheit zu verwechseln.

Wenn man sich bemüht, einander zu verstehen, findet man immer eine sinnvolle Lösung. Dabei ist es durchaus zweckmäßig, Klartext zu sprechen und die Limiten aufzuzeigen, die man nicht überschreiten kann; nur so ist die Gegenseite in der Lage zu überlegen, ob für sie effektiv eine Geschäftsgrundlage gegeben ist. Offenheit im richtigen Moment, durchaus auch einmal eine unangenehme, ist besser als ein verspäteter Rückzieher, der nicht selten als ungebührliche Hinhaltetaktik ausgelegt werden dürfte. Letzteres kann spätere Kontaktnahmen schon in der Stunde null erheblich belasten oder sogar praktisch vereiteln. Man muss also immer auch über den Augenblick hinaus denken, wenn man eine gute Lösung für ferne Zeiten anzustreben hat. Dabei weiß niemand so genau, was die fernen Zeiten alles bringen werden.

19.3 Zum Thema Strategie

Der Begriff ›Strategie‹ ist aus dem Altgriechischen abgeleitet (*strategós:* Feldherr, Kommandant); er hat offenbar ein chinesisches Pendant: Ein chinesischer General Sunzi soll um 500 v. Chr. sein Buch mit dem Titel *Die Kunst des Krieges* verfasst haben. Es sei, soweit bekannt, das früheste Werk über Strategie. In Europa und Kleinasien soll der Begriff erstmals im 6. Jahrhundert n. Chr. in der byzantinischen Literatur aufgetaucht sein. Im Zusammenhang mit Strategie darf die Erwähnung des Buches *Vom Krieg* nicht fehlen. Es wurde posthum veröffentlicht, in der Zeit von 1832 bis 1834; dessen eigentlicher Autor war der preußische Offizier Carl von Clausewitz (1780 – 1831).

Mit den zahlreichen und selten griffigen Definitionen von ›Strategie‹ sollte man sich aber nicht lange herumschlagen. Im Grunde geht es um Folgendes: Unter Berücksichtigung der Lage (auch der Umwelt) und von Mitteln, eigenen und denjenigen der Konkurrenz oder des Feindes (im Krieg), sind realistisch erscheinende Ziele zu formulieren, die man mit geeigneten Maßnahmen erreichen will, wobei den Koordinationsbedürfnissen und Zeitverhältnissen besondere Beachtung zu schenken ist. – Ist die verfügbare Zeit kurz, spricht man in der Regel von ›Taktik‹, ist sie länger, nennt man das Ganze ›Strategie. An die Formulierung der strategischen (oder taktischen) Ziele schließt die Umsetzung an (im Militär ›Operationsführung‹ genannt).

In den meisten Groß-Unternehmen sind Strategien auf allen ihren wichtigsten Tätigkeitsgebieten üblich, etwa von der Forschung und Entwicklung über die Produktion, das Marketing, das Finanzwesen bis zur Gesamtausrichtung. Dabei geht es beispielsweise um Fragen der zu erforschenden Produkte, der Patentierung und Registrierung, der Produktpalette insgesamt, der Standorte der einzelnen Bereiche und der Produktion im Besonderen (samt Logistik), aber auch um die Gestaltung der generellen Marketingkonzepte und ihrer lokalen Adaptation, um die Investitionsplanung und den Einsatz von Eigen- und Fremdmitteln. Es gibt auch mittelgroße Dörfer mit fünftausend Einwohnern, die ebenfalls von ›Strategie‹ sprechen. Der Begriff ist also allgemein zugänglich, wenn auch seine Verwendung in kleinen Verhältnissen (etwa mit Bezug auf den Werkhof einer kleinen Gemeinde) allzu großspurig wirkt.

Das Entscheidende bei jeder Strategie ist die Grundeinstellung der Verantwortlichen. Denn eine Strategie zeigt einen Handlungsrahmen in einem bestimmten Zeitpunkt auf. Da die Welt sich ständig ändert und die Unternehmung auch, kann eine bestimmte Strategie später nur noch teilweise sinnvoll sein oder muss sogar generalüberholt werden. Streng genommen ist sie im Moment nach ihrer abschließenden Formulierung überholt. Meistens betrifft dies nur ganz wenige Punkte oder bloß Teilbereiche, aber manchmal ist das Problem um einiges größer. Deshalb ist es wichtig, sich über die Rahmenbedingungen laufend Rechenschaft zu geben und rasch sinnvolle Anpassungen vorzunehmen, ohne das Gesamtziel aus den Augen zu verlieren (sofern es unverändert vernünftig erscheint und nicht ebenfalls geändert werden sollte, was durchaus vorkommen kann). Man muss sich beispielsweise vergegenwärtigen, dass die Erforschung und Entwicklung (inklusive Probe- oder Pilot-Produktion) eines neuen pharmazeutischen Produkts durchaus etwa 10'000 Versuche aller Art beinhaltet und meistens Jahre dauert. Da kann viel passieren, bis es so weit ist (Konkurrenz, gesetzliche Vorschriften und anderes mehr). Daraus erkennt man, welche Unsicherheit damit verbunden ist. Und groß ist der Aufwand, der in der Regel betrieben werden muss, um, selbstverständlich mit fachlich bestausgewiesenen und zielstrebig arbeitenden Mitarbeitern auf allen Stufen, das anvisierte Ziel innerhalb einer angemessenen Frist zu erreichen. Auf dem Weg zum Ziel eines Forschungs- und Entwicklungsvorhabens ist ein vielfaches Scheitern, als Teil des eliminatorischen Verfahrens, der Normalfall. Rückschläge dürfen aber nicht entmutigen, solange gute Chancen zur Zielerreichung bestehen. Dennoch muss man auch bereit sein, den eingeschlagenen Weg in Frage zu stellen, und darf nicht einfach stur daran festhalten. Folglich kann es auch vorkommen, dass eine solche, meistens teure Übung irgendwann einmal abgeblasen wird.

Selbstverständlich will das Unternehmen weiter gedeihen und ist daher gezwungen, stets mit neuen und verbesserten Produkten am Markt zu bestehen und nie alles auf eine Karte zu setzen. Ohne einen strategischen Gesamtrahmen mit beispielsweise parallel laufenden Projekten und Produktentwicklungen kann dies nicht funktionieren. Und noch ein wichtiger Punkt: Die laufende Feinanpassung der Strategie ist unerlässlich und der Schlüssel zum Erfolg.

19.4 Wesentliche Strategiedefizite im Zweiten Weltkrieg

Im militärischen Bereich wird oft von ›großen Strategen‹ gesprochen, solange ein Land oder eine Armee am Siegen ist. Da gibt es nur Strategie-Stars, die oft geradezu verherrlicht werden. Der sogenannte Blitzkrieg Deutschlands gegen Frankreich dauerte vom 10. Mai 1940 bis zum 22. Juni 1940. In Deutschland bezeichnete man Hitler nach dem schnellen Sieg häufig als ›strategisches Genie‹, in Verkennung vieler Begleiterscheinungen, welche den Sieg begünstigten. Denn der Frankreich-Feldzug hätte auch scheitern können. Aber die vergleichsweise sehr gut gerüsteten Franzosen (insgesamt eher besser als die Deutschen) mit ihrer vom Bestand her ebenbürtigen Armee hatten derart viele strategische und taktische Fehler gemacht, dass sie ihre rasche Niederlage weitgehend selbst verschuldeten. Den französischen Truppen fehlte es also nicht an Kampfstärke, das rasche Ende war auf die Leichtfertigkeit und Überheblichkeit der höchsten französischen Kommandanten zurückzuführen. Sie waren nicht bereit, die sich ändernde Lage zur Kenntnis zu nehmen und sich entsprechend zu organisieren (die leicht zu umgehende Maginot-Linie konnte man nicht ernsthaft als effektives Bollwerk ansehen). Die vor Kriegsbeginn geäußerten und absolut berechtigten strategischen Bedenken de Gaulles (er war leider nicht in entscheidend hoher Funktion) waren aus Sicht des unfähigen französischen Oberkommandos unangebracht. Hinterher, nach dem schnellen Zusammenbruch, waren die Franzosen eines Besseren belehrt. Hätten sie nur etwas mehr Pessimismus walten lassen und sich entsprechend organisiert, wären die deutschen Truppen mit einiger Wahrscheinlichkeit in eine große Katastrophe geraten. Aber hinterher war diese Möglichkeit in Hitler-Deutschland kein Thema mehr und führte zu mehreren Fehleinschätzungen.

So gab es auch keine nennenswerten Zweifel, als der Aufbruch in Richtung Russland startete (22. Juni 1941). Dabei wurde in der Planung offenbar schrecklich versagt. Zu diesem Thema hielt Oberst Gerhard P. Groß vom Militärgeschichtlichen Forschungsamt der Bundeswehr später in deutlichen Worten fest, dass der Generalstabschef des Heeres, Generaloberst F. Halder, bei seiner operativen Planung logistische Fragen vernachlässigte, etwa wie das zu erwartende Nachschubproblem gelöst werden könne. Auch nach der Katastrophe vor Moskau (russische Gegenoffensive ab dem 6. Dezember 1941) mit unzähligen Opfern gab es in Deutschland keine hörbare Opposition gegen die Kriegsführung. Als Hitler den USA Ende 1941 den Krieg erklärte, regte sich in Deutschland immer noch praktisch nichts. Nach dem Untergang der deutschen VI. Armee in Stalingrad vom 2. Februar 1943 (von der deutschen 330'000 Mann-Armee fielen 240'000 und 90'000 gingen in russische Gefangenschaft) gab es nur die absurde, großsprecherische Rede von Goebbels über den »totalen Krieg« (Berliner Sportpalast, 18. Februar 1943). Das furchtbare Scheitern in Nordafrika (Beginn des deutschen Truppeneinsatzes im April 1941, Ende im Mai 1943) ließ immer noch keine effektive Front des Zweifels und der Ablehnung der politischen Führung entstehen. Selbst die Landung der Alliierten in Sizilien sowie die misslungene letzte deutsche Groß-Offensive in Russland im Raum Kursk (beide im Juli 1943) brachten kein Umdenken. Damals, Mitte 1943, wäre es aber höchste Zeit gewesen, mit dem unsinnigen Krieg aufzuhören und somit eine neue Strategie zu verfolgen. Doch sogar die Invasion in der Normandie (Beginn am 6. Juni 1944) löste in Deutschland im Volk keine Bewegung aus, die eine Beendigung der zerstörerischen Kriegsführung hätte bewirken können. Nach dem misslungenen Attentat auf Hitler vom 20. Juli 1944 im Hauptquartier Wolfsschanze in Ostpreußen ging der objektiv seit Mitte 1943 verlorene Krieg noch mehr als neun Monate weiter, am Schluss sogar unter Einsatz von Schülern und Greisen.

Offenbar glaubten viele in Deutschland bis zuletzt, dass Hitler einen Ausweg aus der Misere wisse und sie zum Endsieg führen werde. Selbst die verheerenden Bombenschäden in den deutschen Städten (Zerstörungen in den Zentren bis zu 90 %) veranlassten die deutsche Führung nicht zu einer Strategieänderung. Ab Mitte 1944 hätte eine neue Strategie selbstverständlich nur eine bedingungslose Kapitulation beinhalten können, im Zeichen der Schadensbegrenzung, um zu retten, was noch zu retten war. Aber weiterhin wurde der Weg zum Untergang beschritten, wie Filmaufnahmen zeigen, in einer gespenstischen Bereitschaft, sich notfalls vernichten zu lassen. Am Schluss, am 8./9. Mai 1945, waren unzählige Opfer zu beklagen, und Deutschland lag in Trümmern. Aber auch viele andere Länder hatten enorme Verluste und Schäden hinzunehmen. Für nichts und wieder nichts.

Ein geradezu verrückter Opportunismus muss die Kräfte in Deutschland in die falsche Richtung gelenkt haben, jeweils von einem wahnsinnig anmutenden Optimismus angespornt. Denn Mitte 1943 war klar erkennbar, dass der Krieg für Deutschland auf keinen Fall zu gewinnen war. Mitte 1944 stand fest, dass man sofort aufhören sollte. Und trotzdem kam es zu einer geradezu idiotischen Fortsetzung einer verlorenen Sache. Die Strategie der Nazis und ihrer Mitläufer bis in höchste Ämter und Militärränge wurde nicht geändert. Die Folge: Die Umstände änderten die strategischen Möglichkeiten des Hitler-Regimes, bis sie bei null angekommen waren, bis zu dessen Ende.

Man kann sich fragen, weshalb die letztlich treibenden Kräfte in Deutschland, mit Duldung oder Unterstützung vieler im Land, angesichts einer unabwendbaren Niederlage keine Änderung herbeiführen wollten oder konnten:

War es, erstens, das Zusammenwirken des auch in anderen Ländern feststellbaren Hangs zur Selbstüberschätzung mit der deutschtypischen extremen Opferbereitschaft, untermauert durch den Eid auf den Führer?

Kam, zweitens, ein tief verwurzelter Untertanen-Opportunismus hinzu, der dem Einzelnen signalisierte, dass man durch kritikloses Mitmachen Vorteile habe beziehungsweise, wegen der dauernd schlimmeren Lage, keine noch größeren persönlichen Nachteile erleiden müsse?

War, drittens, das Gefühl der Angst vor den Sanktionen im

Fall von offener Opposition (Hinrichtung, Sippenhaftung) derart stark, dass man bei aller Not doch nur die Möglichkeit des Mitschwimmens sah?

War, viertens, dieses Amalgam stärker als Beobachtungen der Realität und ein entsprechendes gelegentliches Aufleuchten von Vernunft?

War somit, fünftens, der Weg zum Untergang vorgezeichnet?

Ist es Ende 2013 in anderem Zusammenhang, aber erneut angesichts einer sich verschärfenden Katastrophe, wiederum so, dass nur der Untergang des aktuellen Weltwirtschafts- und Finanzsystems das Ende einer unheilvollen Entwicklung markieren kann? Die Menschheit als eine Gefangene ihrer »Leithammel«, die keine Fehler oder Unsicherheit eingestehen wollen (siehe Punkt 19.6, *Düstere Prognose für die wirtschaftliche Zukunft*). Mit Unterstützung der von den Regierungen abhängigen Medien (höhere Positionen) wird nach Kräften ein unkritischer Opportunismus gefördert. Man meidet heikle Themen, so weit es geht, und berichtet zwecks Ablenkung der europäischen Bevölkerung über viele Ereignisse, die für sie überhaupt nicht relevant sind (etwa über ein Busunglück in den Anden). Da bleibt kaum Platz für den Hinweis auf die Notwendigkeit eines Umdenkens, eines sogar dringend notwendigen Umdenkens. Immerhin geht es in den entwickelten Ländern vielen recht gut und oft besser als früher. Wer will da die Notwendigkeit von Einschränkungen propagieren und seine Wahlchancen auf null reduzieren? Das Motto lautet: Alle möchten das Bisherige erhalten und nur etwas über weitere staatliche Wohltaten hören. Somit sind Appelle zur Verhaltensänderung verpönt. Die Empfehlung von Kehrtwendungen oder einschneidenden Maßnahmen hätten nur eine Chance, akzeptiert und verwirklicht zu werden, wenn die Not Tatsache wäre, und zwar in allen Schichten. Also wird die Notlage abgewartet.

Manche in Deutschland trauten Hitler noch 1945 eine Wunderwaffe zu, mit der Vorstellung, er könne in letzter Minute doch noch eine Wende herbeiführen. Es blieb aber bei ersten Einsätzen der V-2-Raketen gegen London, die überschaubare Schäden anrichteten, nicht mehr. Die mögliche Wunderwaffe (die mögliche!) hatte Hitler selbst weitgehend verhindert, zum Glück für Deutschland, für Europa und die ganze Welt.

19.5 Selbstschwächung oder die entgangene Atombombe

Bis zum Jahr 1933 waren Juden im gebildeten Bürgertum Deutschlands stark vertreten, insbesondere unter Ärzten und Anwälten, in der Finanzwelt, unter den Künstlern, in den Wissenschaften. Hinzu kamen jüdische Industrielle.

Nach dem Verbot der Lehrtätigkeit jüdischer Professoren an deutschen Hochschulen ab 1933 wanderten auch Personen ins Ausland, die, zusammen mit den deutschen Atomforschern Otto Hahn (1879 – 1968), Friedrich Wilhelm Straßmann (1902 – 1980) und Werner Heisenberg (1901 – 1976) die Entwicklung einer deutschen Atombombe hätten vorantreiben können. Aber mit der Judenverfolgung hatte Hitler dem Deutschen Reich einen gewaltigen intellektuellen Aderlass in der Nuklearforschung beschert.

Fünf Juden und der mit einer Jüdin verheiratete Enrico Fermi (1901 – 1954) waren entscheidend beteiligt am sogenannten *Manhattan-Projekt* in Los Alamos im US-Bundesstaat New Mexico. Das *Manhattan-Projekt* hatte in den Jahren 1943 bis 1945 zum Ziel, für die USA die Atombombe zu entwickeln. Vorausgegangen war der 1938 erstmals gelungene Versuch der Spaltung des Uran-Kerns durch Neutronen, die Voraussetzung zur technischen Nutzung der Kernenergie, aber auch zur Herstellung von Atomwaffen. Bisher nicht vorstellbare Mengen von Energie wurden dabei freigesetzt. Dieser Versuch erfolgte durch die deutschen Chemiker Otto Hahn und Friedrich Wilhelm Straßmann, wobei die aus Wien stammende Physikerin Lise Meitner (1878 – 1968), die zuvor mit Hahn zusammengearbeitet hatte, aus ihrem schwedischen Exil durch schriftliche Anregungen wesentlich zum Erfolg beigetragen haben soll. Sie war 1938 aus Deutschland geflohen, da sie als protestantisch getaufte Tochter jüdischer Eltern verfolgt wurde; bereits 1933 hatte man ihr wegen ihrer jüdischen Abstammung die Lehrerlaubnis als Professorin in Berlin entzogen.

Leiter des *Manhattan-Projekts* war Robert Oppenheimer, der 1904 als Sohn deutschstämmiger jüdischer Immigranten in New York geboren wurde. Oppenheimer war ein genialer Physiker, hatte bereits 1927 in Göttingen promoviert und wurde 1929, mit erst fünfundzwanzig Jahren, Professor an der Universität von Kalifornien in Berkeley. Er führte das Projekt zum Erfolg. Die ersten und bisher einzigen kriegsmäßigen Atombombenabwürfe sollten Japan in die Knie zwingen. Sie erfolgten am 6. August 1945 in Hiroshima (140'000 Tote im selben Jahr und viele danach) sowie am 9. August 1945 in Nagasaki (70'000 Tote allein im selben Jahr). Entsetzt über die Wirkung der Bombe, soll Oppenheimer aus dem religiösen indischen Werk Baghavad Gita zitiert haben: »Ich wurde der Tod, der Zerstörer der Welten.« Oppenheimer starb 1967 in Princeton, New Jersey.

Weshalb hatten die Amerikaner die Japaner nicht vor der Atombombe gewarnt? Weshalb hatten sie sich nicht ein praktisch unbesiedeltes und dennoch spektakuläres Ziel ausgesucht, um den Japanern die grauenhafte Wirkung vor Augen zu führen und sie so zur Kapitulation zu bewegen? Waren die amerikanischen Verantwortlichen im entscheidenden Moment ohne einen einzigen Gedanken an das Gute? War furchtbare Zerstörung zwecks praktisch sicherer rascher Beendigung des Kriegs wichtiger? Hinterher kann die Frage nach der Richtigkeit der Atombombenabwürfe auf bewohnte Städte nichts mehr ändern. Aber aus der zeitlichen Distanz kann man wenigstens über den Schrecken nachdenken. Offenbar reichten die Abwürfe von 1945 und die seither ausgebauten Arsenale samt Langstreckenraketen bis heute, um die Menschheit vor einer weiteren globalen militärischen Auseinandersetzung zu bewahren. Insofern kann man feststellen, dass diese Waffen etwas Gutes an sich haben, weil sie die böse Opportunität eines großen Krieges von vornherein in ein derart pessimistisches Licht rücken, dass sie als Option entfällt. Ob sich auch kleinere Atommächte für alle Zeit von dieser Überlegung leiten lassen werden?

Der erste Wissenschafter, der ernsthaft über den tatsächlichen Bau von Atombomben nachdachte, war aber nicht Oppenheimer, sondern der Physiker und Molekularbiologe Leo Szilard. Er wurde 1898 in Budapest geboren und starb 1964 in La Jolla, Kalifornien. Szilard war – wie Oppenheimer – Jude, studierte zuerst in Budapest und ging 1920 nach Berlin, wo die berühmten Physiker Albert Einstein, Max von Laue und Max Planck lehrten. Bereits mit achtundzwanzig Jahren wurde er Privatdozent an der Technischen Hochschule Berlin. 1933, nach der Machtergreifung durch die Nationalsozialisten, wanderte er via Wien nach England aus, von wo er 1938 in die USA emigrierte. Dort erzeugte er gemeinsam mit dem genialen Italiener Enrico Fermi am 2. Dezember 1942 in Chicago die erste Kettenreaktion in einem Reaktor. Szilard galt als Exzentriker, brillanter Theoretiker und ausgezeichneter Schriftsteller. Er arbeitete am *Manhattan-Projekt* mit und sprach in diesem Zusammenhang selbstironisch von der »ungarischen Konspiration«. Denn neben ihm waren noch drei bedeutende jüdische Wissenschafter mit ungarischen Wurzeln maßgeblich am Projekt beteiligt: Eugene Wigner, John von Neumann und Edward Teller. Alle vier Wissenschafter wurden von ihren amerikanischen Kollegen wegen ihrer »überirdischen« geistigen Fähigkeiten als »*the Martians*« (*die Marsmenschen*) bezeichnet.

Der bereits erwähnte Enrico Fermi war mit dreiundzwanzig schon Dozent in Florenz, wo er bis 1926 blieb. 1927 wurde er in Rom Professor für Theoretische Physik. Da seine Frau Jüdin war und mit Verfolgung rechnen musste, wanderte Fermi 1938 – er hatte soeben den Nobelpreis für Physik erhalten – mit seiner Familie in die USA aus, wo er zunächst an der *Columbia University* in New York lehrte, ab 1942 an der *University of Chicago*. Von 1943 an wirkte er am *Manhattan-Projekt* mit. Ab 1946 bis zu seinem frühen Tod war er wieder in Chicago tätig, als Professor am Institut für Nuklearstudien.

Eugene Wigner (geboren 1902 in Budapest, gestorben 1995 in Princeton, New Jersey) war Physiker. Nach der Promotion in Berlin wurde er dort Assistent und dann Professor. Wegen seiner jüdischen Herkunft verlor er 1933 seine Professur und wanderte in die USA aus. Mit Leo Szilard entwickelte er die Theorie der nuklearen Kettenreaktion und engagierte sich am *Manhattan-Projekt*, da er befürchtete, Hitler würde eine solche Bombe bauen lassen. Zuerst lehrte er zwei Jahre an der Universität von Wisconsin, dann war er bis zu seiner Emeritierung im Jahr 1971 Mathematik-Professor in Princeton. 1963 erhielt er den Nobelpreis für Physik.

John von Neumann, 1903 in Budapest geboren und 1957 in Washington D. C. gestorben, war Chemiker-Ingenieur, Mathematiker und Physiker. Nach der Matura studierte er an der ETH Zürich und an den Universitäten Budapest, Göttingen, Hamburg und Berlin. Bereits 1926, mit dreiundzwanzig Jahren, wurde er Privatdozent an der Humboldt-Universität Berlin. Ab 1930 hielt er auch Vorlesungen in Princeton. 1933 wanderte er in die USA aus und wirkte als Mathematik-Professor in Princeton. Er leistete auf vielen Gebieten der Mathematik herausragende Beiträge und war der Begründer der Spieltheorie. Ab 1943 arbeitete er am *Manhattan-Projekt* mit. Als wichtiges Mitglied im *Target Committee* war er mitbestimmend bei der Festlegung der Ziele für den Atombombenabwurf in Japan. Von Neumann galt als Genie und einer der vielseitigsten Mathematiker des 20. Jahrhunderts. Beispielsweise beruhen die modernen Rechner auf seiner Idee, dass Daten und Programm binär codiert im selben Speicher liegen sollen.

Der Vierte im Bunde der aus Ungarn stammenden Koryphäen war der Physiker Edward Teller, 1908 in Budapest geboren, 2003 in Stanford gestorben. 1926 begann er das Studium in Karlsruhe, wechselte dann nach München und promovierte 1930 in Leipzig bei Heisenberg. Dann folgten je zwei Jahre an der Universität Göttingen und bei Niels Bohr in Kopenhagen. Wegen seiner jüdischen Abstammung verließ er Deutschland 1934 in Richtung England und emigrierte 1935 in die USA. Er wirkte am *Manhattan-Projekt* mit und befürwortete danach die Entwicklung der Wasserstoffbombe zwecks Abschreckung. Bis 1975 war er Professor, zuerst an der Universität von Chicago, dann an der Universität von Kalifornien. Nach dem Krieg, anlässlich eines Vortrags in Frankfurt am Main, wurde er gefragt, ob man die erste Atombombe auf Deutschland geworfen hätte, wenn ansonsten das Kriegsende weiter hinausgezögert worden wäre. Darauf antwortete er sinngemäß: »Nein, die Deutschen waren in der Atomforschung schon zu weit, und wir durften ihnen keinen Hinweis geben oder gar eine Hilfe im Falle eines Blindgängers. Diese Gefahr bestand in Japan nicht.« Was Teller damals sagte, mag aus seiner Sicht gestimmt haben. Aber: So sicher war das wohl nicht. Es ging um einen nachträglichen hypothetischen Fall, zum Glück. Denn bei einer Verzögerung des Vormarsches der Alliierten in Richtung Deutschland mit weiteren großen Opfern auf ihrer Seite, hätte man unter Umständen vielleicht auch einen Blindgänger riskiert, um dem Schrecken ein Ende zu bereiten.

Es war eine glückliche Fügung des Schicksals, dass Lise Meitner, Enrico Fermi und die vier in die USA emigrierten ungarischen Atomforscher und Juden im Krieg nicht in Deutschland waren. Nicht auszudenken, was es für die Welt bedeutet hätte, wenn Hitler, vielleicht auch wegen möglicher eigener jüdischer Vorfahren, von der Propagierung des Judenhasses plötzlich Abstand genommen hätte. Als Machtpolitiker wäre es ihm vermutlich gelungen, seiner Gefolgschaft eine Kehrtwendung plausibel zu machen. Lise Meitner und die ungarischen Atomforscher wären wahrscheinlich in Deutschland geblieben und Fermi in Italien. Unter dem Stichwort »neue Größe Deutschlands« hätte Hitler die Juden sogar hofieren können, eingedenk ihrer starken wirtschaftlichen Stellung und ihrer Bedeutung an Hochschulen und in akademischen Berufen. Im Deutschen Reich wäre vermutlich eine militärisch schwer zu schlagende Kombination aus Wissen, finanziellen Ressourcen und in gewissen Militärkreisen besonders hoher Kriegsbereitschaft entstanden. Daraus hätte eine Potenz resultiert, vor der jedenfalls die europäische Welt in die Knie gegangen wäre. Ein weniger aggressives Nazi-Regime hätte wohl von dem verhängnisvollen Russlandfeldzug Abstand genommen und den USA nicht den Krieg erklärt. Der Bau einer deutschen Atombombe wäre mit den erwähnten hochtalentierten Forschern jedenfalls eher möglich gewesen, als es nachher der Fall war. Wahrscheinlich hätte die Geschichte eine andere Entwicklung genommen. Hätte.

Nachdem das Nazi-Regime viel unersetzlichen Intellekt aus Deutschland vertrieben hatte, insbesondere in die USA, kam es dort zur erfolgreichen Entwicklung der stärksten aller bisher eingesetzten Waffen. Hitler und seine Gefolgsleute beraubten sich also glücklicherweise in selbstschädigender Weise dieser Möglichkeit weitgehend. Grund war das völlig unterentwickelte Sensorium der obersten Nazis in Bezug auf den Pessimismus. Denn dieser hätte ihnen signalisieren müssen, dass mit der Vertreibung von wichtigem, militärisch nutzbarem Wissen möglicherweise eine große Gefahr für Deutschland einherging. Für einmal war das Fehlen des Pessimismus das Beste, was passieren konnte.

19.6 Düstere Prognose für die wirtschaftliche Zukunft

Absurd und existenzgefährdend wäre die Behauptung, es gebe zu einem bestimmten Vorgehen oder zu einer Strategie keine Alternative. Wer eine solche Meinung verkündet, kann nicht vernünftig sein. Das ist reine Stimmungsmache und ein antistrategisches Verhalten. Wenn sich im Lauf der Zeit die Situation immer mehr verschlimmert (siehe ewige Rettungsversuche in der Eurozone), rächt es sich, dass man stur behauptet hat, man habe keine Alternative zur Verfügung, obwohl es selbstverständlich andere Handlungsvarianten gegeben hat. Und es gibt sie immer noch. Dennoch verrennt man sich weiterhin, vergrößert die Probleme laufend, treibt die Rettungskosten in die Höhe und wird früher oder später doch von der Realität eingeholt werden.

Klar, dass mit stumpfsinnigen Durchhalteparolen nicht der Hauch einer Idee verbreitet wird, welches realistische und sinnvolle Ziel mit welchen effektiv verfügbaren Mitteln in welcher Frist erreichbar erscheint. Typisch für Reden, die auf dem Denken bis zur Nasenspitze basieren und eigentlich reine und ziemlich erbärmliche Beschwichtigungsversuche darstellen, sind die wohl primär politisch und kaum ökonomisch basierten Frühjahrsprognosen des Internationalen Währungsfonds (IWF) der letzten Jahre. Zur Illustration einige Zitate aus der jüngsten Vergangenheit. April 2011: »Der Aufschwung wird stärker.« April 2012: »Die weltweiten Aussichten verbessern sich schrittweise.« April 2013: »Die globalen Wirtschaftsaussichten haben sich verbessert.« Der IWF schreibt's und korrigiert dann möglichst rasch seine Prognose nach unten, wie auch im Frühjahr 2013 geschehen. – Von Strategie keine Spur, außer vielleicht eine Einlullungsstrategie. Damit sollen wohl die Empfänger der Frühjahrsprognosen und insbesondere die vermeintlich ignorante Allgemeinheit, die nur Kurzinformationen erhält, bei Laune gehalten werden. Bedingung ist allerdings, dass die Adressaten überhaupt kein Erinnerungsvermögen haben dürfen, um das auf IWF-Prognosen basierende Auf-und-ab-Gerede noch hinzunehmen. Nach der eher positiven IWF-Frühjahrsprognose vom April 2013 und der rasch folgenden Relativierung titelte die *Financial Times* am 24. April 2013: »*Pessimism deepens over global economy*« (»Weltwirtschaft: Zunehmender Pessimismus«). Das ist zwar nicht gerade feingliederig (immerhin herrscht nicht überall auf der Welt Pessimismus), aber der Grundtenor ist zutreffend: Der IWF verbreitet verhaltenen Optimismus und schwächt seine eigene Prognose fast umgehend gleich selber ab, was seine Glaubwürdigkeit erheblich untergräbt und erst recht zu Pessimismus Anlass gibt. Die gegenwärtige Leiterin des IWF (Dezember 2013) verkündete vor nicht allzu langer Zeit, in ihrer damaligen Funktion als Finanzministerin Frankreichs, die umwerfende Idee, die Deutschen sollten weniger arbeiten und höhere Löhne kassieren, damit die Konkurrenzfähigkeit Frankreichs sich verbessern könne. Auch eine Strategie, allerdings aus dem Arsenal hilfloser Nationalisten, die dem eigenen, ziemlich angeschlagenen Land kein Umdenken und keine Verhaltensänderung verordnen wollen. Das übergreifende Interesse an der wirtschaftlichen Zukunft Westeuropas kann bei einem derart absurden Ansinnen offensichtlich nicht besonders groß sein. Oder sind sich die Leute dessen gar nicht bewusst? Dass solche Aussagen offenbar bestens für die Leitung des IWF qualifizieren, muss nachdenklich stimmen.

Die wirtschaftliche Lage der EU (mit Ausnahme der kleineren Länder Dänemark, Estland, Finnland, Luxemburg und

Schweden), der USA und Japans ist die Folge eines katastrophalen Opportunismus, der die Politik der betreffenden Staaten beherrscht. Noch stellen sie insgesamt die weltweit maßgeblichen Märkte dar, könnten aber irgendwann in noch größere Abhängigkeit von China, auch von Indien, Brasilien und Russland geraten. Und bereits deutet sich in China ebenfalls eine schwer beherrschbare Schuldenkrise an. Will China seine Exportfähigkeit nicht gefährden, kann es im Kontext der Tiefstzinsen der EZB, des FED und Japans seine Geldpolitik kaum ändern oder allenfalls nur durch etwas höhere Belehnungsgrenzen modifizieren. Denkbar wäre auch ein Abwarten Chinas, bis sich die Lage in Europa, den USA und in Japan weiter verschärft, um je nach deren Dispositionen zu reagieren. Derzeit scheint man aber in der EU, in den USA und in Japan die fundamentalen Probleme zu verkennen oder, eher wahrscheinlich, verdrängen zu wollen. Sie wären nur mit einem Neuanfang lösbar, mit einer Rückkehr zu solidem Wirtschaften. Die völlig falschen Signale, welche die anti-marktwirtschaftlichen künstlichen Tief- beziehungsweise Tiefstzinsen (EZB, FED, Japan) aussenden, und der unablässige Einsatz der Notenpresse können gar keine Bereinigung bewirken. Denn es ist ausgeschlossen, die riesigen und laufend steigenden Schuldenberge selbst durch eine positive wirtschaftliche Entwicklung beseitigen zu können. Viele Politiker erträumen sich ein Wachstum, ohne nähere Begründung. Und der Traum beinhaltet Folgendes:

a) Dank Geldschwemme zu tiefen Zinsen gibt es mehr Wirtschaftstätigkeit, und zwar bei niedriger Inflation.
b) Deshalb werden die Arbeitslosenzahlen und auch die Beträge für die Arbeitslosenunterstützung zurückgehen.
c) Mehr Wirtschaftstätigkeit bewirkt höhere Steuer-

> einnahmen; und daraus resultiert auch die Möglichkeit für einen schmerzlosen Schuldenabbau.

So wird es aber nicht funktionieren, wie die Gegenwart bereits deutlich signalisiert. Denn das billige Geld (aufgrund der Tiefstzinsen) einer Zentralbank (zum Beispiel der EZB) führt automatisch dazu, dass andere Zentralbanken (FED, Japan und auch China) ebenfalls Tiefstzinsen anwenden. Einen internationalen Wettbewerbsvorteil kann also die EZB nicht bewirken, wenn sie eine Politik der Tiefstzinsen praktiziert. Und wichtig: Das Geld geht immer gewissermaßen den Weg des geringsten Widerstands. Es fließt in Aktien, deren Erwerb sich bei ganz tiefen Zinsen und selbst bei etwa gleich bleibenden Dividenden lohnt. Ein gutes Geschäft, ohne Auswirkung auf die übrige Wirtschaft und die Arbeitslosenzahlen. Die weltweit operierenden Spekulanten treiben so durch ihre Käufe die Kurse in die Höhe. Aber das billige Geld wandert auch in den Immobiliensektor, wo die Preise enorm gestiegen sind und bereits jetzt (in Zukunft verstärkt) zu Mietzins-Erhöhungen führen. Die Geldschwemme, die in Europa vor allem die großen, hoch verschuldeten Länder wie Spanien und Italien sowie Frankreich retten soll (das ist im Grunde die Optik der EZB), bewirkt auch sonst, also außerhalb des Aktienhandels und des Immobiliensektors, ein gutes Geschäft für die Banken. Sie erhalten das Geld für fast nichts von der EZB und verleihen es beispielsweise zu einem einträglichen, aber gemäß Bonität viel zu tiefen Zins an den Staat Italien. Solche Kredite haben für die Banken den Vorteil, dass sie durch die EZB abgesichert werden und keine Kreditunterlegung durch die Banken selbst erfordern. Ein sicheres und einträgliches Geschäft, das nicht viel Geist erfordert (ein »Lehnstuhlgeschäft«) und das wiederum nicht zum Wirtschaftswachstum und keineswegs zum Abbau der Arbeitslosenzahlen führt. Und Italien (wie viele andere), wo die Arbeitslosenzahlen hoch sind und eher noch steigen, hat zugleich überhaupt keinen Anreiz, mit dem Schuldenmachen aufzuhören oder wenn möglich sogar Schulden abzubauen; so soll das also weitergehen.

Die NZZ vom 24. Oktober 2013 hat berichtet, dass manche Zeitungen getitelt hatten: »Börsen bejubeln hohe US-Arbeitslosigkeit.« Der zynisch wirkende Jubel war auf folgenden Sachverhalt zurückzuführen: Man durfte annehmen, dass die praktisch unverändert hohen US-Arbeitslosenzahlen die amerikanische Notenbank veranlassen werden, weiterhin an ihrer Politik der Tiefstzinsen und der Dollarschwemme festzuhalten. Und dies werde den US-Aktienmarkt weiterhin beflügeln (Aktienkäufe mit billigem gepumpten Geld). Europa könne sich davon nicht abkoppeln, entsprechend seien Politik und Erwartungshaltung. Zur Verdeutlichung: Von Januar bis September sei der wichtigste amerikanische Aktienindex um 23 % gestiegen; Euro-Stoxx 50 habe in dieser Zeit um 16 % zugelegt, der Schweizer Leitindex SMI um 20 %. Die schiefe Entwicklung sei von der Realwirtschaft weitgehend losgelöst. Die Blase auf dem Aktienmarkt dürfte noch größer werden. Und je größer die Blase, umso größer die Gefahr eines Platzens.

Zugleich stellt man fest, dass die Geldschwemme zu steigenden Nahrungsmittelpreisen führt, was stets irgendwo weit hinten in den Zeitungen bekannt gegeben wird, um möglichst keine Unruhe zu verbreiten. In Österreich erreichte im Herbst 2013 die Preissteigerung für Nahrungsmittel und Mieten 4,5 % p.a.; ebenfalls im Herbst 2013 betrug in Deutschland die Jahresteuerung auf Nahrungsmitteln 4,2 %. Es bahnt sich also eine unheilvolle Entwicklung an. Da zugleich die Sparzinsen unter 1 % p.a. gesunken sind (als Folge der Tiefstzinsen der EZB), kommt es zu einer Enteignung der Sparer. Wegen der tiefen Zinsen wird es für Pensionskassen zunehmend schwieriger, die erforderlichen Renditen zu erwirtschaften; da die Lebenserwartung weiter steigt, verschlingen bestehende Renten wesentlich mehr

Mittel, als früher geplant. Im Blick auf Auszahlungen an künftige Rentner wird es erforderlich sein, das Eintrittsalter sowie die Beiträge zu erhöhen und trotzdem die Leistungen zu reduzieren. Im Effekt steigen also die Schulden der Staaten, stagnieren oder steigen die Arbeitslosenzahlen, verlieren die Sparer und künftige Rentner. Zudem zahlen die Leute mehr für Nahrungsmittel, für Mieten und wie schon seit Längerem auch fast laufend höhere Prämien für ihre Krankenkasse. Somit gibt es eigentlich nur eine Gewinnerkategorie: die Banken (siehe »Lehnstuhlgeschäft« vorstehend).

Ein weiterer Aspekt ist wichtig, wo die Dinge immer wieder vermischt werden: Es ist nämlich zwischen Privat- und Staatswirtschaft zu trennen. Der Staat kann, entgegen verbreiteter Staatsgläubigkeit, das Wirtschaftswachstum nicht steuern, sondern bestenfalls positiv beeinflussen, indem er die Wirtschaft nicht mit hinderlichen Auflagen und unfinanzierbaren Projekten belastet. Mit der Übernahme der Subventions-Forderungen der Solarindustrie tut er in Deutschland, Österreich und der Schweiz genau das Gegenteil. In der Schweiz wird sogar der Preisüberwacher, der von Amtes wegen für möglichst günstige Konsumentenpreise eintreten sollte, durch Amtsträger in die preistreibende Politik der Solarförderung eingespannt.

Die staatliche Strategie müsste in allen Ländern mit einer Schuldenmisere lauten: Echte, sicher nicht schmerzlose Einsparungen im staatlichen Budget und Überschüsse in der Staatsrechnung zwecks Schuldenabbaus, unter Verzicht auf Steuererhöhungen, damit nach einer längeren Durststrecke (eher zehn Jahre als fünf) wieder einigermaßen solide Verhältnisse herrschen. Dass bei diesen Anstrengungen nicht alle heutigen Euro-Länder im gleichen Währungsraum sein können, müsste eigentlich klar sein. Die Währung kann stets nur die eigene Wirtschaftskraft reflektieren, nicht diejenige eines Sammelsuriums von starken und sehr schwachen Volkswirtschaften. Es ist daher nicht sinnvoll, wirtschaftlich schwachen EU-Ländern eine starke Euro-Währung zu verordnen. In Bezug auf die Währungen muss für dauerhaft gute Lösungen beachtet werden: Zuerst kommt die Verfassung der Gesamtwirtschaft, dann die Währung; und dabei gilt, dass eine schwache Wirtschaft eine schwache Währung haben muss. Wo die Dinge im Argen sind, muss man sich ändern, müsste man *sie* ändern. Und dieses Umdenken hätte in den vielen maroden Ländern bei den Staats-Aufgaben und Staats-Ausgaben (samt Organisation des Beamtenapparats) anzufangen, die längst in den Sog eines permanenten Überbordens geraten sind.

Konkret bedeutet dies in Europa, dass die wirtschaftlich angeschlagenen Länder Griechenland, Portugal, Spanien, Italien, Zypern, auch Frankreich, Irland und eventuell Belgien sowie Slowenien und Malta zu eigenen Währungen zurückkehren sollten. Ihre enormen Schuldenpositionen müssten sie mit einem staatlich verordneten massiven Schuldenschnitt reduzieren (auf etwa die Hälfte oder weniger der Situation vom Dezember 2013). Dass mit solchen Maßnahmen die Bankenwelt gehörig verkleinert würde und weitere Kollateralschäden unvermeidlich wären, müsste hingenommen werden. Eine Gratis-Sanierung ist eine absurde Wunschvorstellung. Die klare und unerlässliche »Strategie zu einem Neuanfang« ist eben nicht schmerzlos zu haben. Auch die USA und Japan können mit ihrer furchtbaren Schuldenwirtschaft nicht endlos fortfahren. Wie bei allen schweren Missständen erfordert deren Beseitigung Kraft und Opfer. Ein solches Vorgehen hätte eine Zukunft, was man vom bisher praktizierten verantwortungslosen Weiterwursteln mit Sicherheit nicht sagen kann.

Die Welt steht also sehr wohl vor Alternativen, sehr unangenehmen, auch wenn diese verbreitet negiert werden. Entweder man hat eine brauchbare Idee, wie es weitergehen soll, oder man wird von den laufend schwierigeren Ereignissen zu ungeahnten

Opfern gezwungen. Letztere werden viel größer sein, als sie eine zwar späte, aber doch bewusst vollzogene Umkehr verursachen würde. Die wahnsinnige Kraft der negativen Seite des menschlichen Opportunismus wird sich aber in dieser für die ganze Welt bedrohlichen Situation schwer zähmen lassen. Das Problem sind die von der Wählergunst abhängigen Demokratien und die aus den Wahlen jeweils hervorgehenden Machtkonstellationen, die viel Profitgier und wenig Sinn für langfristige Verantwortung reflektieren, wie der aktuelle Zustand es kaum besser zeigen könnte.

Es ist daher recht wahrscheinlich, dass der Dritte Weltkrieg als Akt einer rein wirtschaftlichen Zerstörung der Lebensgrundlagen vieler abläuft. Und dabei wird es, wie bei früheren Weltkriegen, wiederum Staaten geben, die weniger leiden müssen als andere. Welche Länder es sein werden, zeichnet sich bereits ab.

VIII. Kapitel

Ein berühmtes Dichterwort und die harte Realität

20. Edel sei der Mensch, hilfreich und gut!

20.1 So ein Appell hat's in sich – oder doch nicht

Klasse! Der Appell klingt schön. Umwerfend schön. Und bei vielen Älteren ist er noch recht oft gespeichert, eher passiv, wird also erst beim Zitieren durch andere reaktiviert (die Älteren seien hier all jene mit Jahrgang 1950 und früher, was etwas arbiträr ist, aber vermutlich meistens hinkommt). Nach dem Sinn des Appells hat man im Kreis dieser Älteren bisher nur oberflächlich gefragt, wenn überhaupt (wie auch bei vielen anderen Appellen). Einfach wiederholen, das war die Regel und ist es meist geblieben, weil man es so gelernt hat. Die Aussage stammt ja schließlich von einem Dichter. Wer wird denn da immer weitergrübeln wollen, um womöglich geistig vom Hundertsten ins Tausendste hineinzugelangen? Plötzlich könnte sich ein Nebel lichten und der unerwünschten Erkenntnis weichen, dass gar nichts oder nur wenig übrig bleibt vom schönen Spruch. Das wäre ja total destruktiv. Wozu aber dann der Aufwand? Für eine Enttäuschung? Wer auf solchen Aufwand verzichtet, dem bleibt von den schönen Worten wenigstens eine unreflektierte dichterische Aussage.

Süddeutsch-Alemannisch gesagt: »S'isch alleweyl des« (»Es ist immerhin das«).

Und wie reagieren diejenigen, die Jahrgang 1951 haben oder jünger sind? Viele von ihnen sind auch nicht mehr jung, aber wenigstens jünger als die Älteren. Immerhin. Meistens haben sie den Ausspruch in der Überschrift noch nie gehört. Ihre erste Reaktion könnte »So so« lauten. Aber bald wäre auch mit einem weniger geschätzten Kommentar zu rechnen. Vor allem bei ganz jungen Menschen könnte die Rückäußerung sich im Zeichen der Aufmüpfigkeit und der »Rebellion für den Hausgebrauch« etwa in folgenden Worten erschöpfen: »Na, wozu soll das gut sein?« Oder: »Auch wieder so ein Spruch von vorvorgestern!« Oder: »Weshalb sagst du mir das?«

Die Adjektive des Spruchs könnten beispielsweise folgende Reaktionen auslösen:

»Im Ernst? – Ausgerechnet ›edel‹, und das als Appell an den mit Defiziten besonders reichlich ausgestatteten, unvollkommenen Menschen!«

Demgegenüber mag die Aufforderung, »hilfreich« zu sein, in gewissen Fällen ja noch angehen; immerhin ist sie wesentlich weniger ambitiös als »edel« und wird auch häufig verwirklicht, etwa bei der Sanität oder Armenbetreuung. Auch schon kleinere Handreichungen im Zeichen der altruistischen Lebenserleichterung kann man als hilfreich qualifizieren. Fazit: »Hilfreich«, ja das kann man stehen lassen, das ist machbar.

Hingegen überspannt neben »edel« auch »gut« in einem generellen Sinn der Bogen eindeutig. Zwei fromme Wünsche, die ein machbares Verhalten einrahmen. Mehr nicht.

Der Appell »Edel sei der Mensch, hilfreich und gut!« stammt aus der Ode *Das Göttliche* von Johann Wolfgang von Goethe (1749 – 1832). Veröffentlicht wurde dieses Gedicht im Jahr 1783 ohne Wissen des Dichters und offenbar nicht zu seiner besonderen Freude. Abgesehen von möglichen unterschiedlichen

Reaktionen auf den Appell und das Gedicht insgesamt, ist es durchaus geeignet, zu weiterführenden Reflexionen anzuregen. Und darin mag sein besonderer Wert liegen.

20.2 Kriegsschrecken in Italien ab Juli 1943

Man schrieb den 10. Juli 1943. Es war der Tag des Invasionsbeginns der Alliierten auf Sizilien. Dabei kamen auch Briten zum Einsatz, und viele starben schon in den ersten Tagen. Am 27. April 2013, also knapp siebzig Jahre später, zeigte das Fernsehen der Italienischen Schweiz (Kanton Tessin und Teile des Kantons Graubünden) einen vielleicht zehn Jahre alten Film zu diesem Thema. Ein damaliger Kriegsteilnehmer, der als Soldat oder Unteroffizier auf britischer Seite dabei war, kommentierte die schrecklichen Ereignisse aus fernen Tagen (er stammte aus einem Bergdorf in Norditalien und war als junger Bursche vor dem Zweiten Weltkrieg nach Großbritannien ausgewandert, wo er in die Armee eintrat). Im Juli 1943 leisteten im Raum Catania die nicht allzu zahlreichen deutschen Verteidiger zuerst heftigen Widerstand, im Gegensatz zu den bei Agrigento eingesetzten demoralisierten italienischen Truppen, die rasch aufgaben. In den ersten Stunden nach der Landung fielen bei Catania auch Soldaten aus der Truppe des ausgewanderten Italieners (›fallen‹ ist die militärische Höflichkeitsversion für ›umkommen‹, auch für ›zerfetzt werden‹ und so ähnlich). Die britischen Opfer reichten vom Leutnant bis zum Soldaten. Bald kamen die Briten zu dem Schluss, dass es besser sei, sich etwas zurückzuziehen und den Gegner hinzuhalten, auch um Verstärkung abzuwarten.

Die Toten mussten sie in der enormen Hitze, die bis zu 40 Grad im Schatten erreichte, liegen lassen. Lange. Für Leichen viel zu lange. Erst etwa zwei bis drei Wochen später gelang es dann, die Deutschen zurückzudrängen (sie setzten sich in der

Folge über die Straße von Messina in den Raum Reggio Calabria ab). Die Briten gelangten so bei ihrem erneuten Vordringen wieder ins Gebiet, wo ihre getöteten Kamerdaden wochenlang im Freien gelegen hatten. Der Kriegsteilnehmer von einst berichtete, dass der Anblick entsetzlich gewesen sei. Denn die Körper der Toten waren enorm aufgeschwollen durch die Gase, die sich in ihnen in der Hitze gebildet hatten. An einen unmittelbaren Abtransport war nicht zu denken. Deshalb zog sich die Truppe nochmals etwa dreißig bis fünfzig Meter von den gefallenen Kameraden zurück. Dann mussten einzelne gute Schützen auf die Toten schießen und diese so weit durchlöchern, dass die Gase aus den aufgeblähten Körpern entweichen konnten. Hernach sei man wieder zu den Toten gegangen. Der einstige Kriegsteilnehmer sagte dazu: »Den wahnsinnigen Gestank kann ich bis heute nicht vergessen.« Die bewusst zusätzlich zerschossenen Kameraden habe man dann eingesammelt, um sie zu bestatten.

In der Fernseh-Reportage sah man anschließend den einstigen Krieger auf einem riesigen Soldatenfriedhof bei Catania, wo es unzählige uniforme Grabsteine gab und wohl immer noch gibt. Sie unterschieden sich nur durch die eingemeißelten Namen und die Truppenzugehörigkeit der Gefallenen. Alles machte einen ausgesprochen ordentlichen, sauberen Eindruck. Man durfte einfach nicht daran denken, was für menschliche Reste beim Grabstein oder – wenn es nur ein Erinnerungsstein war – irgendwo in einem Massengrab beigesetzt worden waren, als Überbleibsel hoffnungsvoller junger Menschen. Der alte Mann las von den Grabsteinen einige Namen herunter, betonte, mit welchen Kameraden er ein besonders enges Verhältnis gehabt habe, erwähnte einen, der damals Vater von zwei kleinen Kindern gewesen sei, und schloss mit der deprimierenden Bemerkung: »*Tutti morti per niente*!« (»*Alle für nichts gestorben*«). – Mit dem *niente* meinte er natürlich nicht die Befreiung Europas vom Terror der Faschisten und Nazis, sondern dachte wohl an die

Sinnlosigkeit des Krieges an sich. Krieg als ein menschliches Verhalten, dem immer wieder im Lauf der Geschichte die Vernunft weichen musste. Krieg, bis heute die menschliche Gewaltlösung mit Dauerpräsenz, obwohl er im Grunde nur Leid und Schäden bringt, auch für allfällige Sieger. Seine Worte, in diesem Sinn verstanden, müssten alle, die Angriffskriege für opportun halten, total diskreditieren. Bis heute ist das aber noch weit von der Realität entfernt.

Die Besetzung Siziliens durch die Alliierten dauerte damals nur 38 Tage. Mit dem Ziel, die Truppen der Achsenmächte Deutschland und Italien möglichst rasch militärisch zu besiegen, war auch beim weiteren Vorstoß auf dem italienischen Festland ein enormer Verlust an Menschenleben auf alliierter Seite verbunden. Einzelne Großangriffe hatten viele Opfer zur Folge, wie etwa die Schlacht um Monte Cassino. Sie dauerte vom 17. Januar bis zum 18. Mai 1944 und hatte rund 75'000 Tote zur Folge (etwa 20'000 deutsche und zirka 55'000 alliierte). Nach der Landung der Alliierten in Anzio und Nettuno am 22. Januar 1944 gelang auch dort kein Durchbruch in Richtung Rom. Somit verzögerte sich der Vormarsch erheblich. Erst am 4. Juni wurde Rom von den Alliierten besetzt. Dann dauerte es noch elf Monate bis zur Befreiung ganz Italiens im Mai 1945. Bis wenige Tage vor Kriegsende waren die Deutschen immer noch im nördlichen Teil Italiens. Wenn man bedenkt, wie viele junge Menschen, darunter auch viele Familienväter, »dran glauben« mussten. Wo blieben Besonnenheit und Kultur als Gegenkräfte? Wo blieben die zum Frieden mahnenden Glaubensbekenntnisse? Wo blieben all die Menschen, die hätten erkennen können, dass man im Angriffskrieg immer auf eine Belohnung setzt, die aus primitiver Gewalttätigkeit hervorgeht, und dabei die Brutalität verherrlicht? Die wahnsinnige Bezeichnung ›Kriegsheld‹ in Ländern, die auf Eroberung aus sind, und ihre irrwitzigen Auszeichnungen in Form von Tapferkeitsmedaillen und Orden müssten mindestens nachdenklich stimmen, wenn man sich den Sinn und Zweck der Übung überlegt. Wenn …

20.3 Ideal und Wirklichkeit

Goethes Gedicht lässt nicht nur an die Ereignisse auf Sizilien im Juli/August 1943 denken. Ungewollt ruft er uns auch die Tatsache in Erinnerung, dass wir bei allen Idealvorstellungen, die wir entwickeln, meistens vor der Unmöglichkeit stehen, sie auch nur annähernd erfüllen können. Es ist eben das Wesen aller Ideale, dass man sie zwar ersinnen, ihnen aber bestenfalls nur ziemlich nahekommen kann und oft lediglich vorübergehend. Und wer ihnen zeitweise nahekommt, ist bereits eine Ausnahme. Meistens wird der Annäherungsversuch bald zu einem neuerlichen Abstandnehmen oder gerät zumindest ins Stocken.

Selbstverständlich wäre schon viel erreicht, wenn das von Goethe zu Beginn seiner Ode angestrebte, jedoch unerreichbare Ideal (edle Menschen) alle beseelen würde und unser liebster Dauerbegleiter wäre. Die Wirklichkeit spricht jedoch eine andere Sprache. Oft dominieren Kleinliches, Neid, Widerwärtiges, Hass, Aggressionen, Brutalität und dergleichen mehr. »Exklusiv vortreffliche Eigenschaften«, die Bedeutung von ›edel‹, gibt es nicht; aber auch weitgehend vortreffliche Eigenschaften sind selten und temporär, außer man nimmt es mit den Anforderungen für diese Qualifikation nicht so genau. Man müsste also sagen: »So edel wie möglich sei der Mensch …« Aber dann wäre der Appell dichterisch schwer oder nur in resignierendem Sinn verwendbar, würde also kein Ideal mehr zum Ausdruck bringen und verlöre seine Anziehungskraft. In Kenntnis der menschlichen Schwächen würde nur noch ein mitleidiges oder vieldeutiges Lächeln übrig bleiben.

Etwas sehr Positives hat das Goethes Gedicht insofern an

sich, als es geeignet ist, uns den Wert einer weitgehend edlen Gesinnung vor Augen zu führen. Denn sie und nur sie könnte uns vieles erleichtern; im eigenen Interesse aller verdiente sie es folglich, gefördert und geachtet zu werden. Wenn der Mensch nämlich das Idealbild nicht sehen will und nicht einmal den Versuch unternimmt, so edel wie möglich zu sein, schadet er sich selbst, wider sein besseres Wissen. Und trotzdem verhält er sich oft unedel. Der Grund dürfte darin liegen, dass er eben nicht anders kann, ein Gefangener seiner ungünstigen ererbten und in der Umwelt geprägten Veranlagungen ist. Offenbar hindern sie, zusammen mit den jeweiligen Lebensumständen, den Menschen daran, das zu tun, was ihm auf Dauer die meisten Vorteile im Rahmen eines weitgehend reinen Gewissens bringen würde. Diese Beschränktheit bewirkt im Grunde, dass die Menschen ihre Opportunitäten nur suboptimal erkennen und ihren Optimismus auf entsprechende Ziele ausrichten.

Besonders negativ könnte das Gedicht auf diejenigen wirken, die in pessimistischer Weltschau daraus den Grund für unser Scheitern entnehmen, weil wir dem Ideal nie gerecht werden, stets Versager sind, große oder kleine, und uns von der Qualifikation »edel« selber fernhalten. Da bliebe kein Ansporn, wenigstens eine beschränkt edle Haltung anzustreben, sondern nur Resignation wegen unserer Unzulänglichkeit.

20.4 Mensch und Macht

Alle Angriffskriege, nicht nur die Kriege von Napoleon und die beiden Weltkriege, wurden von Leuten initiiert und schon in der Stunde null mitgetragen, die nach Macht und wirtschaftlichen Vorteilen gierten. Wie die Geschichte eindrücklich bis zum heutigen Tag zeigt, sind die Botschaften der Religionen (soweit sie edel sind) und deren Umsetzung sowie Ideelles gegenüber wirtschaftlichen beziehungsweise finanziellen Vorteilserwägungen im Grunde stets zweitrangig geblieben. Religionen und Ideelles dienten aber immer als Mittel zum Zweck, als besonders gute Begründung für politische und religiöse Strukturen, die stets auch Machtstrukturen sind, beispielsweise: Die Idee von den auserwählten Familien und Führern, kommunistische Ideale und auch andere Staatskonzepte bis zur Demokratie, Verknüpfung von oberster Staats- und Religions-Hierarchie zwecks Beherrschung anderer, also zwecks Macht. Denn von Glaubensvorstellungen und Idealen allein kann man nicht leben und schon gar nicht besonders gut leben.

Alle gesellschaftlichen Strömungen bedürfen zur Verwirklichung oder Erhaltung bekanntlich einer wirtschaftlichen Grundlage. Und die Erwartung, dass die eigenen finanziellen Mittel noch erheblich und auf relativ leichte Weise zunehmen werden, veranlasste im Lauf der Geschichte viele Staatsführungen immer wieder, in den Krieg zu ziehen. Dabei spielte oft auch die Lobby der Rüstungsindustrie eine dominante Rolle. Zu bedenken ist beispielsweise, dass die USA im Vietnamkrieg angeblich dem Kommunismus Einhalt gebieten wollten. Dabei scheuten sie nicht vor vielen Gräueln zurück und verursachten unzählige eigene und fremde Opfer. Dennoch verstehen sie sich unverändert als freiheitsliebende und christlich geprägte Nation. Da schaudert es einen. Es schaudert einen auch, wenn man all die Untaten bedenkt, die im Namen des Kommunismus begangen wurden. Diese Ideologie ist ja rein inhaltlich besonders menschenfreundlich, hat jedoch ein großes Problem: Von Menschen kann der Kommunismus wegen ihrer Gier und ihres Machtstrebens gar nicht umgesetzt werden.

Dass man die schrecklichen Taten in religiöser Gewandung (Kampf gegen die Ungläubigen, Kampf gegen die Feinde des »richtigen« Glaubens), möglichst mit gesegneten Waffen, oder in ideeller Verpackung (Kampf dem Erzfeind, Kampf dem Untermenschen, Kampf der Ungleichheit und so weiter) durchführte, ändert nichts an der dahinterstehenden Motivation derjenigen, welche die Kriegshandlungen finanziell überhaupt ermöglichten. Deshalb muss man auch beim syrischen Bürgerkrieg sowohl in Bezug auf das Assad-Regime wie hinsichtlich der Aufständischen (viele sind bloße Söldner, auch aus Westeuropa, bezahlt mit Geld aus den Ölstaaten) nüchtern feststellen: Es geht auch in diesem Fall um die Macht und damit ums Geld.

Der Kampf um die Güterverteilung ist übrigens das innere Wesen jeder Politik, überall. Solange der Verteilungskampf friedlich und möglichst anständig bleibt, ist wenig dagegen einzuwenden. Oft ist dieser Kampf zwar nicht kriegerisch, aber unfriedlich und hat so manchen unanständigen Aspekt, weil jedes noch so verdrehte Argument manchmal recht ist, um zum Abstimmungs- oder Wahlerfolg zu gelangen und so den eigenen Nutzen zu mehren. Die Folge: Im Wettbewerb der Argumente bleiben einzelne, bestimmten Machtklüngeln gefährlich erscheinende Gegner unberücksichtigt oder werden zurückgebunden. Deren ungeliebte Aussagen werden von gewichtigen Medien manchmal einfach unterdrückt; auf Anfrage war das Weglassen »leider ein Versehen« oder »eine Folge von Zeitmangel«. Wer die Macht hat, beherrscht die Szene. Deshalb klammern sich die Inhaber der Macht an sie und wollen andere so lange wie möglich nicht aufkommen lassen. Überall. Das ist menschlich. Das ist der Mensch.

20.5 Viel Unedles im unvollkommenen Umfeld

Das Unedle im Menschen manifestiert sich schon früh, erreicht seine Kulmination aber erst im Erwachsenenalter, weil dann der negative Spielraum am größten ist, in der Familie, am Arbeitsplatz, in der Freizeit, im Frieden und im Krieg. In dieser Lebensphase hat der positive Spielraum zwar auch seine größte Entfaltungsmöglichkeit; aber bei einem unvollkommenen Wesen ist er zwangsläufig von Anfang an eingeschränkt, in Einzelfällen sogar weitgehend verkümmert.

Offenbar sind alle Menschen einem unausweichlichen und unauslöschbaren negativen Programm unterworfen, nicht ausschließlich, aber auch. Wer möglichst edel sein will, muss dies wollen, sollte diesbezüglich jedenfalls ein Minimum erreichen und es sich leisten können. Die betreffende Person hat gegen Widerstände anzukämpfen und nicht zum eigenen unmittelbaren materiellen Vorteil zu handeln. Ihr Verhalten muss ihr ein seelisches Wohlbefinden vermitteln, weil es ihr gut tut, nicht eingeknickt oder ausgewichen zu sein. Eine solche Person muss also ihre Opportunitäten anders sehen als viele Mitmenschen. Im Zeichen der eigenen Opportunitätsbeurteilungen geben andere eben dem bequemeren Weg des Schweigens, Mitlaufens oder resignierenden Abwartens den Vorzug.

Der negative Opportunismus ist wohl der Hauptfeind der edlen Gesinnung (im Sinne einer eingeschränkt edlen Gesinnung); nur wenn es vorteilhaft erscheint, eine vortreffliche Haltung zu zeigen, kommt sie zum Durchbruch. Sollen mehrere eine möglichst edle Gesinnung anstreben, kann dies nur bedingt und temporär gelingen, weil die individuellen Opportunitäten sich laufend ändern und auch weniger Edles beinhalten.

Aus Furcht vor Nachteilen und weil wir davon ausgehen, dass andere eine positiv beispielhafte Einstellung nicht oder nur partiell teilen, machen wir die an sich leicht einzusehende und für alle eigentlich optimale edle Gesinnung nicht zur alleinigen Grundidee unseres Tuns und Lassens. Durchaus berechtigte Zweifel an der irgendwie edlen Haltung unserer Mitmenschen signalisieren uns, wann und wo wir mit Edelmut zumindest zurückhaltend sein sollten. Solche Zweifel fußen ebenfalls auf der persönlichen Erfahrung, dass wir selbst dem Edlen nicht immer

Priorität einräumen. Da liegt es nahe, eine solche Haltung auch anderen zuzutrauen. Wer in Bezug auf die edle Gesinnung bei anderen, nicht näher bekannten Personen keine Zweifel hat oder sie unterdrückt, ist naiv, allzu gutgläubig und nimmt gelegentlich Schaden.

Ein nicht zu unterschätzendes Problem ist auch und nicht zuletzt, dass alle Menschen verschieden sind und deshalb verschiedene Auffassungen haben, was denn nun eine vortreffliche Einstellung sei. Diese Verschiedenheit muss keine große sein; unter Umständen kann sich aber schon mehr als nur eine kleine Abweichung ergeben. Die Unterschiede erfassen in der Regel alle Lebensbereiche, angefangen bei den Begriffen und endend bei der Umsetzung von Absichten und der Bewertung des Ergebnisses.

Der Mensch ist also meistens weit weniger edel, als er sein sollte, obwohl er weiß oder zumindest ahnt, dass alles besser wäre, wenn alle sich so weit wie möglich edel verhalten würden. Man könnte sagen: Eine durchgehend rationale Menschheit wäre stets edel. Es gäbe nur den *homo generosus*, den edlen Menschen. Das wäre das Beste für alle. Aber der wirkliche Mensch ist oft nicht edel, weil er laufend innere und äußere Signale erhält, die ihn davon abhalten. Weshalb ist das so?

Nun, es ist das Wesen des Lebens, unvollkommen zu sein, also entsprechend zu entstehen und ein wechselvolles Dasein zu fristen bis zum sicheren Tod. Seelisch-körperlich Vollkommenes ist ganz etwas anderes, wäre nicht unter den Begriff ›Leben‹ zu fassen. Etwas Vollkommenes hätte nur aus etwas Vollkommenem entstehen können, nicht aus der Evolution. Etwas Vollkommenes würde keiner weiteren Selektion bedürfen. Wozu auch? Wenn es perfekt wäre, würde es stillstehen und könnte sich den Gang von Opportunität zu Opportunität ersparen. Denn was soll optimiert werden, wenn etwas generell optimal ist? Wo es keine Opportunität braucht, sind Ziele und Maßnahmen überflüssig; es braucht für die nicht erforderlichen Ziele und Maßnahmen selbstverständlich auch keinen Optimismus und den diesbezüglichen Pessimismus. Etwas Vollkommenes würde folglich in einer bestimmten Form immer bestehen, sich nie ändern, nie untergehen. Etwas rundum Vollkommenes passt nicht in unseren Kosmos. Es kann nicht Teil davon sein. Denn es wäre im Widerspruch zu allem, das im steten Wandel war, ist und sein wird. Taugt die Vorstellung der Vollkommenheit in Bezug auf einzelnes Verhalten? Als Vorstellung ja, als ideales Ziel, wenn man sich im Klaren ist, dass es anzustreben ist, auch wenn es unerreichbar bleibt.

Die größte Chance dürfte ein teilweiser und allenfalls zu verstärkender Edelmut haben, wenn die Lebensumstände in einer Gesellschaft erheblich dafür sprechen. Entscheidend ist dabei wohl, dass alle zumindest ein vernünftiges Auskommen haben und negative soziale Lagen rasch beseitigt werden. Zuerst müsste also diese Situation geschaffen werden, um dann den nächsten Schritt zu tun. Als Grundhaltung hätte somit in einem menschenfreundlichen Sinn »leben und leben lassen« zu gelten, wie der deutsche Dichter Christoph Martin Wieland (1733 – 1813), ein etwas älterer Weimarer Zeitgenosse von Goethe, es formulierte. Eine solche Einstellung beinhaltet Respekt, was gegenseitige Achtung bedeutet und Toleranz beinhaltet. Die beiden Letzteren schließen ihrerseits die Gefahr von Konflikten aus, abgesehen vom erforderlichen Einschreiten, wenn es zu Verstößen gegen diese Haltung kommt. Sind in einer solchen Gesellschaft möglichst viele gute Beispiele für eine weitgehend edle Haltung vorhanden, kann eine starke Annäherung an das Ideal erreicht werden. Eine Idealvorstellung, wie der Blick in die Wirklichkeit zeigt.

Der Taifun von Anfang November 2013 hat auf den Philippinen die stabil gebauten Häuser der Oberschicht wenig tangiert, aber die Behausungen vieler anderer Menschen sind zerstört worden. Dabei sind die Bewohner verletzt oder getötet worden. Da ihr bisschen Hab und Gut untergegangen ist, bleibt ihnen in der ersten Not nur die Plünderung von Geschäften, um zu überleben. Das versteht man, solange keine Hilfsgüter zur Verfügung stehen. In Zukunft kann eine ähnliche Katastrophe nur verhindert werden, wenn alle am volkswirtschaftlichen Kuchen einen ausreichenden Anteil haben, um eine stabil gebaute Behausung erstellen zu können. Damit eine solche Verteilung Wirklichkeit wird, müssten die reichen Leute wohl auf einen Teil ihres Überflusses verzichten. Werden sie zu einer entsprechend edlen Gesinnung gelangen?

20.6 Unedle Lastenverteilung

Das Gegenteil von edel herrscht in Bezug auf die Gehaltsverteilung in Europa oder Nordamerika, wenn den sozial Schwächsten, jedenfalls nach ihrer Probezeit oder der Anlaufphase einer neuen Firma, kein Lohn zugestanden wird, der zum Leben reicht. In diesem Fall werden sie ausgepresst. Sie müssen heute das fehlende Einkommen beim Sozialamt holen, was eine Erniedrigung einschließt, auch wenn diese unterschiedlich empfunden wird. Weil das Sozialamt seinerseits von den Steuerzahlern alimentiert wird, schiebt derjenige, welcher den zu geringen Lohn zahlt und entsprechend profitiert, einen Teil der Verantwortung für die Existenzsicherung der sozial Schwachen auf die Allgemeinheit ab. Ein schlechtes Beispiel, das im Gegensatz zu einer edlen Haltung steht.

Früher, zur Zeit Goethes jedenfalls, blieb den Schwächsten wohl oft nur der Mundraub, ein Wort, das im 18. Jahrhundert entstanden sein soll. ›Mundraub‹ ist ein wahnsinniges Wort und auch ein unsinniges, um die zwar nicht legale, aber durchaus legitime Sicherung des Überlebens zu umschreiben. Wer raubt schon den Mund oder für den Mund? Es geht um Hunger, der mit Nahrung gestillt werden soll. Also ist es eine Entwendung von kleineren Mengen an Nahrung zur unmittelbaren Selbsterhaltung oder zum Überleben der Nächsten in der Familie. ›Mundraub‹, ein Wort erfunden von denjenigen, die genug zu essen haben und nicht einmal anerkennen, was die hungrigen Mini-Missetäter tun, um sie bestrafen zu können. Michael Wieck berichtet in seinem Buch *Zeugnis vom Untergang Königsbergs* (Verlag C.H. Beck, München 2005), dass er als Bub und Heranwachsender im vom Krieg heimgesuchten Königsberg laufend irgendwo Nahrungsmittel entwenden musste, damit seine Eltern und er in der schlimmen Zeit vor und nach dem Untergang seiner Heimatstadt überhaupt überleben konnten. Dabei nahm er stets große Risiken auf sich; einmal wurde sogar auf ihn geschossen. Wenn niemand hilft und selbst eine ansatzweise edle Gesinnung der Mitmenschen eine reine Illusion ist, dann bleibt eben nur die Selbsthilfe, trotz aller Gefahren.

Es gibt Leute, die ein normales oder sogar ein gutes Einkommen erzielen und davon angenehm leben können. Wenn aber Topmanager sich Gehälter zuschanzen, die das Fünfzig- oder Hundertfache eines mittleren Normaleinkommens ausmachen, dann verhalten sie sich absolut maßlos, auch wenn das Gesetz dies nicht verbietet. Da wird der Unterschied von legal und legitim besonders deutlich. Man muss allerdings beifügen: Auf die Idee, dass sich jemand ein irrwitziges Einkommen anmaßen könnte, kam der seinerzeitige Gesetzgeber kaum. Die damalige Praxis signalisierte solche Exzesse nicht. – Bezüge ohne Maß lassen sich nur mit unbändiger und ungebändigter Gier erklären und sind ein Zeichen von schrecklicher Hemmungslosigkeit. Die betreffenden Personen geben ein miserables Beispiel ab und schaffen soziale Spannungen. Mit Leistung hat das Gros ihrer Bezüge nichts zu tun, was sie ohne Weiteres zugeben; vereinzelt ist das auch schon öffentlich erklärt worden. Eine perverse Situation, wenn man bedenkt, dass das Leistungsprinzip bei den Untergebenen, die einen Bruchteil verdienen, als Maxime gilt. Ob es eines Tages zu einer Abkehr von der besagten Hemmungslosigkeit kommen wird, steht in den Sternen.

Der finanziell ruinierte Staat Zypern erklärte im Frühjahr 2013, von den Ersparnissen, soweit sie mehr als 100'000 Euro betrugen und sich bei zypriotischen Inland-Banken befanden, einen erheblichen Teil beschlagnahmen zu wollen (ca. 40 %). Das Geld sollte zur Sanierung des Landes beitragen. Zu berücksichtigen ist aber, dass die betreffenden Ersparnisse die Krisen- und Altersversorgung vieler Leute darstellten. Noch viel mehr Sanierungsgeld für Zypern soll aber aus Mitteln des IWF und des Euro-Rettungsfonds kommen, also letztlich von Steuerzahlern außerhalb Zyperns. Die Konfiszierung von Sparguthaben, die auf zypriotischen Bankkonten lagen, traf eher »kleine Leute«. Denn reiche Zyprioten dürften zuvor Vorkehrungen getroffen haben, um der Enteignung so weit wie möglich zu entgehen (vermutlich auch aufgrund privilegierter vertraulicher Vorinformation über die drastische Maßnahme). Durch rechtzeitige Flucht auf Auslandskonten und dergleichen hat man wohl die Sanierung den einfacheren und weniger gut informierten Leuten überlassen. Sehr unedel, aber – wie auch der Einsatz der Kleinen zum Kopfhinhalten fürs Vaterland im Krieg – die übliche Masche.

In weiten Teilen Afrikas herrscht eine alltägliche Korruption. Hohe Beamte und Firmenleiter halten sich gegenseitig auf unredliche Weise viel Geld zu, während große Teile der Völker »unten durch« müssen. Solche Zustände sind kriminell. Dass die mittleren und kleinen Beamten und Firmenkader dem üblen Treiben ihrer Vorgesetzten fleißig nacheifern, versteht sich und verschärft die durch die Schmiergeld-Mentalität bewirkte Ineffizienz und Günstlingswirtschaft. Sie durchdringt auch die Justiz, nicht nur in Afrika, beispielsweise auch in Indien. Und all dies geht letztlich zulasten der ökonomisch Schwächsten. Auch im Frieden muss die unterste Schicht stets überproportionale Opfer bringen. Sie ist immer am stärksten von einer Misere betroffen. Von »edler« Verteilung der Lasten keine Spur.

Am 22. Oktober 2013 berichteten die schweizerischen Medien über die Verhaftung eines ehemaligen leitenden Mitarbeiters der UBS; er war im Bereich Vermögensverwaltung tätig gewesen. Nun hatte man ihn in Italien festgenommen, und zwar aufgrund eines internationalen Haftbefehls der USA. Der Betreffende soll vor einiger Zeit amerikanischen Steuerflüchtlingen mit Rat und Tat zur Seite gestanden haben, um schätzungsweise 20 Mrd. US-Dollar vor dem amerikanischen Fiskus zu verheimlichen. Das war aus Sicht der USA ein krimineller Akt, sofern sich der Vorwurf bestätigt. Die früheren Vorgesetzten des Verhafteten ließen laut Medienberichten umgehend erklären, sie hätten von allenfalls strafbaren Handlungen nichts gewusst. Ob diese Auffassung vom zuständigen US-Gericht geteilt wird, bleibt abzuwarten. So oder so steht einmal mehr das zweifelhafte Verhalten von Bankern der UBS zur Debatte. Klar ist schon jetzt, dass solche Ereignisse bereits vor einem Prozess dem Ruf der Schweiz Schaden zufügen. Schon wieder geht es um einen Fall, der darauf hinweist, wie das schnelle Geld kurzsichtig agierenden Schweizer Bankern den Sinn für Gesetzesbrüche vernebelt hat. Dass mit dubiosen Geschäften auch Gefahren für sie persönlich verbunden sein könnten, scheint bis zur neuesten Verhaftung immer noch nicht allen bewusst gewesen zu sein. Immerhin sind ja bereits Inhaftierungen in den USA erfolgt. Offensichtlich besteht auch anderswo in der Finanzbranche, etwa bei der Bayerischen Landesbank, unverändert ein großes Problem beim Abwägen von Opportunitäten. Haben die Leute in den Jahren, als das Geschäft so einfach und lukrativ war, eine ungeeignete berufliche Prägung erfahren? Sicher sind sie bis zu einem gewissen Grad auch Opfer von Eigenheiten einer Branche, die mehr als andere zum vielen und schnellen Geldmachen durch Gesetzesbruch und unsaubere Praktiken veranlasst.

20.7 ›hilfreich‹ passt – ›gut‹ überfordert

Das Wort ›hilfreich‹ ist das bescheidenste im Appell von Goethe. Deshalb ist es auch mit der Realität in Einklang zu bringen. Personen, die sich in irgendeiner Notsituation befinden, aus der sie mit eigenen Kräften nicht hinausgelangen können, sind auf Hilfe angewiesen. Da braucht es Rettungskräfte aller Art. Sie befreien jemanden aus einer Gefahrenzone, leisten ärztliche Versorgung, unterstützen, reden einer Person gut zu, helfen Bedürftigen, damit sie wieder auf die Beine kommen. Gute Beispiele sind die unzähligen staatlichen und privaten Organisationen, etwa im Bereich der Katastrophenhilfe und der Sanität sowie die Anlaufstellen und Unterkünfte für Bedrohte oder Traumatisierte. Bei Asyleinrichtungen ist aber immer wieder Missbrauch festzustellen (etwa wenn ein Asylgrund nicht gegeben ist, aber zum Beispiel die Absicht der angeblich Asylsuchenden darin besteht, Sozialhilfe zu erhalten oder Drogenhandel zu treiben). Zudem belasten erfundene Fälle von medizinisch schwer kontrollierbarer Invalidität das Fürsorge-System.

Die Polizei und der Justizapparat müssen sich seit einiger Zeit mit einer steigenden Zahl von Raubzügen befassen, die von Kriminellen aus dem In- und Ausland begangen werden; die enormen Kosten sind von den braven Normalverbrauchern via Steuern zu tragen. Überfälle bei Tag und Nacht, oft mit viel Brutalität ausgeübt, sind auch in Westeuropa zum Normalfall geworden. Die Angst vieler nimmt zu und die Zivilcourage nimmt ab. Der Effekt ist eine starke Reduzierung der Hilfsbereitschaft unter der Bevölkerung. Wird eine Person im öffentlichen Raum bedroht oder angegriffen, schauen viele weg, manchmal sogar alle. Wenn niemand zu Hilfe kommt, überlässt man den Mitmenschen seinem Schicksal. Was ist, wenn die stillen Zu- und Wegschauer selbst in eine bedrohliche Lage geraten? Denken sie erst dann an Solidarität?

Immerhin kann man feststellen, dass viele Hilfsorganisationen gut funktionieren, weil es sich oft um professionell betriebene Einrichtungen mit langjähriger Erfahrung handelt. Und die medizinische Versorgung ist in vielen westeuropäischen Ländern, in Nordamerika und Japan praktisch immer mustergültig. Die Folge: In Bezug auf das Stichwort ›hilfreich‹ gibt es viele überzeugende Beispiele, auch dort, wo es mit der Zivilcourage nicht weit her ist.

Schwierig wird es bei der Goethe-Vorgabe »gut«. Sie ist in der nicht abgeschwächten Aufforderung Goethes schlicht nicht erreichbar. Denn der uneingeschränkt gute Mensch ist eine Illusion. Leider. Goethe hätte das eigentlich wissen müssen. Denn der Mensch bewegt sich zwar manchmal im guten Bereich, oft aber auch außerhalb davon, gelegentlich sogar in erheblichem Ausmaß.

Im Grunde reicht es nicht, den Menschen aufzufordern, gut zu sein. Man muss ihn insbesondere daran hindern, schlecht zu sein. Ist er nicht schlecht in seinem Verhalten, muss dies zwar noch nicht wirklich gut sein, aber es kommt dem Ideal doch schon etwas näher. Mit allen Mitteln in Schranken zu weisen sind die niederen Instinkte, die zur Schädigung, zum Quälen und Vernichten unzähliger Mitmenschen führen. Man denke an die Diktaturen unter Hitler, Stalin und Mao, aber auch zur Franco-Zeit, oder an den Krieg in Vietnam, die Gewalt in Argentinien und Kambodscha. Neueste Medienberichte und offizielle Untersuchungen lassen erkennen, dass in irischen Jugend-Betreuungseinrichtungen sowie im Wiener Kinderheim Wilhelminenberg (bis 1977) schwere Züchtigungen und vielfache Vergewaltigungen an der Tagesordnung waren. Beide Erscheinungen scheinen nie eine Ende zu nehmen, wie man aus den Medien immer wieder entnehmen kann. Bei solchen Meldungen wird stets aufs Neue klar, dass der Mensch ein höchst unvollkommenes Maß aller Dinge ist.

Wo ein Klima der Zwietracht, des Hasses und Neids, der Geringschätzung und der Vernichtungslust herrscht, hat das Gute überhaupt keine Chance. Verbreitete Anerkennung als erstrebenswertes, wenn auch unerreichbares Ziel kann das Gute nur finden, wenn das gesellschaftliche Klima und die Rechtsordnung dies tagtäglich stipulieren, wenn laufende wirksame Kontrollen erfolgen und abweichendes Verhalten konsequent streng sanktioniert wird.

Unter Hitler oder Stalin durfte der böse Geist aus der Flasche und erhielt nicht nur freien Auslauf zum Schaden anderer, sondern wurde gesellschaftlich und auch finanziell belohnt, sogar bei größten Missetaten. Wird die Untat hingegen streng bestraft, stirbt der böse Geist zwar nicht ab, aber er manifestiert sich in wesentlich geringerem Maß, auch weil ihm die öffentliche Anerkennung durch Despoten-Regime fehlt.

Demokratien müssen besonders wachsam sein, dass im Schutz ihrer freiheitlichen Ordnung und Toleranz das Unrecht sich nicht ausbreitet. Einerseits gilt es, den Menschenrechten überall zum Durchbruch zu verhelfen, andererseits muss klar sein, dass den Rechten auch Pflichten gegenüberstehen, auch seitens Schwacher. Eine reine Anspruchsgesellschaft widerspricht der Idee von Geben und Nehmen und vernachlässigt die lebenswichtige Solidarität. Neue große Probleme des Westens stellen sich im Zusammenhang mit der Einwanderung aus der islamischen Welt. Der Islam ist geprägt durch die Scharia, auch wenn diese in den islamischen Staaten nicht überall konsequent praktiziert wird. Die Durchsetzung der Scharia ist nicht mit den Menschenrechten vereinbar. Deshalb stellen sich in Westeuropa mit der Zunahme der bereits hohen Zahl von Einwanderern aus islamischen Ländern verstärkt Probleme. Vielen dieser Menschen ist das westeuropäische Rechtsverständnis und das Konzept des Rechtsstaats fremd. In ihren Herkunftsländern herrscht im Kreis der Mächtigen ein negativer Opportunismus, der gegen gleiche Rechte für alle und gegen eine Demokratisierung im westeuropäischen Sinn gerichtet ist. Daraus resultieren Unvereinbarkeiten, die konfliktträchtig sind. Die Auseinandersetzungen werden zunehmen, wenn die Westeuropäer in ihren Ländern nicht darauf bestehen, dass die freiheitliche Rechtsordnung generell, ohne Konzessionen an Zuwanderer, gelten muss. Das ist der Preis der Freiheit in der westlichen Demokratie. Wenn das jemandem nicht passt, wird die betreffende Person selbstverständlich nicht bestraft, aber sie muss in ihr Land zurückkehren, um den Bestand von Recht und Ordnung in Westeuropa nicht zu tangieren.

Leute, die sich nicht in die Gesellschaft integrieren wollen, hat jedes Land, auch ohne islamische Zuwanderung. Und sie beschäftigen Polizei und Staatsschutz zum Teil erheblich. So bilden sich immer wieder gewalttätige Gruppierungen, die sich mit Banküberfällen, Drogenhandel und so weiter die Mittel für den Lebensunterhalt verschaffen. In der Bundesrepublik Deutschland ist es bei deren Bekämpfung zu einem erheblichen Versagen der staatlichen Organe gekommen. Dies belegt der seit Frühjahr 2013 laufende NSU-Prozess. Demnach konnten Nationalsozialistische (NS) Untergrundorganisationen (U) ihr Unwesen jahrelang nahezu ungehindert treiben. Auf das Konto der NSU gehen Morde, Überfälle und Raubzüge. Es wirkt nicht sehr glaubwürdig, dass nur Ermittlungs-Pannen bei Polizei und Verfassungsschutz die schrecklichen Taten ermöglicht haben sollen; zumindest teilweise müssen Gleichgültigkeit, Hass auf die Gesellschaft (beispielsweise von Privaten, aber möglicherweise auch von Beamten, etwa wegen Nichtbeförderung) den Übeltätern zustatten gekommen sein. Vielleicht erfolgte sogar da und dort an einen finanziell angeschlagenen Beamten eine Bezahlung für sein Nicht-Bemerken von strafbaren Handlungen. Auch Einschüchterung (etwa mit der Androhung der Entführung von Angehörigen) könnte eine Rolle gespielt haben. Alles wird man nie erfahren, wegen der Folgen einer Selbstbezichtigung. Vieles, auch im NSU-Fall, ist jedenfalls weit entfernt von edel und gut.

Frustrationen und Gier stehen auch hinter den bereits erwähnten entgeltlichen CD-Lieferungen mit Bankdaten aus der Schweiz an deutsche Steuerfahnder. Da und dort verbesserte und verbessert sich weiterhin ein Bankangestellter seine finanzielle Lage, indem er von heiklen Daten eine Kopie auf CD anfertigt. Vielleicht liegt die eigentliche Ursache darin, dass der betreffende Bankangestellte wiederholt bei den Beförderungs- und/oder Bonifikationsrunden nicht im erwarteten Maß zum Handkuss kam und sich nun rächen will. Im Gefolge der Rache spielt dann auch die Gier eine Rolle. So oder so ist die Loyalität, von der man eigentlich ausgeht, in solchen Fällen inexistent. Daraus resultiert ein angeschlagener Ruf der betreffenden Bank; aber auch das Ansehen der Schweiz wird in Mitleidenschaft gezogen. Dass mit der Datenübermittlung das Augenmerk der Steuerfahnder auf Leute gerichtet wird, die – trotz komfortabler Verhältnisse – ihre dem Staat eigentlich geschuldeten Steuern nicht zahlen wollen, hat natürlich auch etwas Gutes. Die reichen Leute, die materiell alles haben, wollen im Grunde nur ihr viel zu großes Bankkonto schonen, indem sie zu wenig Steuern zahlen. Die Steuerhinterziehung findet nämlich nicht statt, um sich endlich ein Auto leisten zu können oder Kleider, Nahrung, ein Haus und dergleichen zu erwerben, sondern einzig zur Vergrößerung des Bestands an ohnehin nicht benötigten Mitteln, die auf Bankkonten oder sonstwo lagern. Somit zahlen Personen Steuern, denen Ende des Monats von ihrem Gehalt nicht viel oder gar nichts bleibt (oft sind sie keine Eigentümer von Liegenschaften,Aktienportefeuilles und dergleichen), während Leute, die im Überfluss leben, diesen noch vergrößern, auch zulasten der kleinsten Steuerzahler. So entsteht ein widerwärtiger Solidaritätsbruch, welcher der Gesellschaft unter Umständen nicht nur in Bezug auf die Steuereinnahmen schaden kann. Eine Gesellschaft, die den Kleinen scharf kontrolliert und schröpft und den Großen die Solidaritätspflicht erlässt, muss aufpassen. Da liegt einiges an Sprengstoff drin. Von einer Gesinnung und Zuständen, die in Richtung edel, hilfreich und gut wirken könnten, ist da keine Spur.

Es mag wohl das Beste sein, Goethes Appell als Aufruf zur Solidarität aufzufassen. Dabei sollte man sich auf das Hilfreiche konzentrieren und darin Edles beziehungsweise Gutes erkennen. So könnte der abgeänderte Goethe-Appell lauten: »Hilfreich sei der Mensch und damit auch edel und gut!«

IX. Kapitel

Schlussbetrachtungen

21. Die Triade der Fundamentalkräfte

Opportunismus, Optimismus und Pessimismus sind in dieser Schrift insofern begrifflich neu gefasst worden, als sie ihre ursprüngliche Bedeutung zurückerhalten haben. So verstanden, bilden sie die Triade der Fundamentalkräfte, die allen Lebewesen innewohnt und sie steuert. Diese Triade ist für deren Schicksal bisher maßgebend gewesen und wird es bleiben, natürlich unter sich stets ändernden Verhältnissen.

22. Der stete Aufbruch ins Unbekannte

Alles, was bisher geschehen ist, konditioniert das Weitere. Diese an sich banale Feststellung betrifft unzählige, in ihrer Gesamtheit nicht überschaubare Ereignisse: Einerseits geht es um den Fortschritt aufgrund von Forschung, Erfindungen und Entwicklungsarbeiten; andererseits sind auch die jeweiligen gesellschaftlichen (auch wirtschaftlichen und politischen) Lagen und Ideen sowie deren Auswirkungen auf das Individuum dem Wandel unterworfen. Irgendetwas ändert sich immer. Die Gesamtlage ist also nie dieselbe wie zuvor; deshalb wird sie in Zukunft nicht dieselbe sein wie gegenwärtig. Alles, was heute geschieht oder unterbleibt, verändert die Konstellation, in der sich die unbekannte Zukunft präsentieren wird. Und von der Zukunft nehmen wir zwar an, wie sie etwa sein könnte. Aber die Erfahrung zeigt, dass wir diesbezüglich nicht immer einigermaßen richtig liegen. Das Leben ist folglich ein permanenter Aufbruch ins Unbekannte, das vom Erahnten, das heißt vom Erhofften oder Befürchteten, mehr oder weniger abweichen wird.

23. Endliche Welt, endliches Leben

Es ist unbestritten, dass die Natur endlich ist. Am besten feststellbar ist dies beim Sterben der Lebewesen; aber auch Nicht-Lebewesen gehen im Lauf der Zeit unter, beispielsweise Berge durch Erosion oder Gletscher infolge zu hoher Temperaturen. Die vor etwa fünf Milliarden Jahren sukzessive entstandene Erde verändert sich laufend. Sie wird spätestens dann ihr Ende finden, wenn sie durch katastrophale Sonneneinwirkung zerstört wird. Das dürfte aber vermutlich nicht so bald der Fall sein; denn man rechnet mit einem Zeitrahmen von etwa fünf bis sieben Milliarden Jahren. Es handelt sich jedoch nur um Prognosen; die betreffenden Theorien zeigen mögliche, aber keineswegs sichere Entwicklungen auf. Sicher ist etwas nur, wenn es bereits geschehen ist.

Sollte sich bereits vorher etwas auf oder in der Sonne ereignen, das eine Katastrophe auf der Erde bewirkt, dann dürfte dies im Minimum, also bei Ausbreitung mit Lichtgeschwindigkeit, in 8 Minuten 19 Sekunden der Fall sein. Auf die gut acht Minuten kommt man anhand folgender Berechnung: Die mittlere Distanz der Sonne zur Erde beträgt 149,6 Mio. km. Diese teilt man durch die Lichtgeschwindigkeit von 299'792,458 km pro Sekunde, was 17,99 Mio km pro Minute entspricht. Grob kann man 150 Millionen Kilometer durch 18 Millionen Kilometer pro Minute dividieren. Die Teilchen, die aus einer Sonneneruption hervorgehen, dürften aber abgebremst werden (wenn sie nicht abgelenkt werden und die Erde nicht oder kaum tangieren). Bei abgebremsten Teilchen kann die Auswirkung auf der Erde unter Umständen beispielsweise erst in einer halben Stunde eintreten, was natürlich immer noch eine sehr kurze Zeitspanne darstellt.

Wenn gewisse Wissenschafter dem etwa fünf Milliarden Jahre alten Erdball noch einmal eine solche Zeitspanne geben bis zum sonnenbedingten Untergang, dann würde die Erde also an ihrem Ende zehn Milliarden Jahre auf sich vereinigen. Menschenähnliches Leben gibt es aber höchstens seit drei Millionen Jahren; und Menschen, die annähernd die heutige Gestalt aufwiesen, tauchten erst vor rund 200'000 Jahren auf. Das ist erdgeschichtlich eine sehr kurze Zeit. Wie lange es aber noch Menschen geben wird, ist aufgrund des Ressourcenverbrauchs durch eine vermutlich weiterhin stark zunehmende Erdbevölkerung besonders fraglich. Eine Welt ohne Menschheit ist also lange vor dem Moment denkbar, in dem die Sonne den Erdball vernichtet, unabhängig davon, ob dies in zehn- oder hunderttausend oder erst in fünf Milliarden Jahren sein wird.

Es ist auch der Spezialfall denkbar, dass die Leserin oder der Leser gerade am Beginn der letzten gut acht Minuten der Existenz der Erde den vorstehenden Hinweis registriert (und vielleicht noch nachrechnet), um dann plötzlich, aufgeschreckt durch Sirenen und eine hypernervöse Radiodurchsage, rasch die Familie zu umarmen oder einen letzten Whisky zu genehmigen. Bevor alles aus ist.

Ein gewissermaßen kleines Aus, in vielen Fällen ohne sich der letzten Sekunden ihres Daseins bewusst zu sein, haben die Menschen erlebt, die am 24. und 25. August des Jahres 79 n. Chr. in Pompeji oder Herculaneum waren (beide bei Neapel gelegen). Eine gewaltige Eruption im Vesuv hatte eine ungeahnte zerstörerische Wirkung und begrub Pompeji unter Eruptionsgestein von 12 m Höhe; in Herculaneum erreichte es sogar 20 m. Seit Mitte des 18. Jahrhunderts hat man in den beiden einstigen Siedlungen Ausgrabungen gemacht und einiges entdeckt, das sich zum Zeitpunkt des überraschenden Endes abgespielt hat oder haben könnte. So wird zum Beispiel über einen pikanten Fall aus Pompeji berichtet, den man gewissermaßen rekonstruiert habe: Genau als das Aus eintrat, sollen nämlich eine Dame aus der sogenannt besseren Gesellschaft und ein Gladiator sich offensichtlich gegenseitig eine besondere Freude gemacht haben. Sie dürften mit der betreffenden Opportunität also viel Optimismus verbunden haben, ohne eine pessimistische Warnung wahrzunehmen. Weshalb die lieben Archäologen auf diese spektakuläre Variante kamen, liegt auf der Hand. Die »Story« hört sich einfach viel besser an als dasselbe Ereignis mit anderer Besetzung, wenn also beispielsweise in Abwesenheit der Hausherrin der kräftig gebaute Diener und die junge hübsche Magd die Gelegenheit genutzt hätten, sich den für sie vielleicht langweiligen 24. August 79 n. Chr. zu versüßen. Nun: Aus ist aus, wann, wo und in Bezug auf wen auch immer.

24. Die Fundamentalkräfte im Zeichen von Natur, Ewigkeit und Macht

Die Menschen sind Teil der Natur und körperlich sowie seelisch voneinander verschieden, unvollkommen und deshalb fehlerhaft und vergänglich. Eines Tages finden sie ihr persönliches Ende. Lebenslang bilden der Körper und die sogenannte Seele eine Einheit und stehen in permanenter Wechselbeziehung. Was jeweils dominiert, lässt sich nicht generell beantworten; aber am Schluss bestimmt der Körper. Stirbt er, geht auch die Seele unter. Und das ist auch das Ende der individuellen Fundamentalkräfte. So sieht es objektiv aus.

Aber es gab und gibt Leute, die an die Weiterexistenz beider in einer anderen Gestalt oder Welt glauben; andere erwarten

»nur«, dass die Seele nicht untergeht. Für solche Vorstellungen, die mit dem Wesen der Natur nicht zu erklären sind, gibt es Verheißungen, aber keine beweiskräftigen Anhaltspunkte.

Mit Beginn des Entstehungsprozesses und bis zum Tod sind die Menschen auf ihre Art Opportunisten, wählen also stets das momentan subjektiv Beste für ihre diesseitige Weiterexistenz. Mit der betreffenden Wahl verbinden sie eine persönliche optimistische Erwartungshaltung. Andere mögen mit einer solchen individuellen opportunistischen Wahl im Wesentlichen einiggehen oder nicht. Je nach Lage ergeben sich daraus friedliche Verhältnisse, kleinere bis mittlere Meinungsverschiedenheiten oder Konflikte.

Wer etwas erreichen will oder auf das Eintreten eines Ereignisses hofft, verhält sich diesbezüglich optimistisch. Für diesen Optimismus spielt es keine Rolle, ob das Ereignis moralisch positiv oder negativ zu werten ist. Und wichtig: Zum Optimismus gehört kein Sensorium für Schwierigkeiten oder Gefahren. Um diese zu erkennen und möglichst gut zu leben oder zu überleben, sind alle Menschen auf eine angemessene Portion Pessimismus angewiesen. Nur der Pessimismus veranlasst zu einer entsprechenden Vorsicht. Aber auch er ist individuell unterschiedlich ausgeprägt; folglich sind auch die persönlichen Warnlampen immer unterschiedlich wirksam. Immerhin ist festzustellen, dass die meisten Frauen vorsichtiger sind als die Männer; Ausnahmen bestätigen auch hier die Regel.

Die Endlichkeit des Individuums ist eine von vielen Menschen höchst ungern akzeptierte Naturerscheinung. Bei einem alten Pferd oder einer Schwalbe wird die Endlichkeit als Lauf der Dinge meistens ebenso problemlos akzeptiert wie bei der Blume und beim Grashalm. Anders ist es bei einem teuren Zuchtpferd, wo man den Verlust in Franken oder in sonst einer harten Währung ausdrückt, also rein finanziell. Bei gewissen Lieblingshunden und -katzen gilt sogar etwas Besonderes; in steigender Fallzahl erhalten sie nämlich eine Grabstätte ähnlich wie Menschen, auf speziellen Friedhöfen und mit allem Drum und Dran. Das bringt sie in die Nähe der Personen, denen sie gehörten. Offenbar gibt es Menschen, welche die Endlichkeit weder für sich noch für den Hund Fifi oder die Katze Schnurrli gelten lassen. Schon vor langer Zeit hatte Giuseppe Verdi (1813 – 1901), der große italienische Komponist, im Park seines schönen Anwesens bei Parma für seinen geliebten Hund eine Grabstätte errichten lassen. Verdi wollte ihm irgendwie nahe bleiben und saß am liebsten auf der ganz nahen Parkbank.

Die Vorstellung einer Nicht-Endlichkeit ist alles andere als neu. Denn insbesondere für Personen, die als wichtig bezeichnet wurden, durfte es schon zur Zeit der Pharaonen (und vermutlich bereits vorher) kein Ende geben. Irgendwann fand man dann: »Was für den Pharao recht ist, muss für alle anderen billig sein.« Also haben verschiedene Religionen das generelle ewige Leben der Seele oder sogar der Seele und des Körpers propagiert. Es ging und geht dabei immer um die Wahrnehmung einer Opportunität und den dazugehörigen Optimismus; und der Pessimismus hat die wichtige Aufgabe, von einer Gefährdung der Verheißung durch falsches Verhalten zu schützen.

Die Ewigkeits-Verheißung hatte schon immer etwas Beruhigendes und etwas Beunruhigendes an sich. Denn sie bedeutet für Frau P., dass auch der ihr total unsympathischen Frau U. eines Tages die Ewigkeit zuteil werden kann, ja sogar Leuten, die sie noch viel schlimmer als Frau U. findet. Ewigkeit für alle? Wer will das denn? Und wozu eigentlich?

Das Problem mit der Ewigkeit ist nicht die Ewigkeit selbst, sondern die Schlüsse, welche die Ewigkeits-Gläubigen unter Umständen daraus ziehen. Dabei spielt es auch eine Rolle, in welchem Ausmaß die Gläubigkeit durch die Glaubensverkünder instrumentalisiert wird. Sind die Folgerungen der Gläubigen aus ihrem Ewigkeitsglauben friedliche und tröstende, dann tut das niemandem unter den anderen Menschen weh, unabhängig von der allfälligen Erklärung zur Frage »Wozu?«. Weckt die Verheißung jedoch auch unangenehme Gedanken wie bei Frau P., ist das ewige Leben in ähnlichen Fällen keine uneingeschränkt positive Vorstellung; immerhin könnte die Nachbarin U. (oder deren Seele) im Jenseits plötzlich daherkommen, so quasi um die Ecke. Ausgerechnet die U., von der sich Frau P. seinerzeit endlich befreit fühlte, als die Todesanzeige im Dorfblatt erschienen war. Kein schöner Gedanke, aber ehrlich. Und es gibt noch Schlimmeres. Etwa wenn die Ewigkeitsvorstellungen sogar das Begehen von Schandtaten fördern, siehe beispielsweise frühere Religionskriege und immer noch stattfindende religiös motivierte Attentate oder Selbstmordattentate mit dem Ziel, es möge möglichst viele Tote geben. In letzteren Fällen ist das allgemein geltende Ewigkeits- oder Paradiesversprechen der betreffenden sogenannten Religion auch eine furchtbare, pervertierte Einladung zu wahnsinnigen Verbrechen. Ohne solche Verheißungen müssten die Anstifter sich zumindest eine andere Motivation ausdenken, um in zumeist jüngeren Leuten den Wunsch zu wecken, via Selbstmordattentat mit vielen Opfern sich in Stücke reißen zu lassen und im selben Moment ins Jenseits zu verschwinden. Ob die Schandtaten ohne das Versprechen, der Täter oder die Täterin werde unmittelbar nach der Zündung des Sprengstoffgürtels mit vielen Eisennägeln ins Paradies einziehen, wirklich noch begangen würden? In den Attentatsfällen sind total irrer Opportunismus und Optimismus am Werk; und der ebenfalls pervertierte Pessimismus sorgt sich um das Problem, dass ein Anschlag durch Verhaltensfehler scheitern könnte.

Auch der Wunsch, sich mit irgendetwas im Diesseits zu »verewigen«, hat so seine Tücken. Denn vieles und viele werden rasch vergessen. Am besten bekannt bleiben nämlich nicht Wohltäter, sondern Übeltäter aus der Kategorie »Millionenfache Massenmörder«. Diese bedeuten den Menschen etwas, etwas Schreckliches zwar, aber das fördert den Bekanntheitsgrad. Denn über sinnvolle Taten wird meist nur kurze Zeit ausführlich berichtet; dann langweilt dies. Das ist zu wenig aufregend und bietet keinen Horror. Demgegenüber bewirtschaften die Medien die Untaten der Ober-Verbrecher möglichst lange; denn mit Berichten über grausame Kriminelle erzielen sie hohe Reichweiten (also viele Leser, Hörer oder Zuseher). Das bringt Geld. Denn die in Verbindung mit abscheulichen Berichten offerierte Werbemöglichkeit lässt sich mit den in Aussicht gestellten hohen Kontaktzahlen teuer verkaufen. Kasse kommt eben fast immer vor Ethik. Der Opportunismus bestimmt das Geschehen.

Die Nähe der religiösen Macht zur weltlichen Macht ist geschichtlich und bis in die Gegenwart eindeutig; gelegentlich bestand sogar Identität wie im Kirchenstaat. Da Macht immer Leute voraussetzt, die durch Fügsamkeit oder Rechtsabtretung die Bildung von Macht bei anderen ermöglichen, ist sie stets eine Form der Bevormundung und somit der Unfreiheit. Damit ist auch der Machtmissbrauch verbunden, in vielen kleinen und großen Fällen. Als Ewigkeitsanbieter haben die Religionen nicht nur stets recht gut an der Macht partizipiert, sondern sich so auch einträgliche Daseinsquellen gesichert; insbesondere die obersten Zuständigen für Botschaften über das ewige Leben haben sich immer schöne Paläste und reich gefüllte Futtertröge gesichert. Das hat am Bedarf an Ewigkeitszusagen meistens nur wenig geändert; und wo ein Bedarf ist, muss er durch ein Angebot befriedigt werden. Mit anderen Worten: Die Opportunität des ewigen Lebens wird häufig gerne gewählt, weil die gläubige Person mit uneingeschränktem Optimismus der schönen Verheißung entgegenblicken kann, dass es im Jenseits unter erfreulichen Umständen weitergehen wird. Sie akzeptiert folglich auch alle Glaubensauflagen, um diese Perspektive durch nichts zu gefährden.

Wer sich an der Natur orientiert, ist für Kurz- und Langzeitwirkungen empfänglich, aber nicht für Ewigkeitszusagen. Solche Personen finden ihren Halt einzig in einer Lebensführung, die sich unter Einhaltung diesseitiger Regeln bewähren will. Da dies bekanntlich nur mit Einschränkung möglich ist, werden die betreffenden Menschen mit ihren Defiziten selber und höchstenfalls unterstützt durch ihren Lebenskreis fertigwerden müssen. Eine Aussicht auf eine glaubensmäßige Vergebung und Belohnung gibt es nicht. Das braucht einiges an Kraft und liegt nicht allen. Einfacher ist es also sicher nicht, aber weniger spekulativ.

Mit solchen, recht unterschiedlichen Vorstellungen versehen, werden die Menschen auch in Zukunft immer das tun, was ihnen opportun erscheint.

25. Der Einzelne und Gruppen in Bezug auf die Fundamentalkräfte

Nicht nur gegensätzliche Ansichten zur Frage der Ewigkeit oder Nicht-Ewigkeit beherrschen die Gesellschaft. Sie zählt auch andere Gruppen mit unterschiedlichen Einstellungen und Lebensauffassungen. So gibt es viele Leute, die sich möglichst ordentlich verhalten, das heißt ihr Bestes tun, um die gesetzlichen Vorschriften und gesellschaftlichen Regeln zu befolgen. Diese Personen sind brave Steuerzahler und bereit, für Verbesserungen in Gesellschaft und Staat einzustehen. Daneben gibt es eine breite Palette an Menschen, die sich, mit Variationen, einem negativen, aber nicht kriminellen (das heißt nicht strafbaren) Opportunismus verschrieben haben. Aus einer solchen Haltung heraus hat das Günstigste sehr oft die eigene Hinterhältigkeit und Gier, den individuellen Minderwertigkeitskomplex und den starken persönlichen Geltungsdrang, Hassgefühle, die Schadenfreude oder die Niedertracht und so weiter zu befriedigen. Zu dieser Gruppe gehören die vielen Neider aller Intensitätsstufen,

Verbreiter von Unerfreulichem über andere, aber auch die windigen Profiteure und Anhänger der Ellenbogen-Gesellschaft. Alles, was dem Ansehen anderer abträglich ist oder was sich rentiert, ist für sie automatisch legitim, weil bei ihnen der Zweck die Mittel heiligt. Wenn sie selber dann schlecht abschneiden, wollen sie das nächste Mal noch stärker auf Schädigung anderer setzen, solange man sie nicht belangen kann. Und schließlich gehören auch die Verbrecher zur Bevölkerung; ihr Streben ist auf das Ergattern von Vorteilen ausgerichtet, die sie sich insbesondere durch das Begehen von Straftaten verschaffen wollen.

Bei all den vorstehenden Gruppen gibt es Opportunitäten und einen starken Optimismus, dass sich die Ziele erreichen lassen. Wenn ein Drogenhändler aber zu wenig Pessimismus in sich spürt, wird er unvorsichtig und deshalb von der Polizei geschnappt. Gelegentlich gibt es Polizisten, die sich auch ein Stück vom illegalen Kuchen sichern wollen; deshalb kooperieren sie mit den Verbrechern und lassen sich für ihre Dienste entschädigen. Auch der große Steuerbetrüger findet es opportun, den gesetzlichen Regeln auszuweichen und so einen finanziellen Vorteil zu erzielen. Sein Optimismus erhält erst dann einen Dämpfer, wenn irgendwo Daten über sein Manöver gestohlen und an die Steuerfahndung weitergeleitet werden.

Man sieht es vielen Menschen nicht an, zu welcher der vorstehenden Gruppen sie gehören. Sie gehen in der Bahnhofshalle oder im Einkaufszentrum an ihren Mitmenschen vorbei, fahren unidentifiziert mit der Straßenbahn. Erst wenn sie etwas sagen oder tun, wird vielleicht klar, wie sie einzuordnen sind.

Und nichts muss von Dauer sein. Die Lebensumstände können dazu führen, dass Leute verbittert werden oder Rachsucht entwickeln, weil sie sich immer wieder übergangen fühlen; ob zu Recht oder zu Unrecht, ist subjektiv nicht relevant. Im Selbsturteil ist Unrecht geschehen und nicht zu hinterfragen. Auch eine

Scheidung oder ein gutgläubig eingegangenes Finanzabenteuer kann Menschen aus der Bahn werfen.

So etwa im Fall des Angestellten, der in mittlerer Position bei einer großen Firma tätig war. Im Finanzwesen hatte er stets erhebliche Summen zu bewegen. Seine in- und außerhalb des Unternehmens sprichwörtliche Genauigkeit und Zuverlässigkeit führte dazu, dass seine Vorgesetzten die Papiere, die er ihnen zum Visieren vorlegen musste, einfach abhakten. Die Überzeugung, dass ja alles stimmen musste, wenn es von ihm kam, war fest verankert. Eines Tages, der betreffende Mitarbeiter war in einem Kurzurlaub, fand eine ganz seltene überraschende Revision statt, von der nur die oberste Geschäftsleitung vorher wusste (die Termine der üblichen Jahresrevisionen wurden vorher vereinbart, um besondere organisatorische Maßnahmen treffen zu können, damit die Erledigung der laufenden Geschäfte möglichst wenig tangiert wurde). Und siehe da: Die Revisoren entdeckten ein erhebliches Manko, das auf Unregelmäßigkeiten im Bereich des vermeintlich über alle Zweifel erhabenen Mitarbeiters zurückzuführen war. Zur Rede gestellt, gab er sofort die Verfehlungen zu. Externe Finanzjongleure hatten ihn mit dem Versprechen von schnellen und hohen Gewinnen zu einer Investition überredet. Da habe er, mangels entsprechender eigener Mittel, nach einigem Zögern Firmengelder eingesetzt und verloren. Um den für ihn überraschenden Verlust auszugleichen, sei er dann noch zweimal auf vermeintlich lukrative kurzfristige Geschäfte eingestiegen. Erneut sei es zu Totalverlusten gekommen. Und so habe er einen sehr großen Betrag zweckentfremdet. Die Unterschlagungen führten zur sofortigen Entlassung des Fehlbaren, der gerichtlich verurteilt wurde und eine mehrjährige Gefängnisstrafe absitzen musste. Wäre die vermeintliche Opportunität nicht an ihn herangetragen worden, wäre er wohl bis zu seiner Pensionierung der fleißige und extrem genaue Mitarbeiter geblieben. Mit seiner ersten Unterschlagung verband er den Optimismus, in Kürze das Firmengeld rasch zurückzahlen und sein Privatkonto um einen ansehnlichen Betrag erhöhen zu können. Und die beiden weiteren Unterschlagungen waren dann vom Optimismus getragen, dass das Glück ihm all das Geld zuspielen werde, welches er benötigte, um die widerrechtlich angeeigneten Beträge zurückzahlen zu können. Daraus wurde nichts. Die Kraft des Pessimismus, die ihn vor den widerrechtlichen Dispositionen hätte warnen müssen, hatte ihn gleich mehrmals verlassen. Vermutlich hatten ihn die Finanzjongleure vor der ersten Unterschlagung gut beobachtet und festgestellt, wo bei dem introvertierten, unverheiratet gebliebenen Mitarbeiter der Finanzabteilung der schwache Punkt war. Es war keine private Geldnot; aber ihm war wegen seines Naturells der weitere Aufstieg verbaut, ebenso die damit verbundene Anerkennung samt einer deutlich besseren Bezahlung. Die erste Spekulation hätte ihm im Erfolgsfall eine entsprechende Kompensation verschafft; seinen Lebensstil hätte er für einige Zeit so gestalten können wie nach einem größeren Karrieresprung, für alle sichtbar.

Man sieht es auch vielen Leuten nicht an, dass sie sich für Auftragsvergaben oder Insiderinformationen bestechen ließen oder gefälschte Rechnungen erstellten. Vor Jahren hob ein schweizerischer Bundesangestellter, der im Eidgenössischen Militärdepartement Abrechnungen für Truppenunterkünfte in Gemeinden zu bearbeiten hatte, anhand erfundender Unterlagen staatliche Gelder ab. Da in Wirklichkeit keine Entschädigungen auszuzahlen waren, wanderten die abgehobenen Beträge jeweils in die Taschen des biederen, unscheinbaren Beamten, bis die Sache zufälligerweise aufflog.

Verursachen leitende Personen einer Firma einen Riesenschaden, bleiben sie fast immer unbehelligt. Denn andere Leitungsorgane wollen verhindern, in einem späteren ähnlichen Fall auch zur Kasse gebeten zu werden. Zudem haben viele Firmen in Bezug auf ihre obersten Kader spezielle Versicherungen abgeschlossen (Prämien also zulasten der Firma!) für den Fall, dass etwas schiefgeht, das die Top-Kader finanziell treffen würde. Oben passiert also in aller Regel nichts, auch nicht bei miserablen Leistungen und großer Unvorsichtigkeit. Da ist nahezu grenzenloser Optimismus durchaus gerechtfertigt – bedauerlicherweise.

26. Die drei Fundamentalkräfte im Staat

Im österreichischen Bundesland Kärnten gibt es eine Regionalbank mit Namen *Hypo Alpe Adria*, die im ersten Jahrzehnt des neuen Jahrhunderts in Schieflage geraten war. Die Bank wurde Ende 2009 notverstaatlicht und befindet sich seither im Alleineigentum der Republik Österreich. Daraus könnten für Österreich Verluste entstehen, die im ungünstigsten Fall bis zu 25 Milliarden Euro ausmachen (Schätzung, Stand Januar 2014). Der enorme Betrag setzt sich aus folgenden zwei Teilbeträgen zusammen: Gut sieben Milliarden Euro entfallen auf Zuschüsse, welche die *Hypo Alpe Adria* bis 2017 vom Staat voraussichtlich benötigen wird; auf 18 Milliarden Euro lauten nur bedingt werthaltige »Assets«. Geplant ist, diese »Assets« im 2014 in eine sogenannte *Bad Bank* einzubringen, welche dann über einen längeren Zeitraum versuchen soll, daraus eine möglichst hohe Summe zu realisieren. – Die Probleme der Bank sind durch leichtfertige und auch strafbare Akte der Geschäftsleitung entstanden, vor allem im Ausland. Das Besondere: Die staatliche österreichische Finanzmarktaufsicht und das Kontrollorgan realisierten seinerzeit die Schwierigkeiten der Regionalbank erst spät und höchst ungenau. Ende 2009 schätzte man die maximale Verlustsumme auf rund zwei Milliarden Euro, was für die Regionalbank existenzgefährdend war. Aufgrund des damaligen Informationsstandes sprang der Staat im Interesse der Reputation des Finanzplatzes Österreich bei der Bank als Alleineigentümer ein. Jetzt haftet er aber für die erwähnte viel höhere Summe. Von Konsequenzen wegen der ungenügend erscheinenden aufsichtsrechtlichen Kontrollen war bisher offiziell nicht die Rede. Abzuwarten ist, in welchem Ausmaß ein gütiges Schicksal bei der *Bad Bank* dazu beitragen wird, dass der effektive Schaden möglichst weit unter dem genannten Maximalbetrag bleibt.

Es ist klar, dass das Spielchen mit dem »ewigen« Schuldenmachen nicht funktionieren wird, auch wenn einzelne Medien fleißig mitmischen im Irreführen der Öffentlichkeit. Einst hatte man in der Eurozone festgelegt, dass die maximale Verschuldung des Staats 60 % des BIP nicht überschreiten darf und dass die jährliche Neu-Verschuldung bis zum Erreichen der genannten 60 %-Limite nicht höher als 3 % des BIP sein soll (sogenannte Maastricht-Kriterien). Aber im Herbst 2013 (auch schon zuvor) erfuhr man aus den staatlich dominierten Fernseh- und Radioprogrammen sowie aus vermeintlich unabhängigen Zeitungen, dass die Maastricht-Kriterien eingehalten seien, wenn die Neu-Verschuldung nicht über die erwähnten 3 % vom BIP hinausgehe. Das ist natürlich totaler Unsinn, weil ein Staat wie Griechenland (Verschuldung um 160 % vom BIP, bei genauer Berechnung wahrscheinlich mehr) nicht noch neue Schulden im Umfang von 3 % des BIP machen darf, sondern Schulden abbauen müsste. Sonst wird das Schuldenmachen so lange dauern, bis das Finanzsystem in einem Land oder in der ganzen Eurozone kollabiert. Trotzdem geht es mit den perversen Kommentaren der Medien munter weiter, auch wenn sie über Frankreich oder Portugal sprechen. Dasselbe betrifft die Arbeitslosigkeit, die beispielsweise in Deutschland regelmäßig um etwa fünf Prozentpunkte (nicht Prozent) zu niedrig angegeben wird, weil man die Arbeitslosen in Schulung (auch in Mini-Schulung) und die Langzeitarbeitslosen konsequent nicht zählt.

Natürlich ist nicht davon auszugehen, dass nur die Deutschen mit objektiv falschen Daten aufwarten; in Südeuropa dürfte die Zahlenverschönerung noch ganz andere Dimensionen erreichen. Und die USA treiben ihre Staatsverschuldung in immer neue Höhen, angeblich zur Ankurbelung der Wirtschaft. Dabei ist klar: Die laufende Höherverschuldung führt nicht zu einer Wirtschaftsbelebung, sondern bestenfalls zu Stagnation (siehe auch Italien, Frankreich). Und alle dic vorerwähnten schiefen Botschaften und Verhaltensweisen, die stets als Optimallösungen dargestellt werden, beeinflussen viele Menschen in den betreffenden Ländern, auf ganzen Kontinenten und letztlich weltweit.

Was mag der Grund für die potenziell verheerende Entwicklung sein? Liegt es am politischen System, liegt es an den Maßstäben?

In der Politik geht es einerseits immer um Verteilung der im Staat verfügbaren Gaben an Einzelpersonen und Firmen aller Art sowie andererseits um die Belastung derselben, damit der Staat seine Aufgaben wahrnehmen und besagte Verteilung durchführen kann. Wo die Einnahmen unter den Ausgaben liegen, müssen sich die Staaten verschulden oder ihre Ausgabenfreudigkeit mäßigen. Letzteres ist höchst unbeliebt und findet in Ländern, die auf Staatsdefizite zusteuern, praktisch nie statt.

Heute ist man fast überall der Ansicht, dass ein demokratisches System zwar nicht unbedingt zu einer mehr oder weniger gerechten Verteilung der Gaben und Belastungen führt, aber einen ziemlich gut abgestützten Konsens in dieser Frage ermöglicht. Das bedeutet, dass dauernd versucht wird, diesbezügliche Mängel unter Einhaltung demokratischer Spielregeln zu beheben. Und dies bedeutet wiederum, dass politische Rücksichtnahmen auf zahlenmäßig relevante Gruppierungen erfolgen (Arbeitnehmer, Rentner, Frauen, Beamtenheere), weil sie ein hohes Gewicht bei Wahlen und allfälligen Abstimmungen haben. Wer gewählt werden will, darf sich mit ihnen nicht anlegen, sondern muss ihnen Wohltaten zukommen lassen, koste es, was es wolle.

Sind die Wohltaten einmal eingeführt, ist eine Abschaffung oder Reduktion derselben kaum mehr möglich. Das Stimmengewicht der Wohltatenempfänger ist zu groß, um diese verärgern zu können. Selbst beste Argumente, wie unzureichende Mittel, verfangen nicht; denn die Begünstigten werden sofort einwenden, dann müsse man sich halt anderswo etwas einschränken. Ihnen weh zu tun, wagt also kein Politiker, der sein Amt gerne noch längere Zeit ausüben möchte. Würde er trotzdem den Schritt zur unangenehmen Maßnahme ankündigen oder sogar wagen, wäre seine Partei gleich zur Stelle, um den Wählervertreiber in die Schranken zu weisen. Die Konsequenz: Wohltaten bleiben Wohltaten, allenfalls auch noch indexiert, also der Teuerung angepasst, und setzen dem Staat finanziell immer mehr zu. Und das Ergebnis ist eine laufend steigende Staatsverschuldung.

Dauernd höhere Staatsschulden gehen mit entsprechend höheren Zahlungen für Schuldzinsen einher, auch in Zeiten einer Tiefzinspolitik, wie sie von der EZB, vom FED und in Japan im Frühjahr 2014 immer noch praktiziert wird. Jeder Zinsaufwand verringert den staatlichen Spielraum, mit den vorhandenen Mitteln die zugesagten Leistungen zu erbringen. Die Folge sind weitere Schulden, um keine Abstriche vornehmen zu müssen. Und weitere Schulden bedeuten noch höhere Aufwendungen für Schuldzinsen. Im Jahr 2014 steuern selbst Deutschland und Österreich auf eine Staatsverschuldung von 90 % und bald 100 % zu (bei Österreich liegt sie offiziell bei 79 %, beträgt aber 85 %, wenn alle Staatsschulden berücksichtigt werden, also auch die Schulden der Bundesbahn und der Gesellschaft für die Finanzierung der Bundesstraßen). Relativ tiefe oder noch akzeptable Staatsschulden, die kaum steigen, weisen in der Eurozone nur Estland, Finnland, Luxemburg und die Slowakei auf.

In Südeuropa, inklusive Zypern, sowie in Irland, Frankreich, Belgien und Slowenien sieht es besonders schlimm aus. Alle die betreffenden Länder der Eurozone weisen laufend steigende

Schuldenstände auf, die sie ohne drastische Maßnahmen nicht mehr abbauen können. Die Schulden bewirken Zins-Belastungen, die auch bei tiefen Zinssätzen ruinös sind. Klartext zu diesem Thema vermeiden sowohl Politiker als auch die meisten Medien. Der persönliche Machterhalt und die eigene Finanzsituation sind den Herrschaften offenbar wichtiger.

27. Finanz- und Geldpolitik in der Euro-Zone und in den USA

Was ist falsch gelaufen in der Eurozone? Nun, die Maastricht-Sanktionen bei Defizit-Sündern sind ausgeblieben. Die temporäre und sicher nicht dauerhafte Rettung der schwerstverschuldeten Länder (Griechenland, Irland, vor allem das große Italien, Portugal, Spanien, Zypern, auch Belgien und Frankreich) ist zwar eine absurde Idee, hat aber Priorität. Deshalb grassiert der Geist der Anti-Marktwirtschaft in der EZB und hat zu dauerhaften Tiefzinsen geführt, die, wie bereits dargelegt, eine lange Reihe negativer Effekte in den Euro-Staaten ausgelöst haben und weiterhin bewirken:

Das Schuldenmachen und das Ausbleiben des Schuldenabbaus tun viel weniger weh als bei einem höheren Zinsniveau. Die Regierungen machen folglich laufend noch mehr Schulden und vergeben weiterhin Wohltaten.

Mit Rücksicht auf das Stimmengewicht der Beamtenschaft unternehmen sie kaum Anstrengungen, effizientere Verwaltungen zu installieren.

Wie bereits erwähnt, werden die tiefen Zinsen nicht den Staaten direkt gewährt, sondern den Banken. Diese ermöglichen es dann einem Euro-Staat, neue Schulden zu sehr günstigen Konditionen zu machen. Und daran verdienen die Banken mühelos, zumal sie durch den speziellen Euro-Schutzmechanismus abgesichert sind (für Staatspapiere, die von Banken gehalten werden, gibt es Garantien aller Euro-Länder, jedenfalls solange der Schutzmechanismus zahlungsfähig bleibt!).

Das tiefverzinsliche Geld sucht auch anderswo nach Renditen, immer auf dem Weg des geringsten Widerstands. So wird Geld verliehen für Aktienkäufe. Deshalb sind die Aktienkurse enorm gestiegen (manchmal zwar nur auf Vorkrisenniveau, also Stand 2007/2008). Der Grund: Auch bei höheren Kursen übertreffen die Dividenden die lächerlich tiefen Zinsen für Kredite, die den Aktienerwerb ermöglichen. Und dabei müssen die betreffenden Firmen, welche Dividenden ausschütten, nicht zwingend wesentlich höhere Reingewinne erzielen. Das sieht man beim Vergleich der Kurse für viele Aktien, die wesentlich stärker oder sogar unabhängig von der Gewinnentwicklung der betreffenden Unternehmen gestiegen sind.

Viel tief verzinsliches Geld fließt in den Immobilienmarkt, wo die Preise in den letzten Jahren enorm gestiegen sind. Das wird in absehbarer Zeit auf die Mieten durchschlagen und die Lebenshaltungskosten wesentlich erhöhen. Das disponible Einkommen der Mieter wird deshalb sinken.

Infolge der tiefen Zentralbank-Zinsen werden die Sparzinsen sehr tief gehalten. Die Sparer, welche für Lebensmittel aktuell mit jährlichen Preissteigerungen von vier bis fünf Prozent konfrontiert sind, haben also laufend weniger Kaufkraft auf ihren Konten, eine kalte Enteignung.

Die Käufer von Immobilien, welche wegen der tiefen Zinsen zum Erwerb veranlasst werden, verringern ihren Konsum-Spielraum, jedenfalls ab dem Zeitpunkt, in dem die Zinsen steigen. Sie können sogar in gefährliche finanzielle Schieflagen geraten.

Es ist eine Verkennung der wirtschaftlichen Lage, wenn man wie die EZB oder das FED (oder Japan) glaubt, dass durch tiefe Zinsen mehr investiert werde und mehr Arbeitsplätze entstehen. Denn China (neuerdings aber auch in einer Schuldenfalle) und andere aufstrebende Länder haben ihren Exporthunger noch lange nicht gestillt, ziehen folglich bei tiefen Zinsen soweit nötig mit, und überschwemmen mit ihren Erzeugnissen die teurer produzierenden Länder Europas, die USA sowie Japan. Das zwingt die Unternehmen in diesen Weltgegenden zur möglichst weitgehenden Ausschöpfung ihrer Einsparungspotenziale, also zu Effizienzsteigerungen und Rationalisierungen (oder Verlagerung der Produktion in Länder mit tiefen Löhnen); auch Betriebsschließungen sind denkbar. Neueinstellungen sind folglich selten das Thema, wenn überhaupt.

In der EU insgesamt wird das Arbeitslosenheer laufend größer (bei eindeutig nach unten manipulierten offiziellen Arbeitslosenraten, auch zum Beispiel in Deutschland). In den USA verharren die Arbeitslosenzahlen auf hohem Niveau. Mehr Arbeitslose bedeutet mehr Arbeitslosenentschädigung aus abnehmenden staatlichen Kassenbeständen und durch neue Schulden.

Insbesondere im EU-Raum werden die Flüchtlingswellen aus Afrika und dem Nahen sowie Mittleren Osten zunehmen. Von den betreffenden Personen sind viele Wirtschaftsflüchtlinge. Nur wenige wird man beschäftigen können. Ihr Unterhalt verschlingt aber Unsummen, die niemand verfügbar hat, sondern aus neuen Schulden stammen werden. Werden diese Zuwanderer kriminell, muss der Staat auch noch viel Geld aufwenden für die Strafverfolgung und den Strafvollzug.

Fazit: Die Eurozone, die USA und auch Japan steuern auf einen Kollaps zu, wenn sie nicht endlich Gegensteuer geben. Wer Gegensteuer gibt, macht sich unbeliebt. Also unterbleibt es. Die Demokratie in den betreffenden Staaten und die aus ihr hervorgegangenen Regierungen sowie die Notenbanken sind auf dem Weg, die Marktwirtschaft in den Ruin zu lenken. Müssen viele Länder bei einem Scheitern mit weniger Demokratie und irgendwelchen Technokraten-Systemen als Regierungsform rechnen?

28. Die drei Fundamentalkräfte in der Psychiatrie und Psychologie

28.1 Personenbeurteilungen generell

In der Psychiatrie und der Psychologie müsste man sich die drei Fundamentalkräfte näher ansehen. Denn sie vermitteln vermutlich häufig den unmittelbaren Zugang zu den einzelnen Problemzonen der betreuten Personen (wie sie auch bei anderen Leuten rasch zu wesentlichen Erkenntnissen führen). Zuerst wäre zu fragen: Wie steht es im Fall von P. mit der Reaktion auf verschiedene Wahlmöglichkeiten, die er als Opportunitäten einstufen könnte, und welche Wahl trifft er, mit welcher Begründung? (Zur Erinnerung: Die Wahl ist identisch mit dem Entscheid für das Beste aus persönlicher Sicht.) Sodann stellt sich die Optimismus-Frage, das heißt die Frage nach den Kräften und deren Intensität, die das Verhalten von P. veranlassen. Und schließlich sollte man klären, ob und wie P. den Pessimismus im Sinn von Warnsignalen wahrnimmt, auch wenn dies nur in geringem Maß der Fall ist.

Als Wahlmöglichkeiten wäre beispielsweise mit Bezug auf Alpha-/Beta-/Gamma-Typen etwa an folgende Themenkreise zu denken, die in entsprechende Fragen gekleidet werden sollten: Begeisterung, Zuwendung, Ablehnung, Apathie, Eigenständigkeit sowie Selbstbewusstsein, Teamfähigkeit, auch Einordnungsverhalten, Auffassungsgabe, Verantwortungsbewusstsein (auch soziale Verantwortung), Mitgefühl, Unvermögen zur Leistung, Arbeitsfreude und -eifer, Ausgabenfreudigkeit, Spendenbereitschaft, Sparsamkeit und Bereitschaft zu Einsparungen, Selbstkontrolle, Bedeutung von Ferien und Ferienverzicht, Beurteilung von Banküberfällen, Raub, Gewaltanwendung, Drogenhandel, Erpressung, Bestechung aktiv oder passiv … Zu den einzelnen Opportunitäten müsste man dann die Intensität des Optimismus der Zielerreichung ermitteln. Und pro Handlungsvariante wären die Vorbehalte, Befürchtungen und dergleichen, also der Pessimismus, zu eruieren. Auch sollte man abklären, weshalb einzelne Wahlmöglichkeit abgelehnt werden (zweite Wahl etc. bis zur völligen Ablehnung, also im Prinzip Pessimismus-Argumente).

Im Effekt entstünde wohl ein recht aufschlussreiches Psychogramm. Es würde viel aussagen über die Empfänglichkeit einer Person für Positives und Verwerfliches aller Art sowie über die vermutliche Standfestigkeit bei Versuchungen. Möglicherweise würde ein ausgetestetes Verfahren in allen Fällen, insbesondere wo Zweifel über die Persönlichkeit bestehen, ein recht deutliches und vor allem praxisnahes Bild vermitteln. Die Ergebnisse solcher Ermittlungen wären speziell von Interesse in Bezug auf mittlere und höhere Führungspositionen und bei polizeilichen Funktionen auf allen Ebenen.

28.2 Beurteilung kriminellen Verhaltens

Auch in Bezug auf die verschiedenen Formen der Kriminalität ließe sich anhand der drei Fundamentalkräfte einiges erkennen. Kriminelles Verhalten findet, wie jedes andere Verhalten auch, stets aufgrund von Entscheiden für Opportunitäten statt, etwa für einen Banküberfall, für Diebstahl, Drogenhandel, Erpressung, für sexuellen Missbrauch und so fort. Und mit dem Entscheid zur Begehung einer Straftat verbindet sich ein nach Intensität unterschiedlicher Optimismus in Bezug auf das Ergebnis und die daraus resultierenden persönlichen Vorteile. Es stellen sich also folgende Fragen: Warum hielt der Verbrecher die Begehung seiner Tat für den besten Entscheid? Welche Vorteile verband er damit? Wie stark war der diesbezügliche Optimismus? – Die Kraft, die dem Verbrechen entgegenwirken kann, ist der Pessimismus. Je besser er entwickelt ist, umso wahrscheinlicher ist ein

Verzicht auf die Untat wegen all der möglichen Folgen. Schwerverbrecher und auch kleinere Gewohnheitsverbrecher haben im Grunde einen unterentwickelten oder nahezu inexistenten Pessimismus. Deshalb kann dieser sie nicht an ihren Taten hindern – zu diesem Punkt würde sich ein »Entwicklungsgebiet« auftun.

29. Was sich in Europa und den USA ändern müsste – Prognose

29.1 Ein Maßnahmenkatalog

Erstens müsste die Eurozone rasch redimensioniert werden, also beschränkt auf Staaten in ordentlicher oder noch erträglicher wirtschaftlicher Verfassung. Das sind: Deutschland, Estland, Finnland, Lettland, Luxemburg, die Niederlande, Österreich, vielleicht noch die Slowakei.

Hingegen sind Belgien, Frankreich, Malta und Irland eher zu schwach, um dieser Zone anzugehören. Slowenien ist zunehmend ein Problemland.

Eindeutig nicht in die Eurozone gehören Griechenland, Italien, Portugal, Spanien und Zypern. Nach einem Schuldenschnitt durch Staatsbankrott müsste dort ein neuer Anfang mit einer eigenen Währung erfolgen.

Zweitens müssen die Zinsen möglichst rasch zu Marktzinsen werden, welche die Bonität reflektieren und den Sparern und Pensionskassen den Inflationsausgleich bieten. Geld verliert sonst seine Funktion als Wertaufbewahrungsmittel. Der angemessene Zins muss die Entschädigung für das zeitweilige Überlassen von Geld sein; dadurch wird ausgeschlossen, dass es zu einer Enteignung der Sparer und Vorsorgeeinrichtungen kommt.

Eigentlich sollten die Notenbanken alle diese Anliegen problemlos bewerkstelligen können. Jedenfalls muss die EZB ihre anti-marktwirtschaftliche Politik beenden, die den Gang in die Katastrophe fördert.

Drittens müssen selbstverständlich auch die USA beziehungsweise das FED die Zinsen anheben. (Auch Japan sollte mitziehen.)

Viertens: Damit sich Arbeiten lohnt, darf die Arbeitslosenentschädigung nur kurzfristig und in wirklichen Härtefällen relativ hoch sein. Ein Durchforsten der aktuellen Situation ist dringend. Sie wird auch zeigen, in welchem Umfang und für welche Tätigkeiten der »Import« von Arbeitskräften wirklich notwendig ist (dabei ist daran zu denken, dass der Familiennachzug, aber nicht der Nachzug von Großfamilien, ein Gebot der Menschlichkeit ist).

Jedenfalls ist festzustellen, dass für Personen, die körperlich dazu in der Lage sind, jede Arbeit im Inland annehmbar zu sein hat. Wer einen anderen Standpunkt einnimmt, muss im Zeichen der persönlichen Freiheit auch akzeptieren, keine Arbeitslosenentschädigung zu erhalten.

Fünftens sind Rationalisierungen in den Beamtenapparaten dringend. Der Personalabbau soll nicht radikal, aber zielstrebig und kontinuierlich erfolgen. Denn in jeder größeren Organisation sind personelle Kapazitätsüberhänge gegeben, wenn man sie denn sehen will.

Sechstens müssen Doppelspurigkeiten im Gesundheitswesen beseitigt werden, ohne Einbußen bei den hohen Standards. Aufgabenteilungen unter den Spitälern können keine Rücksicht auf innerstaatliche politische Grenzen nehmen (Bundesländer, Kantone etc.). Was zählt, ist einzig die optimale Versorgung aller Bevölkerungskreise im betreffenden Staat. In bestimmten Fällen sind auch grenzüberschreitende Kooperationen zwecks Optimierung ins Auge zu fassen.

Siebtens ist das Pensionsalter der steigenden Lebenserwartung laufend (etwa alle fünf Jahre) anzupassen, ausgehend von mindestens 65 Jahren (effektiv, nicht nur auf dem Papier) für Männer und Frauen, mit Ausnahme von Schwerarbeitern, die meist eine kleine Gruppe darstellen.

Achtens hat die Energiepolitik langfristige Versorgungssicherheit zu finanziell tragbaren und möglichst umweltschonenden Bedingungen zu gewährleisten. Dies beinhaltet auch eine breite Diversifikation der Energieträger und -versorgungssysteme. Die Preise für Energielieferungen müssen die Leistungsfähigkeit der einzelnen Versorger reflektieren und die Wettbewerbsfähigkeit der Wirtschaft ermöglichen. Subventionierungen müssen die Ausnahme bilden (zeitlich beschränkte Anschubfinanzierung) und dürfen weder Konsumenten noch Wirtschaft stark belasten. Insbesondere sind die Kosten bezüglich Lieferabsicherung von einzelnen erneuerbaren Energien im Rahmen zu halten (zusätzliche Speicherkraftwerke, Bereitstellung von möglichst umweltschonenden anderen, nur sporadisch genutzten und deshalb teuren Ersatz-Energiesystemen).

Neuntens müssen einheitliche Vorschriften (europaweit) in Bezug auf den maximalen Treibstoff-Verbrauch für Personenwagen erlassen werden, zum Beispiel Höchstverbrauch für neue Autos 3 Liter auf 100 Kilometer (Übergangsfrist: 5 Jahre). Wer sich dennoch einen Mehrverbrauch leisten will, muss eine einschneidende steuerliche Mehrbelastung auf sich nehmen (massive Steuererhöhung auf ein weit überproportionales Vielfaches der Steuern, die bei Einhaltung der 3-Liter-Limite zur Anwendung gelangen).

Zehntens muss generell gelten, dass Straffällige ihre Gefängnisstrafen in ihren Herkunftsländern zu verbüßen haben, wobei das Land, in dem sich das strafende Gericht befindet, die Kosten übernimmt.

Elftens müssen Flüchtlinge in sicheren und von der Gesamtheit der Schengenstaaten betreuten Lagern am Rand oder außerhalb des Schengenraums ihre nach einheitlichen Regeln funktionierenden Anlaufstellen haben. Staatsvertragliche Regelungen (mit vollumfänglicher Entschädigungspflicht seitens der Schengenstaaten an die Gastländer) haben dies sicherzustellen. In einer ersten, raschen Triage soll dort geklärt werden, ob es sich um echte Flüchtlinge handelt. Wer in ein Schengenland einreist und Asyl verlangt, wird in ein solches Lager eingewiesen. Das bisherige Ausnutzen von einzelstaatlichen Verschiedenheiten, aber auch die unzureichende Behandlung der Flüchtlinge müssen somit ausgeschlossen sein. Die schrecklichen, durch Schlepper verursachten Flüchtlingskatastrophen im Mittelmeer sollten sich dadurch so weit als möglich vermeiden lassen. Entdeckte Schlepper sind mit schweren Strafen zu belegen, ausgehend von der Inkaufnahme des Ertrinkens vieler Bootsflüchtlinge.

29.2 Was man von den Opportunisten aller Länder erwarten kann

Viele, die es in der Hand hätten, die in 29.1 hiervor erwähnten Vorschläge so rasch und sinnvoll wie möglich umzusetzen, dürften wohl immer erst dann Schritte unternehmen, wenn die persönliche Opportunitätserwägung sie dazu bringt.

Wer also etwas eigentlich Sinnvolles und Dringendes nicht tut, verhält sich so, weil die größten persönlichen Vorteile nach subjektiver Einschätzung anderswo liegen. Wer will schon seinen Job gefährden, sich unbeliebt machen, sich als »Hardliner« exponieren, wenn es ganz persönlich besser geht (finanziell und auch sonst) mit Drückebergertum oder durch Wegschauen, mit unkritischer Anpassung, mit vielen schönen und guten Worten?

Wer wird also etwas tun? Klar, nur Leute, deren Opportunitätserwägungen sie zur betreffenden Tat veranlassen. Das sind diejenigen, die aufgrund ihrer Handlungen persönlich besser leben können, auch wissend, dass sie Widerstände, Ablehnung und sogar größere Gefahren auf sich nehmen. Das ist sicher nicht die Mehrheit. Aber auch wenige können manchmal etwas ausrichten, indem sie eine Initialzündung geben. Oft bleibt es aber bei der Initialzündung, die irgendwann keine Kraft mehr hat.

Damit sollte klar sein, dass immer nur dann Änderungen in Angriff genommen werden, wenn es sich für viele lohnt, entsprechend zu handeln. Ansonsten macht man weiter wie bisher, bis die unüberwindbare Betonwand erreicht wird. Und das kann dauern. Selbst wenn eine Katastrophe für viele erkennbar im Anmarsch oder schon geschehen ist, also gar nicht mehr geleugnet werden kann, geschieht nur eventuell etwas. Es muss auch noch wehtun, damit endlich Schritte unternommen werden. So weit ist es im April 2014 noch nicht. Die von Politik und Medien eingelullten Wohlstandsbürger sind deshalb derzeit weitgehend gegen Änderungen. So hört man etwa: »Was man hat, das hat man! Wer weiß, was nachher kommt? Wir setzen doch unsere Existenz nicht aufs Spiel! Abwarten und nichts überstürzen!«

Der vorteilhafteste Zeitpunkt, um etwas zu unternehmen, richtet sich also nicht nach den Fakten, sondern nach der subjektiven Einschätzung; diese kann dazu führen, dass wir zu früh, gerade im richtigen Moment oder zu spät aktiv werden. In Fragen der Politik warten fast alle gern die Entwicklung der mehrheitlichen Stimmungslage ab. Mit Vorprellen ist nichts zu machen; da läuft man nur ins Leere. Die abstrakte Frage nach dem generell besten Zeitpunkt für eine vernünftige politische Aktion stellt sich somit gar nicht. Denn es braucht eine Mehrheit und klare Signale und darauf basierend die persönliche Auffassung, dass es jetzt, gerade jetzt, am günstigsten ist.

30. Fazit

Opportunismus, Optimismus und Pessimismus beherrschen alle Lebewesen. Als Fundamentalkräfte steuern sie alles, bestimmen jegliches Geschehen.

Im Privatbereich der Menschen scheint die aktuelle Lage mit all ihren Nachteilen und Gefahren vielen subjektiv günstiger als Änderungen, die nicht ohne Risiken sind. Den meisten geht es ja (noch) recht gut. Deshalb geschieht nur selten und eher zufällig etwas, wo man vom bisherigen Kurs abweicht.

Dieser Kontext ist maßgebend für die Politik. Auch dort wartet man ab, passt aber gelegentlich die Marschrichtung etwas an, um den uneingeschränkten Vorwurf des bloßen Weiterwurstelns zu vermeiden. Einsame Rufer, die spürbare Änderungen empfehlen, dürfen sich bemerkbar machen, aber mehr nicht. Sogenannte Schwarzmalerei, die aber nicht unrealistisch sein muss, ist und bleibt unerwünscht. Von einer eigentlichen geld- und finanzpolitischen Richtungsänderung redet kaum jemand, also ist sie nicht aktuell.

Erst wenn die Not groß ist, wie beispielsweise nach dem Zweiten Weltkrieg, bricht man ohne großes Zögern zu neuen Ufern auf.

Offenbar braucht es immer katastrophenähnliche Ereignisse, damit einschneidende Richtungswechsel als opportun angesehen werden. Sonst geht alles plus/minus auf gewohnten Trampelpfaden weiter. Der stets virulente Opportunismus lässt uns keine andere Wahl und der Optimismus unterstützt die entsprechende Präferenz. In Zeiten vor einer Katastrophe warnt der konsensuale Pessimismus vor Änderungen mit ungewissem Ausgang; im Katastrophenfall gibt sich der verbliebene Pessimismus vorübergehend kleinlaut. Nachher warnt er bald wieder vor Neuausrichtungen. Und alles bleibt kausal.

So ist das Leben.

Schlusswort und Dank

Die Erarbeitung dieses Sachbuchs stellte ein besonderes Abenteuer dar. Ich war gewissermaßen als einsamer Wanderer in einer Gegend unterwegs, in der sich zuvor noch niemand aufgehalten hatte. Und mein aussichtsreiches Ziel war nur eine Wunschvorstellung. Folglich musste ich ohne Richtungsanzeige auskommen; auch Sicherheit vermittelnde Wegmarkierungen und Gefahrenhinweise fehlten. Ich hatte zwar die Freiheit der Routenwahl. Aber erst, als ich das mir gesetzte Ziel erreicht hatte, konnte ich feststellen, dass das Unterfangen überhaupt realistisch gewesen war.

Zudem war mir klar, dass der Buch-Entwurf noch optimiert werden musste. Hierzu empfahl es sich insbesondere, qualifizierte Signale von außen zu berücksichtigen, die auf einer sorgfältigen, kritischen Durchsicht meiner Arbeit basierten. Letzteres besorgte mein langjähriger Freund Peter Berger, Rechtsanwalt und Notar im Kanton Basel-Stadt. Für seine wertvollen Hinweise, die er mir im Rahmen tiefer freundschaftlicher Gespräche gab, fühle ich mich Peter Berger zu großem Dank verpflichtet.

Hanspeter Bornhauser

Inhaltsverzeichnis

IX. Kapitel

Schlussbetrachtungen 248

Von Hanspeter Bornhauser ist bereits erschienen:

Unsere ›Reise‹
Vom Menschen und seinen Irrfahrten
ISBN 978-3-934969-81-0
Broschiert | 14.90 €

Was ist der Ursprung des Menschen? Was ist sein Ziel? Durch welche Irrfahrten führte die lange Reise der Menschheit im Laufe ihrer wechselvollen Geschichte – und wie könnte sie enden?

Das Leitmotiv des Menschen als eines Reisenden hat schon viele große Geister fasziniert. In diesem Buch geht Hanspeter Bornhauser der Frage nach, was den Menschen im Kollektiv, aber auch jeden Einzelnen von uns eigentlich bewegt, wenn wir unsere Reiserichtung suchen – ein Thema, das uns alle betrifft.